如何评价一位"伟大……
领导力？领导风格？他能应对各种危机？抑或，是个人魅力？
海沃德认为，这个标准应该是——
总统有没有认真对待他的就职誓词，真正维护、保护和捍卫合众国的宪法。

总统记
从威尔逊到奥巴马

［美］史蒂文·F.海沃德／著
方鲁娜 张文倩／译

中国政法大学出版社
2014·北京

总统记：

从威尔逊到奥巴马

The Politically Incorrect Guide to the Presidents
from Wilson to Obama
by Steven F. Hayward

Copyright© 2012 by Steven F. Hayward. All Rights Reserved.
Published by Regnery Publishing, Inc.
Simplified Chinese rights arranged through
CA-LINK International LLC (www. ca-link. com)

版权登记号：图字01－2012－4009号

谨以此书献给娜塔莉与皮特

目 录

第一章　始料未及　1
"大"总统和"小"公民　5
伟大何在？　6
被遗忘的准绳　7
被忽略的宪法　10

第二章　创制始末　13
选举人团制度和"审慎思考的多数"　16
职位的预设性质　19
华盛顿的共和精神　21
早期总统：宪法捍卫者　24
现代总统制的诞生　29
为总统打分　33

第三章　伍德罗·威尔逊　36
保守派？　40
革命性　42

威氏"进步":和宪法碰撞　44
威氏"成熟自由"VS 建国者"自由"　48
总统的角色　50
官僚主义的热衷者　52
傲慢的总统　54

第四章　沃伦·G. 哈定　58

最被低估的现代总统　61
意外提名,压倒性当选　63
反威尔逊　64
坚实的外交成就　70
哈定与宪法　72
身后之名　73
丑闻迭出　75

第五章　卡尔文·柯立芝　79

接受古典教育　84
政治新星　89
白宫时光　90
令人失望的司法任命　96

第六章　赫伯特·胡佛　98

政治≠工程　103
弄巧成拙　104
离任后的转变　108

第七章　富兰克林·德拉诺·罗斯福　112

现代左派比罗斯福更左　116
矛盾的罗斯福　118

活宪政 122
对司法分支的袭击 126
持久的遗产：不受宪法约束的最高法院 130

第八章 哈里·杜鲁门 133

自学成才的政治家 139
最后一项伟大成就：冷战策略 141
滥用行政权 142

第九章 德怀特·戴维·艾森豪威尔 145

管理大师 150
思想不保守 153

第十章 约翰·F. 肯尼迪 157

不计后果 160
人品与任期表现 162
越弄越糟的古巴导弹危机 164
供给学派学者 166
政治遗产 169
宪政遗产 172

第十一章 林登·贝恩斯·约翰逊 174

"伟大的社会""向贫穷开战"：国内政策的失败 179
越南战争：对外政策的失败 183
司法史上的低谷 188

第十二章 理查德·米尔豪斯·尼克松 190

复杂的性格和被遗忘的大度 193

  四面楚歌　194
  愚蠢的缓和政策　198
  自由的国内政策　199
  身陷水门事件　201
  尼克松的宪政遗产　205

第十三章　杰拉尔德·福特　208

  国内滞胀　214
  软弱的对外政策　215
  混乱的司法任命　218

第十四章　詹姆斯·厄尔·卡特　220

  卡特的性格　223
  失败的国内政策　224
  萎靡的总统　226
  外交灾难　228
  卡特总统的合宪等级　230

第十五章　罗纳德·威尔逊·里根　233

  修复者　236
  未竟的事业　239
  反对堕胎的总统　242
  总统的特权　243
  正中要害的一击以及两次失败之举　247

第十六章　乔治·H. W. 布什　250

  挥霍里根的遗产　253
  布什的对外政策　255
  分裂的任命　256

第十七章　威廉·杰斐逊·克林顿　259

奉总统之命　263
纪念地　266
我请求你的赦免　267
从里程表到食蚁兽　273
有可卡因，事事顺利　274
赦免政府官员　275
"家族"观念　276
里奇和品奇　277
坠入暗谷　279
性格缺陷导致的高昂代价　281
穿黑色长袍的激进分子　283

第十八章　乔治·沃克·布什　284

"事件，亲爱的孩子"　287
保守还是同情？　288
保卫美国，激怒左翼　291
布什与宪法　295

第十九章　巴拉克·侯赛因·奥巴马　298

"第四次浪潮"的雄心　302
激进主义的本质　305
对中产阶级的蔑视　306
世界公民　308
蔑视宪法　311
结论：要认真遵守誓言　314

索　引　316

第一章
始料未及

"在就职前,他应宣誓或声明如下:'我郑重宣誓(或声明),将忠诚履行合众国总统之职,竭尽所能维护、保护和捍卫合众国宪法。'"
——美国《宪法》第 2 条第 1 款第 8 段

美国的开国元勋将对这个国家的现代总统制大吃一惊;政府职权范围之广、影响之大会令他们惊讶,其中,最会让他们震惊的当数现代总统职位的性质。总统的职权范围和现代总统的行为方式与建国者所设想的大相径庭。实际上,现代总统制和建国者的设想恰好**相反**。多数现代总统——就个人而言,他们是野心勃勃的政治家(或者用 18 世纪建国者的话来说,是煽动家),发出民粹主义的呼吁，慷慨地对民众做出各种常常难以兑现的承诺——其行为恰恰是建国者在创立总统制时力图避免的。现代总统制已经成为一项首要因素，使政府权力超越建国者在宪法中为其设定的限制而不断扩张。

2 　　但是，这一点在主流教科书、总统制发展史或现代总统的传记中，是学不到的。多数主流教科书和报道总统的知名媒体人物总是含蓄地教导你：那些令政府**更庞大**、更有权力并扩大了总统职位影响范围的现代总统才最伟大。因此，在进行总统排名时，权威人士和历史学家通常都把伍德罗·威尔逊和富兰克林·罗斯福等放在前几位，尽管这些总统在政治和政策上有过明显失误；而持有限政府观点的总统，如沃伦·哈定、卡尔文·柯立芝和罗纳德·里根，却被历史学家和新闻记者不屑一顾地抛到了末几位。

　　今天，总统处在美国政治体制的顶端。多数公民把注意力转向政治时，最先想到的就是总统职位。总统真可谓是当今美国政治的核心人物。不过，这一现象直到现代才出现。在20世纪以前，国会被看作是更为重要的政府分支。

降级？

托马斯·里德在1889~1899年间担任过众议院议长。这位大名鼎鼎的共和党人士拒绝考虑人们对他竞选总统的建议，因为他觉得这个职位不及众议院议长重要。

　　可以肯定，我们希望担当总统之职的是伟人——即严肃、古典意义上的"伟人"。我们需要品格高尚、能力突出的人来掌管政府的运行。不过，总统处于自治共和政体主要矛盾的中心。我们从民众中选出国家的临时统治者，我们希望仰视政府官员——尤其是总统——但又不被他们鄙视。我们想把总统当偶像来崇拜，但仍和他平等相待。最为成功、最受欢迎的总统能够处理好这个矛盾，他能赢得美国人民的尊敬，及时应对当前实际需求（出色地保卫国家免遭外来威胁，维护法治），同时，却仍和民众平等相待，密切联系。一些总统"志向远大"，对改造美国社会雄心勃勃，但也未必能更好地服务民众，或让国家变得更好。

好书推荐[1]

The Cult of the Presidency: America's Dangerous Devotion to Executive Power by Gene Healy (The Cato Institute, 2008)

今天，有太多美国人认为，总统是创造奇迹的人，至少应该是这样的人。对想通过政治解决所有人生难题的人来说，"英雄总统"之说顺理成章。自由主义者被巴拉克·奥巴马的个性迷得神魂颠倒，他的"魅力"让他们想起约翰·F. 肯尼迪。

20世纪60年代早期，在天主教家庭的墙上，常可看到教皇的画像旁挂着肯尼迪的照片。2008年大选时，全国广播公司丹佛分台播出了奥巴马的支持者佩吉·约瑟夫的发言。如果奥巴马当选，佩吉说，"我就不用担心付不起汽油钱啦，也不用担心还不起按揭贷款……要是我帮了他，他也会帮我的。"正如卡托研究所的基恩·希利所说，"我们仍旧盼着'总司令'[2]来解除

---

[1] 译注：本书中的"好书推荐"中所涉书目，均为原书作者所写，而非译者推荐。

[2] 译注：美国宪法规定，总统是合众国陆军、海军和征调为合众国服役的各州民兵的总司令。

第一章　始料未及

病痛,在飓风中救我们一把,安慰我们焦虑的灵魂。"希利还提到,美国人民的"总统情结"让总统们患上了"后天情境式自恋症"。

只是走远了一点点?

"总统职位是美国人民的化身,这好比圣餐中的圣饼和葡萄酒被视为基督的身体和血液。"

——赫尔曼·芬纳,肯尼迪时代芝加哥大学杰出政治学家

我们希望总统像上帝一样解决所有的问题,这种期待加强了自由主义的主要动机,也就是不断扩大政府权力,使私人生活越来越政治化。总统职位的膨胀和与之相伴的政府扩张,使地位、权力和自尊的食物链一路膨胀,参议员、众议员和高级行政部门官员开始认为并表现得好像他们是一个单独的、享有特权的精英统治阶层。但是,和政府本身一样,现代总统职位的权力范围失去了控制。今天,总统实践诺言的能力与民众的期待相去甚远。我们与日俱增的期望足以把总统引向失败——特别是像巴拉克·奥巴马那样,用"希望和改变"这种含糊、夸大的话对民众做出过多承诺的。

要实现有限政府的目标,我们必须从建国者的视角看待自治,包括重温他们对有限总统职权的理解。里根总统充分利用了"天字第一号讲坛"和现代总统职位通过扩张得来的其他权力,他鼓舞人心的任期顺理成章地赢得了保守派的赞颂。不过,我们该停下来好好想想,也许限制政府权力就必须要降低总统的地位。

"大"总统和"小"公民

现代总统政治使美国公民的自立品格逐渐下降。当总统和其他重要政治人物倡议"为孩子们"做些事时,其虚夸之辞暴露出现代政府把所有公民变成孩子的倾向。(有时,自由派人士对把所有公民当幼儿对待的计划直言不讳。基恩·希利指出,1997年,"副总统阿尔·戈尔说,联邦政府应该做得'像祖父母养育孙子那样'"。)最糟糕的例子,大概要数1992年大选最后辩论中那个声名狼藉的时刻,社工丹顿·沃尔索尔向比尔·克林顿、乔治·H.W.布什和罗斯·佩罗提出了最重要的问题:

> 我们公民象征着未来总统的孩子,我要问你们三位,打算怎样满足我们在住房、治安,还有其他方面的需求……你们能保证满足我们的需要吗?我们有很多……?

对这样一个可笑的问题,正确的回答该是"长大吧,老兄!我可不是你老爸。你得管好自己",或者"宪法规定,总统的职责是忠诚执行国家法律。满足每个公民的个人需要不是总统的工作,要是你在为满足自己的'需要'寻求帮助,那就找你的社工工友吧"。这就是西奥多·罗斯福甚至哈里·杜鲁门可能做出的回答。不过,当时的总统候选人可没敢这么说,因为那样会被自由新闻媒体抨击为"冷漠无情"。相反,"我能感受你的痛苦"这句名言的创造者比尔·克林顿提醒公民,作为阿肯色州州长,他一直致力于"解决人民的实际问题";而出身贵族的布什总统也结结巴巴地说,"关心民众"是总统的分内事。

伟大何在？

以公民为代价来夸大自己的角色，不是总统的正确发展方向。那么，一个真正伟大的总统应该是怎样的呢？公民和学者都能给你列出伟大总统应该具备的各种特质，而且听上去令人信服——至少在表面上是。

历史还是矫饰？

自由派对总统职位最糟糕的矫饰，大概要数小阿瑟·施莱辛格的《帝王总统》。该书于1973年水门事件高潮时面世。多产的施莱辛格此前赞颂了富兰克林·罗斯福和约翰·F.肯尼迪对总统权力的充分运用，令人眼花缭乱。但是，当总统权力被用来实现让他厌恶的目的，尤其是被林登·约翰逊和理查德·尼克松利用时，他就强烈反对总统权力。

主流政治学家会提到伟大总统特有的领导力和性格特征，其中包括他的行政管理能力、沟通技能、决策力、人际洞察力，还有世界观或"远见"（老布什总统提到过的"远见卓识"令人难忘）。

历史学家会说，总统伟大与否取决于其领导"风格"，特别是他如何应对各种危机。

不过，专家精英决定不了谁做总统，普通民众的看法最重要，因为他们才有最终决定权。公民会告诉民意调查者，总统最重要的是"有经验"，他要"和我有共同价值观"、"关心像我一样的人"，了解"国家的需要"，还要有个人魅力。

但是，无论专家的高见还是公民的想法，其对总统伟大所在的构想都不可靠。谁也无法预知未来的总统具有哪些特征。要是凭一堆性格特征和几个经验复选框就能预测或说明总统的表现，那么老布什也该是这个国家最伟大的总统之一；可一个任期结束后，他就被美国人民抛弃了。同样，哈里·杜鲁门的任内表现也算得上一败涂地；事实上，当时很多美国人认为他是个可悲的失败者。但杜鲁门在1948年获得连任，虽然1953年离任时公众支持率非常低，但随着时间的推移和历史视角的延伸，他的声望随即上升。

学术界对历任总统的评价包含了大量主观意见。自由主义者对自由派总统的评价总是大大高过对保守派总统的。由于自由主义者在学术界占统治地位，自由派民主党总统在主流文献中的知名度通常高于保守派共和党总统，也就不足为奇了。自由主义者认为乔治·W. 布什在反恐战争中滥用职权，对此叫嚣不断；但当奥巴马总统继续保持，并在一些情况下扩大布什政府对行政权的理解时，他们却出奇地沉默了。

被遗忘的准绳

不过，偏见不是造成有必要用"政治上不正确"（politically incorrect）[1]的眼光看待现代总统的唯一原因。即使是现代那些意识形态偏向较少的报道，对总统职位的评价也不够客观——无论是新闻记者所写，还是主流历史文献所述。在评价总统和总统候选人时，他们忽视了一个应当考虑的最重要因素：**总统有没有认真**

---

[1] 译注：带有歧视、侮辱的不得体政治语言、行为或态度。

对待他的就职誓词，真正"维护、保护和捍卫合众国宪法"？

多数现代总统对"维护、保护和捍卫"宪法的关注，以在就职宣誓时背诵这句誓词而告终，他们可能对在紧要关头（尤其涉及国家安全时）**解释**宪法简洁笼统的语句更在意；但是，宪法可能遭到各种或明或暗的破坏，对宪法意义的解释可能背离或超出建国者的立法意图；对于要在这些情况下**捍卫**宪法，现代总统关心吗？其中一些总统（特别是伍德罗·威尔逊和富兰克林·罗斯福）不仅未能捍卫宪法，反而积极削弱宪法对政府权力的限制。建国者构思周密的宪法曾遭到总统们或公开或含蓄的蔑视，还有一些总统根本从一开始就没能理解宪法的范围。

19世纪的总统候选人在竞选运动中一般都会谈论宪法，多数总统在就职演讲中也会畅谈。

事实上，从乔治·华盛顿到威廉·麦金利，总统就职演说的焦点通常都是美国的革命和宪法传统。他们言辞凿凿地强调了总统及其他所有联邦官员"维护、保护和捍卫"宪法的职责。换句话说，多数总统用他们的就职演讲来提醒我们这个国家的首要原则。正如约翰·亚当斯等建国者所言，这是他们应该做的。

整个19世纪，大多数总统的就职演说都把宪法奉为高高在上的崇拜对象——它唯一的竞争对手就是上帝。1789年，华盛顿在他的第一次就职演讲中讲了一段令人难忘的话：

> 没有人能比美国人更坚定不移地承认和崇拜掌管人间事务的上帝。他们在迈向独立国家的进程中，似乎每一步都得到了上帝保佑；他们在刚刚完成的联邦政府体制的重

大改革中，如果不是因虔诚的感恩而得到某种回报，如果不是谦卑地期待着过去有所预示的赐福的到来，那么，通过众多截然不同的集团的平静思考和自愿赞同来完成改革，这种方式是不能与大多数政府的组建方式同日而语的。

在当今的总统竞选中，宪法很少被提及，有两次例外地提到了其中部分的、有争议的内容。有时，《权利法案》中的个别项会被拿来讨论，比如在1996年的竞选中，参议员鲍勃·多尔在对阵比尔·克林顿时提到了第十修正案，但没有详细解释。《权利法案》虽然重要，但也只是宪法的部分内容。

三十多年前

最后一位在就职演讲中实质性地提及宪法的总统，是1981年宣誓就职的罗纳德·里根。他也是最后一位持续向美国人民论证应如何解释宪法的总统。

宪法出现在总统竞选中的第二种方式，与总统任命最高法院和下级联邦法院法官的权力有关。一方面，从理查德·尼克松开始，保守派或共和党候选人倾向于承诺任命"严格的宪法解释派"或"原旨主义者"[1]，因为他们会按建国者的意图来解释宪法（这种任命计划常常落空）。另一方面，自由派的总统候选人倒宁愿坐在法官席上的是热衷于为自由议程立法的司法

---

[1] 译注：原旨主义是关于美国宪法解释的一种理论，主张依据制宪者的意图或宪法条文的含义来解释宪法。

第一章　始料未及

活动家，但他们对这个念头遮遮掩掩。比如，奥巴马总统说，他需要有"共鸣"的最高法院大法官。"共鸣"只是个代名词，其实就是要大法官支持自由主义福利国家议程和利用司法"纠正错误"，即便在此过程中要扭曲或忽略成文法。

但是，司法人员的任命问题在总统政治中的重要作用——尤其是作为对宪法的一种关注——是一个衡量现代总统制对建国者意图偏离有多远的尺度。自由派和保守派候选人在强调司法至上这一理念的过程中帮了他们自己和美国人民一个倒忙——他们传达的信念是，宪法由最高法院说了算，而不属于地位平等的三大政府分支，最终也不属于人民。

被忽略的宪法

总统的决策是否符合宪法，是个常有争议的问题。总统史上的一些关键时刻涉及宪法问题，但这方面的信息，学生和公民基本上无法从多数的主流教材中获取，更不用说新闻媒体上了。令人惊讶的是，你可能读完一堆大学教科书和关于总统制的历史调查记录，却看不到任何字句提及总统与宪法的关系，或某位总统的主张和行为如何改变了人们对宪法的理解以及宪法的运行方式。想想詹姆斯·戴维·巴伯所写的主流教科书《总统的性格》，自 1972 年首版以来发行了 4 次。这是一本从很多方面看都应该赞赏的书，作者在书中极富洞见地探讨了美国总统，分析了他们的性格特征是否有利或有碍于其任职。然而，该书的索引却没有任何词条是"宪法"或者它的变体（如"宪法的"或"立宪主义"）。同样，理查德·诺伊施塔特的《总统权力和现代总统》自 1960 年首次出版以来已再版 3 次，尽管被广泛使用和受到好评，但书中也不含关于宪法的索引条目。另一本深受好评的关于现代总统制的书也是同样的情况，即普林斯顿大学教授弗雷德·格林斯坦的《总统的魅力：从罗斯福到克林顿的领袖风格》。

谈论总统制却遗漏宪法，这样的书举不胜举。这些书和其他一些主流书的正文对宪法的提及都是草草了事，缺乏实质内容，好像宪法和总统职能的履行毫不相干。这是个惊人的反常现象，因为多数有关国会的书籍都不回避探讨宪法，关于总统制的文献更多，却不知为何常常忽略我们的建国公文。

好书推荐

The American Presidency: An Intellectual History by Forrest McDonald（University Press of Kansas，1994）

当然，也有几个值得关注的例外，比如马克·兰迪和西德尼·米尔奇斯的《伟大的总统》，或福里斯特·麦克唐纳的《美国总统制：一部思想史》（麦克唐纳是当代一位伟大的保守派历史学家），两本书都提到了宪法。令人惊讶的是，就连阿瑟·施莱辛格的《帝王总统》也主张严格控制"宪法范围内的总统霸权……"（着重号为阿瑟·施莱辛格所加），具体地说，是恢复总统和国会之间的权力分立。但施莱辛格的主张缺乏诚意，在民主党人执掌总统宝座时，正是像他这样的自由主义思想家不断主张以打破权力分立来巩固总统职位。自由派对总统权力的担忧似乎主要在共和党人执掌白宫时才表现出来。

不过，既然总统职位为了应对现代世界的不断变化，在过去一个世纪也随之"进化"了，那么历史学家不从宪法的角度来关注总统制，不就是出于对我们时代客观情况的现实考虑吗？毕竟，威廉·麦金利总统在任时，白宫只有 27 名工作人员（尤利塞斯·格兰特在任时仅 6 人），而今天的白宫有几百名职员，更不用说总统上任后即须委任的近 3000 名行政官员。

12 　　但是，"现实的考虑"只是一个微妙的托词，它实际上是对现代自由主义根本前提的默认，即宪法虽直接或间接对政府权力作了限制，但政府必须无约束地扩大权力以适应新的"需求"，这是其本质所决定的。关于现代总统制的讨论大多彻底隐含着"活宪法"(living Constitution)（即在实际操作中，成文宪法不再有用）的观念。因此，关于总统制的多数主流书籍认可而不证明这样一点：现代总统制已经完成了一个转型，现在它一方面推动政府扩大权力，另一方面推动了一个更为宽泛的自由主义观点，也就是人类的一切问题皆为政治问题。

　　要了解现代总统制在 20 世纪发生了多少变化，我们必须回到建国时期，重新认识建国者对我们的首席行政职位的最初设想。

第二章
创制始末

"行政权应属于美利坚合众国总统……
他应负责使法律得到忠实执行……"
——美国《宪法》第 2 条第 1 款第 1 段和第 3 款

尽管在今天看来可能令人惊讶,但美国的国父们曾经质疑,我们的新共和政体究竟是否需要一位首席行政官。在克服了巨大困难,经过长久辩论之后,他们才决定创设总统职位。其实,美国的第一部宪法,即 1781~1788 年被用来治理国家的《邦联条款》中,并没有行政长官。这部《条款》规定,一切事务,包括国防、对外关系和政府开支(尽管不多),都由在国会中获九票以上的绝对多数方决定，全部13个州在国会中各有一票表决权。如果国会休会——多半时间如此——在所有州一致投票通过的前提下，一个由9个州组成的执行委员会可以召开会议，行使全国政府的权力。

1781年，美国在约克敦的战役中击败英国，获得了独立战争的最终胜利。独立后，经过最初几年的缓慢发展，几乎人人都开始认为，全国政府太软弱，有必要对之进行改革。18世纪80年代，新国家在《邦联条款》下几近崩溃，经济陷入了萧条，州立法机关完全演示了那种比单个强大的行政部门更令建国者担心的"多数人暴政"。实际上，在建国者看来，许多州立法机关目无法纪、专横武断的失控行为堪比英王乔治三世。托马斯·杰斐逊说："173个暴君肯定和一个暴君一样暴虐。"埃尔布里奇·格里则写道："我们所遭遇的邪恶来自过度民主。"福里斯特·麦克唐纳在他的《美国宪法史》中对当时的情况这样说明：

> 如果国会掌权不足，则会造成州权过剩——并严重滥用。战争期间，放纵的州立法机关肆意镇压大批人的合法权利，怀疑或指控他们效忠于英国；这些立法机关通过了剥夺公权的法案，未经审判就宣布一大堆人被列入叛国名单；还肆意没收私有财产。和平的到来也未能终止这无法无天的统治。州立法机关颠覆了私人契约，背弃了公共债务，公然违反条约义务，颁布带有欺骗性的公共财政体制，且为保护私权大胆干涉审判，指责法庭。除此之外，其征收的税高达殖民时期的20~100倍。总体而言，比起在皇权下的日子，美国人的生命、自由和财产更不安全了。

正是这些原因促成了1787年费城制宪会议的召开。这次著名的会议——常被称为"半人半神们的集会"——必须解决众多严重的问题以弥补《邦联条款》的不足，但最艰难的大概要数设计行政职位。设立一个总统来监督行为失控的立法者是必要的，但确保总统本人不沦为暴君同样重要。要记住的一点是，《独立宣言》的主要批判对象是英王乔治三世。建国者学到的所有政治历史都强调了一条训诫：暴政对自由是一个恒定的威胁，即便在一个构造坚固的共和政体中也一样。建国者中不少人不仅对设立行政长官的必要性表示怀疑，而且担心这样做会造成**危险**。

建国者认为总统的职权必须受到限制，关于这一点，我们可以从他们对应当怎样设计总统职位的辩论中得到最好的理解。总统是该成为一个完全独立的行政部门，还是一个由几人构成的多人理事会？总统是从国会中选出并直接对国会负责，还是由人民来选择？费城会议的决定是，总统职位要独立于立法部门之外。

美国的议会制度？

18世纪80年代，在一些州，州立法机关选出的州长要对本州立法机关负责，这和欧洲国家首相对议会负责的体制很像。但是，州长受州立法机关控制，被认为影响力微弱，因而多数州很早就抛弃了这种挑选行政长官的办法。

亚历山大·汉密尔顿认为，总统应该终身就职，但这个想法很快遭到了否决，因为在建国者看来，一个终身就职的总统酷似民选国王。制宪者就总统单个任期为六年的动议展开了辩论，但最终决定一任为期四年。他们对总统是该具备连任资格还是被限定在一个任期内进行了激烈争辩。对行政权持怀疑观点的人担心总统会利用个人声望寻求无限期连任，在本质上成为一个民选君主。（这个预料在富兰克林·罗斯福任内变成了现实。）汉密尔顿认为，连任资格将成为问责制的一个工具，诱导总统改进其在任表现，这种论点赢得了支持。

选举人团制度和"审慎思考的多数"

近几十年来，选举人团已经成为美国宪法一个极不得人心的特点，特别是在 2000 年大选之后。当年，民主党候选人阿尔·戈尔赢得的普选票数最多（尽管仍少于 50%），但乔治·W. 布什因为得到更多的选举人票而赢得总统之位。现代自由派抱怨，由选举人团来选总统的做法**违反了民主原则**，对此，建国者会回答：**正是**。

好书推荐

Enlightened Democracy: The Case for the Electoral College by Tara Ross（World Ahead, 2004）

要弄懂选举人团，就要从一个更宽泛的角度思考它，即认识到建国者关注的，主要是如何防止出现使多数民主国家发生历史性倒台的多数人暴政。尽管建国者把总统设想为一个与国会多数主义倾向抗衡的力量，他们还是担心，由民众直接选出的总统会成为民粹多数主义的焦点。他们相信，关心个人声望的总统——现代总统皆是如此——更容易蛊惑人心。在费城会议上，这个问题几乎无可争辩，建国者大多断然地反对由民众直接选举总统。

宪法中设置了很多抑制多数人暴政的巧妙方法，比如权力分立和间接选举参议员，选举人团制度也应当被视为其中之一。在这种制度下，各州在众议院的所有代表都有一票表决权，其参议员也各有一票表决权。（要记住的是，从美国建国直至20世纪早期，参议员都是由州立法机关选举产生的，而非普选。在总统制转型的进步时代[1]开始采用直接选举美国参议员的做法，这并非偶然。）

就像建国者最初所认为的——在多数情况下也是正确的——州立法机关会为参议院选拔杰出人才；建国者也相信，选举人团将通过选出性格健全、具有广泛吸引力的杰出人才担任总统，来证明它是一个"过滤"机制。

建国者希望创建这样一类民主共和政体，它不以简单的多数统治[2]来运行，相反，在该政体下，各种制度将创造出另一**种多数，一种能审慎思考的多数**。它不易引发一时兴起、缺乏稳定性的民粹激情，也不易导致利己主义。而这一点，选举人团的现代批评者们未能理解。简而言之，建国者想创造会思考的多数派，这可以作为一个理由来解释下列问题：为什么宪法中多处限制政府权力，为什么美国刻意在程序和体制上设置障碍以阻止草率立法，为什么司法要独立，以及为什么美国实行联邦制？

---

〔1〕译注：19世纪90年代到20世纪20年代是美国社会活动和改革繁荣的一个时期，被称为进步时代。进步时代的重要改革目标包括净化政府，如消除腐败、打击政治寡头等，女权运动也在这一时期兴起。

〔2〕译注：指一个国家的全体人民有投票权，由在选举中获多数票的团体执政。

选举人团制度完全符合建国者要创造一种与简单多数相对的，可称之为"**宪法规定的多数**"的目标。这种制度使总统候选人必须获得分布于**所有各州**的选票——包括大州和小州，东、西、南、北各州，工业和农业州，城市和乡村——而不仅是大城市或几个人口大州的票，由此推动了一种"审慎思考的多数"的产生。一名候选人要赢得真正意义上的全国多数票，就必须把各个州不同群体的多元利益牢记于心；只拥有地区吸引力的候选人，如1948年的候选人斯特罗姆·瑟蒙德或1968年的乔治·华莱士，无法成功赢得选举人团制度所要求的宪法规定的多数票。

颇具争议的2000年大选实际上表明，选举人团制度的逻辑在按建国者的意图发挥作用。虽然阿尔·戈尔赢得的普选票比乔治·W. 布什多约50万张，布什却在30个州赢得了多数票，而戈尔只赢得了20个州的。事实上，戈尔在普选中的整个票数优势只是来自一个大州——加利福尼亚州。这意味着他在其余49个州的得票其实比布什少。就得票在全国的分布看来，布什的得票比戈尔更均衡——这正是"**宪法规定的多数票**"的逻辑，和简单的普选多数票相对。换言之，布什在全国得到了比戈尔更广泛的认可。2000年大选展现了选举人团制度的最佳状态，确保小州的利益能对选举产生影响——这在1787年还是个令小州代表担心的问题。

神奇的选举人团

无论是1968年参加大选的理查德·尼克松，还是1992年参选的比尔·克林顿，他们在三方竞选中都只得到了普选票数的43%，但却获得了选举人团的多数票。这增强了选举结果的合法性，巩固了国家的稳定。

总统记：从威尔逊到奥巴马

在历来属于民主党的西弗吉尼亚州,阿尔·戈尔未能赢得多数票,部分原因是其众所周知的对煤炭行业的敌视。煤炭业是该州的重要经济部门。民主党总统候选人通常都能赢得该州多数票,要是戈尔也做到了这一点,他就能在选举人团投票中获胜,那么出现在佛罗里达州的点票争议也就无关紧要。(他在家乡田纳西州也输了,部分是因为他对煤炭的敌视,还有部分是因为他对枪支管制态度矛盾。)

宪法没有明确规定各州应如何为选举人团选送选举人,但多数州都采取了普选的某个方案,还有我们今天所知道的"赢者通吃"法。这种方法的优点在于,把普选中的一种微弱多数票,甚至是微不足道的相对多数票,转变为选举人团投票中一种大的**宪法规定的**多数票。

在美利坚合众国成立后早些年,政党发展迅速,开始发挥类似于选举人团的"过滤"功能,这在政党领导人通过会议就党内总统候选人推举问题作出让步这一由来已久的做法中尤为明显。虽然选举人团制度被保留下来了,但普选的兴起和党派的衰落把我们的总统选举和建国者担心的那种民粹煽动体制推得更近了。

职位的预设性质

今天,我们理所当然地以为美国总统是"世界上权力最大的人",这是陈词滥调了。但想一想建国者,对他们而言,"总统"一词的意义要谦卑、朴实得多。"总统(President)"起源于"主持"(preside)——因为主席坐在委员会的最前面,就像一名官员在主持会议。而"主持"的拉丁词根是 *praesidere*,意为

"坐在……前面或之首"。想一想乔治·华盛顿作为 1787 年费城制宪会议主席的做法，他极少就议题的实质内容发言，部分原因是他认为这样做不合适。

名称的意义？

对于新国家的首席行政官的称呼，建国者选择了"总统"，而非更为人熟知的"总督"，这具有标志意义。事实上，费城会议曾考虑称新的行政长官为"美利坚合众国及人民的总督"，但这个说法遭到了反对，仅仅是因为制宪者讨厌有关残酷的殖民地总督的回忆。在宪法采用这个称呼之前，"总统"极少被当作政治术语来用。

宪法第 1 条阐明了国会所拥有的"一一列举的权力"，与此相反，确立总统制的第 2 条篇幅简短，对总统职权的陈述要含糊得多。很多学者都注意到了这两条内容在语言上的模棱两可，第 1 条谈及了"于此授予"国会的权力，第 2 条不经任何详细定义就谈及"行政权"。显然，总统有其具体的职责和单独的权力，如处理对外关系和以"总司令"身份保卫国家。他还有权力否决国会的立法。但是，他的很多权力被有意混淆或减弱了——如总统对行政部门和司法部门的任命权、缔约权，都必须征得参议院的"意见和同意"。就连"总司令"的权力也被削弱了，有权力宣战和决定武装力量规模、性质的，实际上是国会，而非总统。总统的权力结构清晰地表明，建国者意图让他守卫一个完整的体制，而**总统本人**同时也受到这一体制的制约。

华盛顿的共和精神

　　宪法第 2 条对总统在任期间应当如何表现，甚至哪些才是他最重要的职责，都没有明确规定。美国很幸运，因为它的第一任总统品格高尚，在行为上开创了为其大多数继承者所遵循的先例。实际上，如果不是大家都知道第一个任职的将是深受信赖的乔治·华盛顿，费城会议最终可能不会批准设立总统职位。迄今为止，华盛顿是担任过这一职务中最重要的人物。

　　他之所以能赢得几乎当时所有美国重要人物的尊敬，与其真正的共和精神密切相关，而非其在独立战争中的将领才能。他做总统以前的一件事说明了这一点。1783 年，一群军官在纽堡会面，预备策划一场等同军事政变的行动。军饷的匮乏让他们愤怒，《邦联条款》下全国政府的软弱令他们厌恶。华盛顿也决定参加这次高峰会议，福里斯特·麦克唐纳对会议所作的描写可以说天衣无缝：

>　　令所有人惊讶的是，（华盛顿）亲自出席会议，并凭借军衔之高担任了会议主持人。大批军官进入会场，个个脾气暴躁，见华盛顿站起来，他们在尴尬的沉默中入了座。华盛顿事先写好了一份简短的演讲稿，现在当他把一只手伸进外套口袋取稿子时，另一只手拿出了一副眼镜，只有几个密友才知道他需要这东西。"先生们，"他开始说话，"请允许我戴上眼镜，因为在为国效力的过程中，我不但头发白了，眼睛也快看不见了……这是个可怕的抉择，在我们的国家极其痛苦的时刻，要么抛弃她，要么把武器对向

她……这种想法如此令人震惊，使人类深恶痛绝……我唾弃它，"他补充道，任何"看重自由和尊重我们所为之斗争的正义"的人必定会这样做。军官们落下了羞愧的泪，叛乱就此解除。正如托马斯·杰斐逊后来说的，"很可能是一个人的温和与高尚避免了这场革命因为对它所要确立的自由的颠覆而告终。"

在漫长的政治历史中，这是个多么罕见的时刻。华盛顿本可轻而易举地领导一场军事政变，然后自命为新美利坚国家的国王或统治者。像他这样风度卓然、品格高尚却放弃自己当权的机会，这样的例子举世罕见，更不用说是心甘情愿和轻易放弃。

好书推荐

Founding Father: Rediscovering George Washington by Richard Brookhiser (Free Press, 1997)

纽堡会议后不久，美国和英国签下了最终的和平条约。华盛顿辞去大陆军首领职务，回到了他弗农山的农场；他说自己再也不进入公众生活了，就像辛辛纳特斯[1]解甲归田。正如麦克唐纳所言，"这表现了一种令人敬畏的无私爱国之情"。

1787年的美国人知道，单凭这个人的"温和与高尚"，他们就可以把总统这个未经界定的全新职位交付于他。而华盛顿明白，他的决策和行为对这一职位——还有宪法——能否获得

---

[1] 译注：古罗马人物，传说曾被推举为执政官去援救罗马军队。罗马危机解除后，他即辞去统帅之职，返回自己的农庄。

久远的成功至关重要。"除了带有哲学视角的旁观者,很少有人,"他写道,"能意识到在我这个处境下的人必须扮演一个艰难、微妙的角色……在我们向政治幸福前进的过程中,我的岗位是新的;如果用一句话来说,那我就是走在未经踩踏的地方。从今往后,我的任何行为很难不被视作先例。"

很快,在开创早期重要先例的过程中,华盛顿就表现出了他谦逊的共和品质。最早的例子之一,是对总统的正式称呼,这个问题看上去很简单。副总统约翰·亚当斯认为,职位的尊贵性要求总统必须有一个令人敬畏的称呼,他希望是"地位尊贵的合众国总统及自由权利守护者殿下"。但对很多人而言,这听起来太像宪法中明令禁止的那类欧式"贵族头衔",华盛顿则更喜欢人们简单称他为"合众国总统"。

宪法第 2 条中提到,总统可以"向(国会)提出他认为必要和妥当的措施",但华盛顿没有源源不断地向国会提交立法议案。与现代总统的惯常做法相反,他把许多重要的政策事务留给国会做决定。华盛顿和早期多数总统认为,总统应该阻挠的只是他认为违宪的法律,而非任何他个人觉得不明智的立法。因此,他只行使了两次否决权。他不会因为一项关税法案不具备他希望的特点而将其否决,也不会对一项他不认同的国会工资法案投否决票。华盛顿的确曾以国家安全为由投了一张否决票,那是针对一项欲削减边境军队规模的法案,而他的另一张否决票投给了一项分配国会席位的法案,华盛顿认为其中的分配方式违反了宪法第 1 条的条款。

华盛顿开创的最重要先例,大概是他在两届任满后决定放弃总统职位,即便只要愿意他还可以继续当。他的继任者都遵循了这个做法,直到富兰克林·罗斯福上台。罗斯福连任四届,致使国会后来通过了宪法第二十二修正案，把每位总统的任期限制在两届以内。

> **令人不安的想法**
>
> 如果没有第二十二修正案，只要有可能，比尔·克林顿就会竞选连任，这一点难道还用怀疑吗？

华盛顿是独一无二的，他是一位"超越政党政治或党派偏见"的国家元首，和其他任何总统完全不一样。迄今为止，他是唯一不属于任何政党的总统，而他那个因动辄争论而出名的内阁反映了当时美国政治的两派分歧。美国政治——当然也包括总统竞选——将分化为不同派别，这一点总是不可避免。但是，华盛顿在任期间为总统行为开创的许多先例，至今仍伴随我们。

我们今天关于总统权力的争论，很多在华盛顿任内就产生过，情况几乎一模一样，如行政豁免权、动用军队对付敌对势力及其他国家安全事务。在本书对一些现代总统的具体描述中，我们将回到一点——宪法中要求的制衡很难得到严格或准确的执行，领袖的品质和性格十分重要。

早期总统：宪法捍卫者

在美国建国后第一个世纪，华盛顿以后的历任总统都遵循了他的榜样，把以宪法为标准来衡量立法和政策的合理性当作自己的一项职责。这有一部分是受到了华盛顿所树榜样的鼓舞，还有一部分是因为美国人坚定拥护宪法背后的根本原则。在华盛顿任内，有一场关于宪法是否授权联邦政府特许设立国家银行的激烈争辩。杰斐逊和詹姆斯·麦迪逊认为设立银行不符合宪法；但亚历山大·汉密尔顿说服华盛顿，宪法中允许设立银行。

在这场争论中，双方都理直气壮，孰是孰非不能一目了然。关键在于，当时的政治领袖一致认为，有必要根据宪法就支持或反对任何一项政府行动提议展开辩论——这项惯例在 20 世纪已经衰落。（不过，在 21 世纪，奥巴马医改计划强制公民个人购买医保的条款却使关于宪法的辩论得到了恢复，这大概是他从未想到或希望的。）

即便对宪法第 1 条的"公共福利"条款和"必要与适当"条款可以有多种解释，诉诸宪法寻求立法和行政权威仍对我们的政治审议产生了有利影响，限制了政府的扩张。在 19 世纪，国会通过的特殊利益开支法案屡遭总统否决，而今天，预算"专款"成了国会内一种极为盛行的文化，这在当时是不可想象的。正如麦迪逊在《联邦党人文集》第 45 篇中所说："草拟宪法授予联邦政府的权力少而明确……主要用于外部对象，如战争、媾和、谈判，以及对外贸易。"

因此，当国会在 1794 年拨出 15 000 美元，用于救济为逃离圣多明各叛乱来到美国的法国难民，当时仍在众议院的麦迪逊提出了反对意见："我无法指出宪法中哪个条款授予了国会一项花选民的钱来做慈善的权利。一旦他们打破了为其行为方向制定的原则，谁也不知道他们以后会过分到什么程度。"因此，当麦迪逊几年后当上总统，他否决了一些自认为违反宪法的开支法案，这不足为奇。例如，他否决了约翰·C. 卡尔霍恩让联邦政府修建州际公路的"内部改进"法案。麦迪逊对国会的权力持严谨态度，他认为宪法中并没有哪个条款授予国会进行内部改进的权力：

> 要使该法案符合合众国宪法是一个无法逾越的困难，令我感到深受束缚……宪法第 1 条第 8 款具体说明并列举了授予国会的立法权。该法案拟行使的权力似乎不在所列权力之中，也没有合理的理由表明，国会有权为了执行已经列出的或宪法授予合众国政府的其他权力，而制定必要和适当的法律。

19 世纪四五十年代，国会开始流行一种做法，即用土地代替金钱，作为赠与物送给受优待的特殊利益集团。对这种挥霍行为，一些总统根据宪法作出了抵制。例如，国会 1854 年通过一项法案，准许联邦政府代替精神病患者使用 1000 万英亩的公共土地，该法案被富兰克林·皮尔斯总统否决。他指出：

> 尽管我支持精神病患者救助事业，但是我未能在宪法中发现任何授权，要求联邦政府成为为整个国家分发救济品的伟大施赈者。在我看来，这样做将违背宪法的文字和精神，颠覆联邦赖以建立的整个理论基础。如果允许考虑对任一对象行使这项权力，我将不可避免地认为，把各州对慈善机构的管理权转交给联邦政府，最终会对高贵的慈善机构有害而无益。

1859 年，国会通过一项土地赠与法，要把 600 万英亩的联邦土地分给各州，用于建造农业院校。詹姆斯·布坎南总统的长篇否决报告详细地讨论了该法案对宪法的逾越：

> 宪法中列举了几项授予国会的权力，主要涉及战争、媾和、国内外贸易、谈判，以及其他最好由政府行使或其单独行使将有利于国家的方面，这些方面为数不多却至关重要。所有其他权力都留给各州和人民。为使国会的权力和后两者的权力高效、协调地运转，有必要让他们的一些活动领域保持区分。仅此一点，就可避免双方发生冲突和互相损害。如果有朝一日，州政府都指望联邦财政部出钱养活他们，维护他们的教育和内政体制，那么无论联邦政府还是州政府，其品质都会遭到极大毁坏。州和人民的代表更迫切关注的，将是获得钱财减轻其选民的负担，而非推动实现已经交给联邦政府的更遥远的目标。为了州的利益，他们自然会倾向于从联邦政府那儿获取钱财……这将授予国会一项巨大而不负责任的权力。

> **总统说"不"**
>
> 格罗弗·克利夫兰一共否决了300个议案，其中很多是要把税款拨给单身个体人群的私人养老金议案，通常是拨给国会想要奖励的内战老兵。克利夫兰称这样的议案为"侵吞公款"。

这不是布坎南唯一一次捍卫宪法，他多次阻挠了国会想要挣脱宪法束缚，把钱财或土地赠送给受优待的利益集团的企图。1860年，国会通过了一项类似的土地赠与法，即第一部提议把西部土地赠送或出售给定居者的《宅地法》，同样遭到了否决。布坎南提到了前一次否决时的逻辑和论点：

这些事实提出了一个问题，即根据宪法，国会是否有权将公共土地赠送给州或个人……

该法案的拥护者试图以宪法第4条第3款第2句为依据，维持其立场，该句宣称："国会对于属于合众国的领土或其他财产，有权处置和制定一切必要的条例和规章。"拥护者辩称，凭借对条款中"处置"一词的合理解释，国会有权力出于发展教育的目的，把公共土地赠送给各州。

有人认为，制宪者把国会的权力限定在一些明确、具体的目标上后，还想通过使用"处置"这两个字使国会拥有对广大公共领域的无限权力。要推出这样的观点，必须有清晰和令人信服的理由。要创造两笔收入——一笔是征税，通过行使宪法明文授予国会的权力而获得，另一笔来自公有土地，这将成为一种奇特的反常现象……这将赋予国会一项巨大而不负责任的权力，与众所周知的在宪法形成过程中盛行的对联邦权力的戒备完全矛盾。

第三种招致总统以宪法为由提出反对意见的，是救灾方面的立法。1887年，国会通过一项法案，准许联邦政府为德克萨斯州抗旱救灾拨款。时任总统、民主党人格罗弗·克利夫兰否决了该法案，他写道：

我无法在宪法中为这样一项拨款找到根据，我认为联邦政府的权力和职责不应延伸至解救个人痛苦，因为这无论如何与公共服务或公益没有恰当关联。我认为应该坚决反对无视政府权力和职责有限性的普遍倾向。这样做是为了让一条教训得到不断加强，即虽然人民养活政府，政府却不应该养活人民。

之所以在此详细讨论这些实例以及总统否决法案的理由，是因为与这些实例相比，今天政治家们的宪法话语截然不同，甚至根本没有任何宪法话语可言，只有少数例外，如罗恩·保罗等"返祖者"和受茶党影响试图恢复旧式宪政思路的一些国会成员。18、19世纪的总统（以及很多杰出的国会成员）基于宪法原则的反对意见现在被搁到了一边，赠地、救灾和对受优待的个人和特殊利益集团拨款都已司空见惯。在现代，极少出现这样的情况，使总统为了捍卫建国者对中央政权的有意限制而介入其中。立宪主义逐渐被废弃解释了为什么我们现在很少在总统竞选中听到有关宪法的讨论，甚至在总统就职演说中也不再听到宪法被提及。

好书推荐

The Rhetorical Presidency by Jeffery K. Tulis（Princeton University Press，1987）

现代总统制的诞生

为什么总统不再充当宪法的捍卫者，保卫它抵御民粹激情和免遭国会干扰？美国政治的这种结构性转变是如何并在何时发生的？

现代总统制的发展主要有两大原因：一是进步时代的理论家，尤其是伍德罗·威尔逊，有意消除宪法对政府权力的限制，特别是要扩大总统的权力和地位；二是总统们**也开始越来越啰嗦了**。

今天的人们忘记了这样一个事实：在 20 世纪以前，总统很少公开发言，并且他们最常说的，就是诸如问候或"国家情况报告"之类的话。美国的前 25 位总统平均每年只发表 12 次演讲，就连这个较低的数字都是被 19 世纪晚期的总统抬高的。当时，铁路的普及大大方便了总统出行，他们开始在全国发表更多演讲。乔治·华盛顿平均每年做 3 次公开演讲，约翰·亚当斯只有 1 次，托马斯·杰斐逊 5 次，而詹姆斯·麦迪逊一次也没有。就连人们理由充分地认为已经把一定程度的民粹主义引进了总统政治的安德鲁·杰克逊，也持保留态度，不发表过多的演讲。他在任期间平均每年只做 1 次公开演讲。

坚强而沉默的一类

"麦迪逊把国家带入了战争，英国人烧毁了他的房子，而他还是不发表演讲。"

——乔治·威尔

19 世纪这种言辞保守的模式有两个例外，它们从反面证明了这条规则。有一点在今天几乎被人遗忘，1868 年针对安德鲁·约翰逊总统的弹劾指控之一，就是他**说得太多了**，并且是以我们今天会称为"制造分裂"的方式。约翰逊总统走遍全国，发表竞选式演讲，为他的政策动议争取支持并攻击被共和党控制的国会；这和他所有前任的做法完全不同。其中一篇弹劾他的文章部分内容如下：

这就是说，合众国总统安德鲁·约翰逊，漠视其职位的崇高职责和该职位的尊严及行为规范……高调发表了一些过激、煽动和诽谤性的长篇言论，其中还对国会和合众国法律发出了大声的威胁和过激的恐吓……其任何言论、声明、威胁和高谈阔论都应受到严厉指责，这些言论无论如何与合众国最高首脑之身份极不相符，有失得体……安德鲁·约翰逊使合众国总统的崇高职位受到鄙视、嘲笑、羞辱，令所有良好公民蒙羞。（着重号后加）

另一个反例是约翰逊的前任亚伯拉罕·林肯，但要指出的是，林肯很多演讲的主题——国家的南北分裂——是一个**宪法**议题，他的大多数演讲（还有对手的）都以解决宪法问题为中心。

20世纪以前，多数总统以书面形式，而非演讲，与国会及公众交流，他们很少为具体的政策动议发表讲话。杰弗里·图里斯是一名研究总统的学者，他发起了颇具开创性的总统言辞史研究。按他的说法，在西奥多·罗斯福以前，只有四位总统在演讲中试图捍卫或攻击具体的立法提案。一次，当本杰明·哈里森总统因巡回访问现身纽约，他谢绝了对国会发表时评的请求，说道："你们要我做演讲，像这样一个场合，很难说可以谈些什么。那些由于我天天接触所以最熟悉的话题，也就是公共事务，现在在某种程度上对我是个禁忌……"（着重号后加）

西奥多·罗斯福的任期是一条清楚的界线，划开了图里斯称之为20世纪以前"总统言辞的普通法"和现代的总统言辞惯例。罗斯福因为把总统职位称为"天字第一号讲坛"而被我们记住，这并不是偶然的。1905年，他为了《赫伯恩法案》开始了一场斗志高昂的公共宣传运动，开创了总统公开支持某项政策主张的先例。《赫伯恩法案》要求扩大联邦政府对铁路运费的监管。尽管一直以来总统们都是以书面报告形式向国会提出政策建议，但罗斯福率先打破了这项惯例，他"越过"国会，直接面向美国人民。他以竞选运动的方式煽动公众对国会施压，以使后者颁布一项具体措施。自此以后，两党的总统都遵守这种和建国者的想法大相径庭的行为方式。现代总统制不但没有像建国者所想的那样，对舆论起到抑制作用，反而丢弃了其"刹车"功能，将政治的油门踩到了底。

对总统制的常规分析大多认为，现代对总统权力的概念扩张是从富兰克林·罗斯福和新政开始的，而事实上真正对理解总统职位本质和与之相称的行为造成最彻底决裂的，是伍德罗·威尔逊及其进步主义同仁。和西奥多·罗斯福相比，威尔逊在实践和总统制理论方面都大有超越，他完成了前者开启的革命。

总统在国会联席会议召开前亲自发表国情咨文演讲是我们现在所熟悉的场景，也是威尔逊总统的创举之一。宪法第2条规定总统"应不时向国会报告联邦情况……在非常情况下，他得召集两院或任何一院开会……"，要注意的是，宪法没有明确规定国情咨文必须成为年度活动，只是说总统要"不时"向国会报告，并且总统可以在"非常"情况下召集国会，而非每年一月发表一次讲话。在威尔逊之前，每位总统都是用一封长信向国会传达国情咨文，而非亲自现身；威尔逊之后，几乎每位总统都模仿他的做法，国情咨文演讲发展成了一项传媒惯例，类似英国女王在新一届议会开幕时发表的讲话。不过，女王的演讲被认为是纯仪式的，没有重大政治意义。现在，年度国情咨文演讲是每位总统日程表上的重要事项，被当作总统为其议程争取政治动力的最重要时机。今天，国情咨文演讲与其说是提供国情"咨文"，还不如说常常是一份又一份细目清单，列着一大堆总统希望国会通过的提案。

对于总统言辞的这一显著变化在今天的意义，四位著名的保守派政治学家作了这样的总结：

> 过去很少被总统采用的通俗或大众言辞，现在成了他们试图治理国家的一项主要工具。总统试图用激励或阐述宏伟、高贵见解的纲领性演讲来"打动"公众，无论美国人现在对总统领导权的范围抱有怎样的怀疑，他们都不认为总统的这一做法有何不妥或与其身份不符。事实并非一向如此，在21世纪以前，通过豪言壮语获得的民众领导权是令人怀疑的。

为总统打分

现代总统制完全变成了建国者最担心和反对的样子。这项新制度的怀疑者——如一个笔名为"卡托"的反联邦派作家——预测总统将变成一个具有以下特征的职位："心怀壮志而游手好闲、卑鄙而傲慢、厌恶真相、阿谀奉承、叛国通敌、背信弃义、违背诺言、鄙视社会义务、寄希望于软弱的治安法官；但最重要的，还是对美德的永久嘲弄"。（听起来特别像对克林顿任期的贴切描述。）

第二章　创制始末

杰出的总统越多,自由越少?

整个 19 世纪,自由女神图像都出现在美国发行的各种硬币的显眼处——1 美元、50 美分、25 美分,还有 10 美分。在不同时期,女神图像甚至出现在 5 分镍币和 1 美分硬币上。直到 1 美分"林肯"币在 1909 年面世,我们的货币上才第一次有了总统的图像。今天,在所有这些面值的硬币上,自由女神图像已经被各位总统取代(在两位总统交替期间,硬币上通常是印第安人头像、一只鹰,或者某个别的重要人物)。

对于巴拉克·奥巴马作出的"希望和改变"的承诺,建国者会深恶痛绝。事实上,严格控制公众对总统的期望,是把建国者对美国的设计重新放到首要位置的重要步骤。期待大众传媒时代的任何总统恢复 19 世纪言辞谨慎的习惯,或期待他们不再积极倡议政策变化,而按照建国者的设想把这一重要角色留给国会,都是不现实的。就连保守派人士评价罗纳德·里根是一个成功的总统,也是因为他是"伟大的沟通者",在 20 世纪 80 年代早期有效地利用现代大众传媒实现了重要的政策转变,使国家从萎靡不振中苏醒过来。然而,总统职位的膨胀削弱了我们成为一个自治民族的能力。

美国建国以来衡量总统的一条重要标准,即,他是否捍卫宪法,现在仍应被用来衡量每位总统。这样做的前提,是总统理解并认同这份建国公文。现代总统中很少有人对宪法进行过实质性讨论。要评价总统的宪政,除了参考他们所作的关于宪法的声明和他们是否遵守宪法对总统职位的限制外,还可以看他们的司法任命,尤其是对最高法院的任命。一部分总统对这项职责敷衍了事，几位共和党的总统甚至严重失职。本书将根据每位总统对宪法的理解和捍卫，或者在这方面的不足，以及总统对最高法院的任命特点，用字母为他们打分——也就是按照1787年总统制设计者的宪法视角来评估现代总统制和担任过这个职位的人。

第三章
伍德罗·威尔逊
（任期：1913～1921）

"在法律和道德方面，总统有权力成为一个伟大人物，只要他能做到。"
——伍德罗·威尔逊

威尔逊总统的合宪等级： F

伍德罗·威尔逊通常被视为美国最伟大或接近最伟大的一位总统，但他应该被算为最糟糕的总统之一。

你知道吗？

威尔逊是最后一位在蓄奴家庭长大的总统。他是第一位，也是唯一一位当上总统的博士，是奥巴马之前唯一一位做过大学教授的美国总统。威尔逊公开批评宪法，鄙视立国之本。

1913年3月4日伍德罗·威尔逊第一任期的就职典礼

威尔逊的传统声望主要反映了两点：一是任职期间碰巧有重大事件（尤其是战争）发生，总统可因此得到变"伟大"的"机会"；二是历史学家中普遍存在一种偏见，一些人更赞赏"高瞻远瞩"、扩大个人职权和政府职能的总统。假如没有第一次世界大战，威尔逊很可能作为一位国内改革家而被我们记住。他通过了宪法第十六和十七修正案，引入了联邦所得税，规定参议员由各州人民直接选出（尽管在他上任前就有人提出要拟定这两项修正案）。他还建立了联邦储备银行和联邦贸易委员会——后者在筹划不周的情况下建立，是一项极少受到美国人称赞的遗产。威尔逊原本可能无法赢得1916年的连任竞选；实际上，他勉强获得连任，是因为"他让我们远离了战争"这句口号。

但即便这项成就，也并未持久。1917年美国加入了第一次世界大战，虽然威尔逊领导的战争行动推动了欧洲战场战斗的结束，他也为美国的政治思想留下了一样东西——"威尔逊理想主义"——有时就叫"威尔逊主义"。这条教义对两大政党的干预势力都起到了鼓舞作用。但是，威尔逊因其洒脱的"理想主义"而享有的声誉，和他任内的不少行为自相矛盾。这为一种看法提供了依据，即他比其他任何总统都更应该得到"独裁者"的称号。尽管当代大多数所谓的"进步主义者"[1]对威尔逊的政治思想完全一窍不通，但他们仍受到了它的影响。

---

〔1〕译注：进步主义是19世纪末20世纪初在北美开始的一种政治运动和意识形态。进步主义者支持在混合经济架构下劳动人权和社会正义的持续进步，拥护福利国家和反托拉斯法等。

就连常春藤的历史学家也指出了威尔逊令人讨厌的性格

"威尔逊在政治行为方面所树的个人典范,最糟糕的一点是他缺少幽默感,保护性的胆怯心理在他和别人中间树起了一道墙……他从来不懂那种在两位罗斯福总统任内帮他们减轻负担的伙伴关系;他永远不具备他们拥有的珍贵的幽默感……这位缺乏人类幽默感的总统,拒绝拿政治开玩笑,使自己与可以从玩笑中获得的教训绝缘,抑制了美国人对开玩笑的领导者的喜爱。"

——耶鲁大学莫顿·布卢姆

很难说威尔逊算得上一位成功的总统,要说他伟大就更难了。他在第一次世界大战中形成的主要目标——让美国加入国际联盟,完全无法在国内赢得政治上的支持,最终被参议院投票否决。这主要在于威尔逊本人的过错,他对国会摆出一副高人一等、专横霸道的姿态,拒绝做出可能确保其目标实现的合理让步。如果是一个对国会更尊重或政治技巧更高的总统,像罗纳德·里根或比尔·克林顿,就能够理解,国家有充分依据对复杂的外交局面持保留意见。但威尔逊没有试图说服参议院,反而胁迫后者顺从他的意愿。当最亲近的顾问力劝他迁就参议院支持修改国联条约的意见时,他拒绝改变立场——尽管我们的欧洲盟友声称,他们愿意让美国按共和党所要求的保留意见和条件加入国联。威尔逊断绝了和他最亲密的一名高级助手爱德华·豪斯的友情,迫使冷漠的国务卿罗伯特·兰辛辞了职。约翰·莫顿·布卢姆说:"就连威尔逊的密友也对他表现出来的暴躁感到震惊。那件事(兰辛被解雇)之后,秘书伤心地对他说,剩下的朋友没几个了,事实的确是这样。"

> **婚姻宪法**
>
> 威尔逊是有史以来唯一一个考虑过下面这件事的总统。他要为他的第一次婚姻详细地写一部正式"宪法",列明夫妻双方的权利、义务和权力划分。他可能也是唯一一个有这种想法的人。他说:"我会以真正的法律形式起草一份宪法,有必要的话,我们还可以在有空的时候制定细则。"
>
> ——一个很有趣的家伙

由于在1919年巡回演讲期间遭受了一次严重的中风,威尔逊在任内有一年半时间几乎完全没有管理国家。1967年约翰·F.肯尼迪遇刺后,美国通过了涉及副总统继位和总统残疾问题的宪法第二十五修正案。如果这一修正案在1919年就已存在,那么它很可能被援引以宣告威尔逊"无法履行其职权和义务",副总统托马斯·马歇尔就会继位。但事实并非如此,威尔逊的第二任妻子伊迪丝·威尔逊从根本上行使了总统职能;并且令人震惊的是,这位未经选举的"总统"还做了18个月。这在今天将无可容忍,很可能成为弹劾威尔逊的依据。

保守派?

一些历史学家把威尔逊勉强说成一个保守主义者,部分原因是他信仰长老会和发表基督教言论,此外还因为他是一个凶残的种族主义者和隔离论者。威尔逊支持州权,反对童工法;他在白宫放映了臭名昭著的《一个国家的诞生》——一部赞颂三K党的电影,建议大家都去看;他支持南方民主党人提交的关于使跨种族婚姻在哥伦比亚特区非法化的立法,还把种族隔离重新引入了联邦政府多个部门,包括邮政局和军队。当黑人提出反对意见时,威尔逊说:"隔离不是一种耻辱,而是一个好处,各位先生也该这样认为。"但他的种族观立足于**自由主义**思想——达尔文进化论;他对州权的忠诚不是源于宪法对联邦制的顾忌,而是出于便利:共和党人提交了一项用来打破南方黑人歧视的全国性立法,州权正是一道对抗它的壁垒。

伍德罗·威尔逊:第一位供给派总统?

如果你仔细看,会发现威尔逊冗长的发言对每个人都有所启发。例如,在1919年给国会的年度报告中,他所写的一些内容是今天的自由派在回顾威尔逊时必然忽略的。"国会不妨考虑一下,在和平时期,较高的所得税率和利润税率能否有效地为国家增添税收,另外从反方面讲,能否不对商业活动造成破坏,不造成浪费和低效。在和平时期某个阶段,高水平的所得税率和利润税率会造成能源破坏,使新企业失去发展动力、开支过度现象增加、工业停滞不前,导致失业和其他附带祸害。"

对于把民主党变成一个执意要把权力集中在华盛顿并且敌视自由市场经济的大政府党派,威尔逊发挥了最大的作用。他还是有史以来最爱干涉别国的总统:除了把本国带进第一次世界大战,他还派美国部队进驻墨西哥、多米尼加共和国、海地、古巴和巴拿马——尽管这种做法常常不起作用。

虽然威尔逊经常用保守或听起来传统的言辞掩饰他的观点,

本质上他拥护一种明确的非传统——更不用说"非美国式"——政治哲学。那些无能、懒惰或对政治思想不感兴趣的历史学家忽略了他的政治哲学，因而对他有所误解，并向数代美国学生和公民呈现了一个不真实的威尔逊。他们确实可以把威尔逊的想法经常自相矛盾或似是而非当作借口，在很多关键问题上，他的确令人困惑或使人费解——主要是由于他以一种另类的方式运用了美国传统的政治思想（他的方式常常令这些思想违背其原意，但又被多数美国人所理解）。随着时间的推移，他似乎还改变了对一些事的看法。因此，可以认为威尔逊是美国第一位"现代"总统，甚至是第一位"后现代"总统。他无疑是和巴拉克·奥巴马最贴近的总统模板，也是和今天的"进步主义者"最像的人。

革命性

如果说就"伟大"一词颇为古老、严肃的意义而言，威尔逊尚有欠缺，那么他仍然算得上是对美国历史最有影响的总统之一，尽管是在不好的方面。他是现代"英雄"总统制的主要缔造者，起到的作用甚至超过了他的劲敌西奥多·罗斯福。威尔逊的野心超越了罗斯福的个人利己主义，为第二位罗斯福总统——富兰克林·罗斯福的到来打下了基础，这颇具讽刺意味。他改变了许多美国人对宪法的看法，在这方面起到的作用超过其他任何政治人物。这在很大程度上是因为他是这个国家第一个否定立国之本、鄙视宪法的总统。威尔逊把美国人民对宪法的尊敬和君权神授的古老教义相提并论，他指出："受到人们的普遍尊敬是宪法无可争议的特权，君权神授从没发展到比这更荒唐的地步。"麦迪逊在《联邦党人文集》中写道,人民对宪法的"尊敬"是 1787 年费城会议的主要目标之一,因为"没有（尊敬）,即便最明智和最自由的政府也不会拥有必要的稳定性"。但威尔逊批判了美国人对宪法的"盲目崇拜",并怀疑在受到建国者对政府权力的限制之后,国家还能否生存。1876 年,在建国一百周年之际,他曾写道:"在我看来,美利坚合众国再也不会庆祝它的另一个百年诞辰,至少在现行的宪法和法律下不会。"

威尔逊认为,美国赖以建立的政治哲学已经过时,应该丢弃——这种哲学,尤其是托马斯·杰斐逊在《独立宣言》中所写的关于个人权利的文字,起源于约翰·洛克等英国人的思想。他认为宪法的逻辑,也就是詹姆斯·麦迪逊、亚历山大·汉密尔顿等制宪者的思维,同样有缺陷,应该被替换。虽然威尔逊原本痴迷于英国的宪法传统,特别是埃德蒙·柏克和英国伟大宪法史学家沃尔特·白哲特的思想,但他最终转向了德国哲学。对于建国者的英美传统,他想用德国哲学家黑格尔的国家崇拜思想和达尔文的进化学说来替代。

好书推荐

Woodrow Wilson and the Roots of Modern Liberalism by Ronald J. Pestritto（Rowman & Littlefield, 2005）

作为此前仅有的一位当上总统的学者（在 1910 年成为新泽西州州长前,他先后担任过普林斯顿大学的教授和校长）,威尔逊是唯一一位完成一系列有关美国政府的综合性著作的总统。他的完整著作有 69 卷,但最重要的 4 本是 1885 年出版的《国会政体》、1889 年的《国家》、1908 年的《立宪政府》和 1913 年的《新自由》。这些书并不总能保持一致，就像卡尔·马克思浩繁的著作一样，它们有彼此矛盾的地方。不过，虽然威尔逊的观点随时间而演变，一些核心主题的浮现说明了他对总统制的看法和他任内的固执行为方式。

威尔逊对美国宪法的颠覆立足于 4 个重要的思想：他的进步哲学、对个人自由的新颖理解、对总统角色的独特看法以及他对现代官僚政府本质所持的观点。这四者奠定了美国现代自由主义的基础。

威氏"进步"：和宪法碰撞

威尔逊对历史的总体看法影响了他对人性、个人自由及政府作用的看法。他相信，带大写字母"P"的"进步"（Progress）意味着人类历史正在朝一个特定的方向展开。这并不是一个全新概念，但他的进步主义政治哲学和基督教的传统理解迥然不同，后者认为，人类历史的救赎过程将在后世终结，而非今生。威尔逊和进步主义者认为，在美国的传奇中，"进步"取代了"神意"。在他之前，大多数总统在就职演讲和其他重要演讲中都提到过"神意"。威尔逊的看法是，政府——或大写"S"开头的国家（the State）——将成为"进步"的代理人。实际上，对进步主义者而言，国家不但在掌管人类事务方面取代了上帝，它还具有类似上帝的特性。

就其对历史的看法而言，一方面，威尔逊学了黑格尔的样，这位德国哲学家对现代国家崇拜思想和道德相对主义的影响大概无人能及。（他是马克思和威尔逊的主要灵感来源。）黑格尔的思想常常晦涩难懂,但他把这条教义讲得清楚明了:"'国家'是存在于'地球'上的'神圣的观念',我们因此有了比以往更明确的历史目标……"神圣的罗马皇帝几乎没有作过这样的声明。黑格尔之后,现代自由主义可以说实现了从推翻"君权神授"到拥护"国家的神授权利"的转变。威尔逊承认自己"在写《国家》期间翻破了一本德文字典",他竭力按照德国历史和政治哲学中描绘的形象来重塑美国政坛,但最终把美国带进了和德国的对战,这一点颇为讽刺。

另一方面,达尔文主义也对威尔逊的"成熟思想"产生了巨大影响,并对他的种族主义观点作出了解释(至少为之提供了科学依据,威尔逊是最后一个在蓄奴家庭长大的总统)。他认为种族有高低贵贱之分,那些具有现代精神的就是高级种族。他说:"其他种族发展太慢,成就太少。"

威尔逊结合了黑格尔的"进步"思想和达尔文的人性易变观点,这解释了他为什么会开始藐视宪法,特别是对刻意用来限制政府权力和行动速度的权力分立原则。在他的第一部重要著作《国会政体》中,威尔逊称权力分立是一个"极严重的错误"和"愚蠢的做法"。他多次批判权力分立和宪法,认为它们不符合达尔文主义的现实情况:

> 合众国政府赖以建立的基础是辉格党的政治动态论,一个对牛顿宇宙论的无意识复制品。在我们所处的时代,无论何时谈论任何事物的结构或发展,不管从本质上还是从社会角度讲,我们都有意无意地追随着达尔文先生……(牛顿)理论的问题在于,政府并非一台机器,而是一种活的东西……活的政治章程在结构和实践中都必须符合达尔文主义。

> **你一定不知道**
>
> 伍德罗·威尔逊是"活宪法"之父。

威尔逊接着补充道:"没有哪种生物能让自己体内的器官相互抵消,以制约彼此,然后继续生存……你无法在对抗中造就一个杰出的政府。"

> **威尔逊 VS. 建国者**
>
> "进步主义者所要求或渴望的就是允许……根据达尔文主义的原则来解释宪法。"
>
> ——伍德罗·威尔逊

他甚至提出,如果建国者以某种方式在他的时代复活,他们很快就会看到自己亲手之作存在的不足。这完全是一种鄙视伟人的傲慢态度。建国者相信,他们为美国的未来奠定了一个稳固的基础;在这点上,他们有充分的理由。威尔逊对建国者的否定非常彻底,他甚至提出,托马斯·杰斐逊的思想"完全……是非美国式的"。对于詹姆斯·麦迪逊和亚历山大·汉密尔顿,他说了同样的话。

威尔逊想彻底改变宪法,但也知道对宪法作修正在实践中并非易事。因此,除了早期一项为了使国会成员在总统内阁任职而要求修正宪法的动议(禁止国会成员在内阁任职被他称为宪法"最明显的错误"),他再也没有提出过要用修正案来改写宪法。相反,他在自己的"黑格尔—达尔文"哲学中找到了一个完美的答案:仅仅把宪法当作一份有机的、正在进化的公文来重新解读。威尔逊公然要求"以非同寻常和超出当前想象的方法运用宪法",他毫不避讳对建国者原初意图的鄙视,认为宪法的原初意义不应成为今天理解与阐释宪法的标准。他说:"民族的命运改变了,对包含民族命运的文件的阐释也必须改变;需通过精微的调整来实现,不由文件起草者的原初意图决定,而由生活本身的迫切需要和新内容来决定。"(着重号后加)谁来进行这项"精细的调整"呢?是最高法院。威尔逊使最高法院作为"活宪法"解释者的角色得到了合法化,这一角色在今天为人熟知。最高法院现在扮演着"流动宪法大会"的角色,可以出于为政府行使权力提供便利的目的修改宪法,这都得归功于威尔逊。"宪法明确授予政府的权力同过去一样,但间接从宪法中攫取的权力却出人意料地扩大并成倍增长了。每一代政治家都希望最高法院能为满足当时需要,补充对宪法的解释。"(着重号后加)

威尔逊的进步主义解释了上面所讲的他对宪法的鄙视。建国者的政治哲学立足于这样一个观点:人性的特点永远不变。他们把"有限政府"视为调和人性好坏两面的唯一途径。一方面,他们认识到了人类与生俱来的对自由和自治的渴望和追求能力;另一方面,他们也认识到了人类自私自利的本质特征,知道过多的政权累积常常导致暴政或压迫型政府。因此,宪法中强调有限的、一一列出的权力,还有权力分立——都是为了防止政府威胁到人民的自由和幸福。

但威尔逊和其他进步主义者受达尔文影响,都不再相信人性不变的观点。他们认为进化和"进步"会促使人类事务甚至人性不断改善,因此政治机构没有理由再受制于建国者的观点,即人性的不完美决定了政府权力必须受到限制。虽然威尔逊和进步主义者的看法与马克思主义社会学家和其他乌托邦革命者不同，但他们相信，人性易于改善——甚至可能无限改善，最终达到完美——在现代国家和威尔逊等开明领袖的指引下。政府权力——或国家——不再可怕，相反，它应该被扩张和赞颂。

威尔逊 VS. 建国者

"权力的全部艺术、政府的全部艺术，都在于结合，而非对抗。我无法把权力想象成一个负面而不是正面的东西。"

——伍德罗·威尔逊

威氏"成熟自由"VS 建国者"自由"

威尔逊彻底否定了对美国的建立来说具有核心意义的自由概念。建国者认为，维护个人自由必须限制政府权力，威尔逊的看法恰恰相反。他认同一种对自由的新颖理解：要推进自由，必须扩大政府的活动范围。这就是他把1912年的竞选著作命名为《新自由》的原因。他在书中写到了"成熟自由"——借此指个人积极地实现自我，而不仅是脱离外部限制。他甚至用一种听上去很现代的语言来描述对自由的新理解，比如"自我解放"和"人类让自己做得更好和从自然中获取更多的能力"（其实是摆脱自然的意思）。在这里可以发现，"免于……的自由"和"有……自由"开始有了区分。威尔逊在《新自由》中把两者进行了对比："今天，自由不仅仅是不受干扰。今天的自由纲领必须是积极的，而非消极的。"这比英国哲学家以赛亚·伯林宣扬两者的区别早了数十年。

尽管这种对自由的理解可能晦涩难懂，其政治含义却很明了：对于要实现"成熟"自由的个人，政府要变得**更**有权力才能帮助他们找到那种积极的自我实现。在实践中，"成熟自由"意味着政府将行使更多权力以规制私人活动，并将掌握更多私有资源。其行使权力的方式必然与《独立宣言》中"不可剥夺的权利"产生冲突。所以，威尔逊的进步主义否定了杰斐逊的宣言所赖以形成的自然权利哲学。

威尔逊 VS. 建国者

"这个国家的一些公民从来没有超出过《独立宣言》的范围。"
——伍德罗·威尔逊

威尔逊写道，"关于个人不可剥夺的权利，已经说了一大堆废话"，"如果你想了解真正的《独立宣言》，就不要重复前言部分"。他所指的，正是论及从"自然法则和自然之神"降临的人类"不可剥夺的权利"这部分内容。建国者认为，个人权利是普遍的，这些权利不言自明，理所当然会在"一个坦诚的世界"中得到承认。相反，威尔逊提出，"没有什么普遍的法则，但是每个民族都有一部自己的法律，它具有鲜明的民族特征，体现了特定民族的政治观和社会观，反映了该民族的特殊生活。"（着重号后加）这是形式极单纯的道德相对主义。

威尔逊和其他进步论者的目标，是证明其对私人生活和私营企业越来越多层面的干预和控制是正当的。在攻击杰斐逊的自由思想时，他说过一句发人深省的套话："大家知道，杰斐逊说最理想的政府是那种能少管就少管的……但这样的时候已经过去了，美国现在和将来都不可能对私营企业不加限制。"

威尔逊颠覆了个人自由的概念，在这个过程中他给美国政治造成了一次巨大的混乱。如果不是他，就不会有富兰克林·罗斯福的"免于匮乏的自由"和"免于恐惧的自由"[1]，也不会有林登·约翰逊所培育的政府津贴文化。威尔逊对自由的理解，和今天把任何需要或要求当作基本"人权"的普遍冲动有直接关联。因此，很多美国人相信，他们有获得医保的权利、住房权或工作权——这些"权利"要求政府强迫一个公民把资源分给另一个公民。要将这种新奇的"权利"付诸实践，政府必须实施暴政，而建国者所讲的"自由"是免于受到这种暴政。

总统的角色

建国者想让总统成为以执行法律、管理政府为主要职能的首席治安官，但威尔逊觉得总统应该成为一个活跃的预见者。在他看来，总统应该成为我们政治生活的活跃领袖（Leader）——首字母大写——按照他对我们未来发展的远见卓识指引人民"进步"（Progress）。现代总统，威尔逊写道，应该"是这样一个人，他了解自己的时代和国家的需要，他的个性和自主决断力使他能把个人想法落实到国会和民众中去"。这里，他清清楚楚地表明，他对立法和行政部门之间权力平衡的看法正好与建国者相反，后者认为国会在表达民意和引导国家发展方面将起主导作用。但认识到这一点很重要：他在这里不过是颠倒了立法

---

[1] 译注：1941年1月，富兰克林·罗斯福总统第一次向美国人民宣布了四项"人类的基本自由"，分别是言论自由、信仰自由、免于匮乏的自由和免于恐惧的自由。

和行政部门在政府中的位置。威尔逊想让总统做的，不仅是对公众舆论作出回应，更重要的是对之产生影响。他写道："一位受到（国家）信赖的总统不但能领导国家，还能按他的想法来左右它。"

威尔逊清晰地表达了他对国会的尊敬

"（通过投票否决立法提案）一小群固执己见的人使伟大的合众国政府无依无靠、受人鄙视。"

这些以及威尔逊理论著作中的其他段落预示了两点：其一，威尔逊的傲慢和固执将对他的任期产生不利影响；其二，他和国会的关系会很糟糕。威尔逊的文章《人类领袖》最全面地展示了其领导理论，他写道："领导力不会一直安于妥协……抵制者应为少数，无法说服者则需击垮。"这听起来和被保罗·克鲁格曼等当今自由主义者谴责的"排除论修辞"非常接近。（事实证明，这段话几乎是一字不差从黑格尔的《历史哲学》中照搬的。黑格尔在他的书里歌颂了领导者"身形如此魁伟"以致会"在前进的途中，把许多东西压成碎片"。）在《人类领袖》和其他作品中，威尔逊始终把现代总统想象成这样的领导人：他不但能预见未来，而且把推进迈向未来的步伐看作他的职责。总统应该运用他的"说服力和信念——用非同一般的个人影响力和权力来控制别人的头脑"。

对于威尔逊有关政治领导的一些著作，任何反思20世纪类似"领袖"（德文是"führer"）所造成的苦难历史的人，都会感到脊背发凉。威尔逊写道："在手段高明的领袖手中，人们像黏土……一个（真正的领袖）把群众当（工具）来利用。他一定会去点燃他们的激情,实际情况如何则不需理会。在手段高明的领袖手中,人们像黏土。"

还有下面这段:

> 国家由这样一个人来领导……他谈的不是街头谣传,而是一个新时代的新原则;他耳边回响的是全民族的各种声音,但那不是混乱刺耳的暴民的声音,而是和谐一致的,仿佛来自一个合唱团;其中的各种意义通过各种悦耳的声音表达出来,通过领导人的理解汇集成一个声音,形成一种远见,故而领导人能说出他人不知道的话,即普遍声音中的普遍意义。

1913年,威尔逊在发表第一次就职演讲时,清楚地表明要把自己的领导理论付诸实践,他宣称随着他的当选,"最终,我们被赋予了一种纵观全局的眼光……我们知道我们的任务不仅仅是政治上的,而且是这样一项任务,它将让我们一次又一次扪心自问:我们能否理解所处的时代和人民的需要、能否真正成为他们的代言人和解释者、能否用纯洁之心去理解并纠正意志去选择崇高的行为。"(着重号后加)

官僚主义的热衷者

威尔逊是我们现在称之为"现代行政国家"的早期拥护者。进步主义思想认为,政治问题都可以被当作"已经解决",政府面临的多数或所有议题都是行政性的,最好交由不直接受制于政治压力或不用对公众负责的专家精英去解决。在威尔逊看来,免于选举和不必对公众负责是美国行政官僚机构的一大特征，而非漏洞。

威尔逊对高度集中的行政权可能被滥用完全不关心。他之所以排除"一个专横、反自由的官僚"存在的可能性，是因为相信如果按照他的构想，被选进政府部门的都将是才智过人、品德出众的精英。在他的所有著述中，最令人毛骨悚然、最可怕和极其荒唐的一段文字写道："如果我看到一个杀气腾腾的家伙在敏捷地磨着一把刀，我可以借用他磨刀的方法，而用不着借用他可能用刀子谋杀犯罪的念头；同样，如果我看到一个顽固的君主制主义者很好地管理着一个政府机构，我可以学习他的做事方法，而不改变我作为共和主义者的任何特点。"这种道德盲目性离由于"他让火车准时开动"而产生的对墨索里尼的个人崇拜，只差一小步。

好书推荐

Liberal Fascism: *The Secret History of the American Left*, *from Mussolini to the Politics of Meaning* by Jonah Goldberg (Doubleday, 2008)

威尔逊和他的进步派继承人并不关心联邦政府的高度集权，他们情愿扮演父亲般的角色，自认为比美国民众高出一等。他甚至说："如果站在我的立场上看，一个务实的政治家应该愿意走得更远，监督每个人对机会的利用。"

因此，专栏作家乔纳·戈德堡称威尔逊发明了美国的"中央集权至上论"——这个理论就是对国家的盲目崇拜。他甚至把威尔逊称为美国第一位（并且是迄今为止唯一的）法西斯独裁者。如果说这个标签看上去有些极端，那么应该指出，就连态度温和的、一直愿意公正评价其行为和政策的自由派历史学家也被威尔逊弄得很尴尬。历史学家约翰·莫顿·布卢姆在他写的威尔逊短篇传记中，尖刻地审视了第一次世界大战中乔治·克里尔领导的公共情报委员会所开展的"美国历史上前所未有的宣传运动"。这个由威尔逊设立的委员会不但广泛开展支持战争的宣传，还对国内媒体强制执行审查。威尔逊敦促国会通过了一项《惩治煽动叛乱法》，由此获得了惩治参战异议人士的权力，条件是异议对美国的战争行动造成直接"破坏"。在该法案下，共有超过1500人被捕，其中只有10人的被捕原因是对战争行动造成了实际破坏。"也许和其他任何因素相比，"布卢姆写道，"这个惊人的数字更有力地刺激了善良的人们，让他们开始放弃对威尔逊的幻想……总统背弃公民的合法权利，不是因为他对公民的爱少了，而是因为他太爱自己对于最终和平的幻想……政府的行为是否推翻了民主所要求的隐私和正义？没关系——伟大的日子即将到来。"换句话说，为了目的，可以不择手段。

傲慢的总统

威尔逊的政治哲学在很大程度上说明了他为什么会成为有史以来最傲慢的总统，同时也对当今那些标榜为"进步主义者"的人所持的观点作出了不少解释，特别是他们认为自己"顺应历史"的观点。对任何不顺从其"开明"意志的人或观点（如今天的茶党），进步主义者必然抱以敌视态度。不幸的是，威尔逊的主张对两党的现代总统都起到了激励作用，尤其是对富兰克林·罗斯福和奥巴马等左派自由主义总统。

威尔逊的观点是，总统取代国会成为了美国公众生活的动力，他是一个与众不同的国家"领袖"；为了和这一观点保持一致，他引进了由总统亲自（而非用书信）在国会联席会议上发布年度国情咨文的做法——现在发展成了一档引人关注的老牌电视节目，人们期待总统在节目中列出一长串政府要去做（并且花钱）的新工作。除了这项政治表演，威尔逊对国会持鄙视态度，特别是就国会当时的表现而言——不是消极软弱地听命于威尔逊，而是按照建国者的设想，成了一个和总统平起平坐的政府部门。

威尔逊带大写字母"P"的进步（Progress）"理想主义"影响了他对外交政策的认识，使他在武力使用上产生了偏见。他是第一个自称为"自由世界领袖"的总统，这种说法在冷战期间还讲得通，但放到第一次世界大战中就显得极为放肆了。他所有的前任都认为，美国参加战争是为了捍卫国家利益，但他颠覆了这种观点。正如约翰·昆西·亚当斯总统1821年的一句名言，美国"不会为了寻找需要毁灭的怪兽而走出国门，她是一切自由和独立的祝福者，她只是自己的捍卫者和辩护人"。但是，当威尔逊出于罢免革命政府的目的派兵墨西哥时，他给出的解释是，他要"教南美共和国选出好的领导人"，从而把世界推向"那些上帝的正义之光畅通无阻的伟大高地"。最有名的是，他把美国参与欧洲战场描述为一场"结束所有战争"和"为民主创造一个安全的世界"的改革运动。当然，这两者都不是欧洲主要交战国的目标；盟军在美国的帮助下取得了战争胜利，却无法实现两个目标中的任何一个，这并不令人惊讶。实际上，常有人认为，依据威尔逊的"十四点和平原则"和《凡尔赛和约》重新划分欧洲疆域,几乎必然会引发第二次世界大战。

威尔逊的进步理想主义和对国会的鄙视造成了其任内的最大败笔,即在美国加入国际联盟的问题上被参议院否决。他的党派在 1920 年大选中彻底告败,主要是由于他骄傲自大。尽管威尔逊的总统任期结局悲惨,但他改变了这个职位的性质和国家的进程,为两党的多位现代总统提供了范例,特别是对在哲学思想和坏脾气上跟他最像的总统——我们现任的"教授总统",巴拉克·奥巴马。

威尔逊"毁了 20 世纪"

"20 世纪人类所做的最重要的决定,就是为建造普林斯顿研究生院选址。威尔逊想把它建在主校区,在这点上他很可能是正确的……他的对手韦斯特院长希望它建在现在的位置上。威尔逊输了,他像往常一样发脾气,放弃了普林斯顿,步入政坛,然后毁掉了 20 世纪。"

——专栏作家(及普林斯顿校友)乔治·F. 威尔

对于和威尔逊一样,对宪法所持观点极为激进的人来说,他对最高法院的几项任命是个怪异的混合体。他的第一项任命是詹姆斯·C. 麦克雷诺兹,一个保守的民主党人,在被威尔逊选为司法部长之前曾在西奥多·罗斯福的司法部任职。由于他 27 年的法官任职资历,当麦克雷诺兹作为最保守的法官之一进入最高法院,并没有人感到惊讶。《牛津美国联邦最高法院指南》表达了自由派的普遍看法:麦克雷诺兹"是一个忠实的保守主义者……反对政府扩大对社会和经济的监管,认为宪法公正地使国家遵守了自由放任的资本主义政策"。他是投票废除罗斯福许多早期新政措施,包括《全国工业复兴法》和《农业调整法》的法官之一。在 1937 年维护社会保障合宪性的裁决中,麦克雷诺兹持异议意见,他赞成 19 世纪皮尔斯总统的观点,即"我未能在宪法中发现任何授权,要求联邦政府成为为整个国家分发救济品的伟大施赈者"。麦克雷诺兹抵制新政浪潮的高峰在 1935 年到来,当时最高法院在一系列案件中维护了政府拒绝履行黄金合约的做法——这种拒付行为已经构成了主权债务拖欠。麦克雷诺兹对法院的判决意见持异议,他甚至激愤到在法官席上宣告:"尼禄[1]最坏也不过如此,宪法已经完了!"

在民主党总统提名的最高法院大法官中,他大概是最后一位始终坚持保守立场的。当然,路易斯·布兰代斯和威尔逊的宪法哲学更一致,他是威尔逊对最高法院的另一项重要任命。布兰代斯是自由派结果导向型法学的实践者,是当时称之为"社会学法学"的先驱人物。他因人们所称之为的"布兰代斯诉讼方法"而闻名,也就是在法庭辩论中强调社会条件,而非先例和法律原则。换言之,布兰代斯常常能成功拉动法官的心弦;但这种"成功"的代价,是把法官变成了立法者。

威尔逊对法院的第三项任命是约翰·H. 克拉克——一个和布兰代斯一样的自由主义者,但他任职时间很短,没有给法律思想或最高法院的历史留下任何永恒的遗产。

尽管威尔逊任命了麦克雷诺兹为大法官,但他直接攻击制宪者的宪法哲学,还任命了布兰代斯和克拉克,这使得他的合宪等级变成了 F。

---

[1] 译注:尼禄(Nero),罗马帝国皇帝,被认为是古罗马的暴君之一。

第四章
沃伦·G. 哈定
（任期：1921~1923）

"此刻站在这里，我深感这一场合的庄严，唯有亲身感到自己重任在肩的人，才能明白我内心涌起的情感。我必须表明，对于建国之父们的神圣感召，我坚信不疑。在新世界缔造这个共和国，必定是上帝的旨意。"
——1921年哈定总统就职演讲

哈定总统的合宪等级： B+

沃伦·哈定通常被判定为美国最糟糕的现代总统，并且可能是这个国家有史以来最糟糕的。根据描述，他玩忽职守、腐败或者说容忍腐败，不具备担任现代总统的能力。新闻记者内森·米勒写过一本有关最糟糕的十位总统的书，他表达了普遍的看法："哈定是证明美国总统懒惰无能、心慈手软的最好例子。"爱丽丝·罗斯福·朗沃斯则宣称他是"一个懒汉"。从他所在的时代到21世纪，哈定一直受到广泛的嘲笑，因为他曾经要求回

沃伦·G. 哈定

归"常态"——这个词在业余语言学爱好者看来是不正确的，他们错误地认为它和乔治·W. 布什的"策略"一样。

> **你知道吗?**
> 禁酒运动期间，哈定在白宫一周两次的扑克游戏中嚼烟草，并提供威士忌。
> 我们对党魁们在一间"烟雾弥漫的客房"里做秘密决定的印象，来自提名哈定为总统候选人的那次共和党代表大会。
> 他确实"拯救了宪法"。遭到磨损的宪法文件在国务院没有被妥善储藏，哈定下令对它进行修复并把它放进一个防护玻璃橱中。

不过，在1923年去世之时，哈定深受美国公众的爱戴。实际上，历史修正主义对哈定的最新看法是"他友好、正派、英俊，拥有非凡的理性。他还具备一种难得的政治特质：勇气"。这段话的笔者詹姆斯·戴维·罗本霍特接着指出了一项明显的对比，然后抛出了关键的问题：

> 约翰·肯尼迪（奥巴马总统出现以前唯一一位从参议院直升进入白宫的参议员）担任总统的时间和沃伦·哈定几乎一样长，但他的执政记录显然更混乱：猪湾事件、干涉越南等灾难与处理古巴导弹危机、签订禁止核试验条约等成就在影响力上相当。然而，历史对这两人的待遇差别极大，肯尼迪成了一个偶像，哈定却被当作一个失败者。
>
> 这是为什么呢？

这个问题不难回答，耸人听闻的盲目批判对哈定进行了无情攻击，树立了他的失败者形象。这种严酷的简易判决反映了20世纪中期严重的思想和历史偏见。哈定的名誉变化是一个可引以为戒的例子，它反映了历史反思的偶发性。当代研究以一种更为肯定的眼光来看待哈定，但他的糟糕名声依旧挥之不去。这是一个关于形象的教训，无论正面或负面，形象一旦在公众心目中固定，就难以动摇。若客观公正地审视哈定的在任记录，就会支持这样的结论：像他这样的总统能够得到建国者的赞许。

最被低估的现代总统

保罗·约翰逊是最早支持哈定的现代历史学家之一，他写道："对真实哈定的解构和对他骗子、花心男及令人讨厌的废物形象的重构，是错误历史编纂学的典型表现。"乔治梅森大学法学院的杰里米·拉布金把哈定和安德鲁·约翰逊、哈里·杜鲁门及比尔·克林顿作了比较后，对他表示肯定。按拉布金的话来说，"哈定应该被看作美国历史上最成功的战后总统"。[59] 约翰逊和拉布金都是保守派，他们可能会和盛行的自由思潮唱反调，但现在，即便是一些自由派人士，也开始给予哈定更高的评价。

好书推荐

最有名、最完整的哈定传记是弗朗西斯·罗素的《布鲁明格鲁弗的阴影》（麦格劳-希尔公司，1968年）(*The Shadow of*

Blooming Grove：Warren G. Harding in His Times McGraw-Hill，1968）。该书虽免除了许多最为人熟知的对哈定的批评，却放大了另一些难以立足的批评。

更为惊人的正面评价出自当代作家约翰·迪安之手。令人意想不到的是，他在《沃伦·G. 哈定》（美国总统系列，时代图书出版社，2004 年。*Warren G. Harding*, The American Presidents Series, Times Books, 2004）中对哈定作出了肯定的评价。这套书由自由派人士设计，他们想借此充实对总统制演变的叙述。

《罗森堡档案》（*The Rosenberg File*）的作者罗纳德·拉多什（Ronald Radosh）目前正在写一本哈定传记，对他的形象进行修正；这必将成为对一个世纪以来的误传和扭曲最权威的纠正。

曾被理查德·尼克松的水门事件搞得声名狼藉的约翰·迪安是最新的哈定传记作家。近年来他突然转向了左派，甚至建议弹劾乔治·W. 布什。但令人惊讶的是，他对哈定的评判却公正合理。"沃伦·哈定最出名的一点在于，他被认为是美国最糟糕的总统，"迪安在哈定传记的第一句话中这样写道，但他又补充说，"但是，可以提出一个令人信服的理由证明，得出这个结论的人肯定忽略了大量有关哈定及其任期的资料……在我的叙述过程中，我发现自己经常在对扭曲了的、错误的哈定史进行陈述和标示……"在另一处，迪安写道："有大量未揭晓的事实表明，哈定是一个值得尊敬的好人及一位有能力的总统，这位总统远远胜过历史对他的评价。"詹姆斯·罗本霍特是另一本关于我们第29任总统的新书的作者，他赞同迪安的观点："哈定令一个厌烦战争的国家耳目一新,在世界因为经济和政治的动荡而摇摇欲坠时,他是一根稳固的支柱。"

意外提名,压倒性当选

在1920年的大选中,哈定以普选票数的60.2%赢得了创历史记录的压倒性胜利。除了坚定支持民主党的南方,他包揽了其余所有州的选票。虽然比起他的前任或我们的现任总统,哈定的政治经验丰富得多,但当时及后来的评论家对哈定的描述都是,他没有为担任总统做好充分的准备。1899年,哈定以俄亥俄州参议员身份起步,1904~1905年他担任该州副州长,1915年起担任美国参议员。到1920年,哈定从政已有21年;在其政治履历中空缺的10年,他是俄亥俄州马里恩市的一个报业老板(他的一个报童诺曼·托马斯后来连续多年成为社会党的总统候选人),在七叶树州[1]的共和党事务中发挥了积极作用。

可以肯定,在1920年,提名哈定为共和党总统候选人是一件可能性不大的事情。这种情况之所以发生,仅仅是因为西奥多·罗斯福在1919年意外去世,造成美国出现政治真空。罗斯福去世后,共和党领导层出现了分裂,在党内候选人问题上意见不一。获得支持的几个候选人中,陆军参谋长伦纳德·伍德(西奥多·罗斯福最支持的)和伊利诺伊州州长弗兰克·洛登占领先地位。哈定作为潜在候选人,偶尔被人提及,部分原因是他来自对选举来说至关重要的俄亥俄州,但他完全被当作第二

---

〔1〕 译注:俄亥俄州别称。

梯队候选人。在举行民众初选的中西部州，哈定表现糟糕，不仅失去了印第安纳州，就连在自己的家乡俄亥俄州也输了。他要获得提名去参加六月中旬在芝加哥召开的共和党全国代表大会，这件事看来前景渺茫。哈定传记作家弗朗西斯·罗素引用了一位记者对大会前夕的描述："没有人讨论哈定，他甚至算不上一匹有前途的黑马。"

然而，大会陷入了糟糕的僵局，伍德和洛登在早期的无记名投票中为谋取领先地位各耍手段，当他们谁也无法证明自己能被大多数代表接受时，党内领袖们开始明白，被提名者将来自第二梯队的候选人。接下来协商提名的过程使美国政治历史上有了著名的"烟雾弥漫的客房"这一画面：在一层层浓浓的雪茄烟雾中，党魁们为了从众多候选人中确定一个折衷人选而通宵达旦。"无论政治牌洗了多少遍、发了多少回、打出多少次，"罗素写道，"不知什么缘故，哈定这张牌总能留下来。"渐渐地，有关哈定将是最有望获得共和党提名的候选人的看法开始越来越明确。第二天，大会的第十次投票让哈定获得了提名资格。他自己有点儿震惊，把获得提名形容为扑克游戏中的虚张声势："我们抽到一对 A，就打上去了。"

反威尔逊

哈定在各方面都是一位反威尔逊的总统。他的一个特点是对自己的政治能力和有限的政治视野态度谦虚，这使他在我们这个过度政治化和政客推崇自我选择、不断吹捧自己的时代里值得学习。保罗·约翰逊对哈定的评价是"他不认为政治有那么重要，或者人们应该对它感到兴奋，也不觉得政治应该过多地渗入人们的日常生活"。与威尔逊对比鲜明的是,哈定没有把总统职位看得很高,他的观点和建国者的意图更为接近。他对他的竞选策划主管说:"总统职位的伟大在很大程度上是民众幻想出来的。"在就职演讲中,哈定理智地警告说:"我们最危险的倾向,就是对政府期望过多。"

除了这种明智的态度,哈定也意识到了自身的局限性。在白宫的第一个夏天,他写信给一位朋友说:"坦率地讲,当总统是件很不招人喜欢的事,除非一个人能享受行使权力的过程。这件事从来没有让我产生过很大兴趣。"另一次,他告诉一个一起打高尔夫的伙伴:"我想我对总统职位还不够热衷。"但是,同罗纳德·里根一样,哈定明白被反对者和对手低估也有好处。在1921年给一位朋友的信中,他写道:"我想,在评价如此糟的情况下上任或许也有点好处,因为一个人不必做出很大的成绩,就能发现自己的价值有所上升。"

和伍德罗·威尔逊不一样的总统?

"哈定不会做独裁者,但他会尽力用古老和可接受的符合宪法的方式来管理政府。"

——参议员亨利·卡波特·洛奇

不过,哈定既非缺少自信,也非领导能力不足。他任命了一个杰出的内阁班子,其中包括一位未来总统(赫伯特·胡佛)、一名最高法院未来首席大法官及总统候选人(查尔斯·埃文斯·休斯)和唯一一个连续为三任总统效力的财政部长(安德鲁·梅隆)。《大西洋月刊》发表意见称:"在过去半个世纪内,没有哪个总统内阁比它更平衡,或者在政治经验上比这个

第四章 沃伦·G. 哈定

内阁的成员更丰富。"(其他几项内阁任命不太成功,关于这点,一会儿会提到更多。)另外,他还让副总统卡尔文·柯立芝参加内阁会议,这个史无前例的做法使柯立芝能在1923年哈定逝世后轻松顺利地完成过渡。为了推进内阁会议上的坦诚发言,哈定禁止工作人员和内阁以下官员与会,还刻意省去了做会议记录的秘书。一个地位不重要的人,不会为他的核心集团选择这么多重要人物,也不会要求内阁给出对所有问题的坦诚意见和建议。哈定最终适应了总统职位,一次他对一位朋友说"当总统是个容易的活儿"——尽管这掩盖了他工作习惯始终如一的事实。哈定每天查阅信函、公文和接听电话的时段都清楚分明;他一般每天工作15个小时,但后来却莫名其妙地被叫成了一个"懒"总统。在十位总统手下工作过的白宫招待员艾克·胡佛后来说,他想不出还有哪个总统在办公桌前待的时间比哈定更多。

哈定重新确立了和记者的每周例会(威尔逊取消了所有和新闻界的私人会面),赢得了新闻工作者的喜爱,他们称赞他开放、透明。约翰·迪安说:"除了富兰克林·罗斯福在任的早些年,还没有哪个总统和记者的关系能像哈定在任时那么开放、融洽……记者们喜欢他承认自己局限时的坦诚和他令人耳目一新的对总统问题的直言不讳。新闻工作者被带到了幕后,总统制的内部运作方式以前所未有的公开程度展示在他们面前。"在威尔逊摆出一副刻板冷漠的样子后,哈定把"淳朴友好"之风带回了白宫,他甚至让白宫每周对非正式访客开放一次,总统会和他们交谈、握手。

在政策事务上,哈定留下了丰厚的遗产。他继任时,国家的经济状况可以用萧条来恰当形容。1914~1920年间,国债从10亿美元增长到240亿美元;战时通胀失控,高达行业工资两倍多；零售价格在战后继续飞涨。当时虽没有像今天一样正式的政府通胀指标，但美元的贬值幅度至少有50%。由于1920年美国实行的仍是金本位制，一场严重的经济衰退无可避免。到1920年年底，当哈定准备上任，GDP已经缩减了1/4，工资下降了20%甚至更多，10万家企业已经破产。

一些重要人物，包括被哈定选中担任商务部长的赫伯特·胡佛，敦促政府通过一些激进的方案来刺激经济增长。哈定的想法则不同，他的就职演讲以坦率承认美国要想恢复经济就必须"服药"而引人关注。他说，战争使美国陷入了"开支超常、通货膨胀和信贷扩张、产业发展失衡、浪费现象难以形容、各种关系被扰乱的局面"。

共产主义和自由主义——看看他们的相似点

"在国外，尤其是俄国，形成了一种看法：由于某种不可思议的魔力，只要政府的门上写着自由、平等，它就会分发赏金；公共利益如同银行，公民不必存款即可支取。在美国，我们有太多人支持一种观点，即政府是一个自行运作、无须推动的机构。"

——1920年哈定竞选演讲的部分内容

哈定没有粉饰为使国家恢复稳健的经济基础而必须进行的艰苦调整，或者援引自由派关于"公平"或"共同牺牲"的陈词滥调。相反，他警告说，

也许我们再也不用知道以前的工资水平，因为战争总是重新调整赔偿金。生活必需品会显示出彼此不可分割的

联系，但我们必须努力回归常态以实现稳定。所有的惩罚都不会轻，也不会均匀分布，因为这一点做不到。从无序到有序，不可能一步到位，我们必须面对严峻的现实，冲销损失，从头开始；这是文明教给我们的最古老的训诫。我希望政府竭尽所能来缓和局势，那么，我们就能相互理解，达成共同利益，关心共同福祉，我们的问题就会解决。体制上的改变并不能创造奇迹，任何冒冒失失的试验只会令局面更混乱……

65　　但哈定不是一个固执己见、无所作为的总统。一上任，他就召集国会举行了特别会议，以快速推动削减预算、降税和关税改革等事项——最后一项是当时最棘手的政治议题之一。现代最早的一部修正主义哈定传记，是罗伯特·K. 默里写的、1969年问世的《哈定时代》。这本书指出，哈定1921年给国会的特别咨文"表明他意识到了国家面临的每个重大问题，即便无法为所有问题都提出解决方案"。他签署了关税改革法案，设立了一个特别委员会以审查和调整关税税率。回顾历史，可以说是哈定开启了共和党从保护主义转向自由贸易的漫长过渡。

对今天的赤字，他会怎么说呢?

"在今天，不断增长的公共债务和公用支出是世界上最危险的事。"

——哈定对政府开支失控的看法

但他最重要的改革，是实现了政府预算过程的现代化。没有这一步，任何总统都不能指望控制政府开支。在这方面，哈

定最具标志性的成就是不顾国会坚决反对，支持《1921年预算与审计法案》。这部法案设立了预算局，还制定了一套统一的预算程序，在美国历史上都是第一次。（预算局即今天的管理和预算办公室。）如果说有一项改革是具备专业管理头脑的"进步主义者"应该颁布的，那就是这项了。哈定执政以前，国家的预算一片混乱；在威尔逊任内，政府支出在第一次世界大战期间迅速增长，使预算情况更加糟糕。哈定知道，要实现他的一大主要目标——削减联邦开支——总统必须有更好的管理手段。约翰·迪安指出："哈定的总统决策中，没有哪项比他对政府强制执行商业惯例更有眼光或更持久。"

1920~1922年间，联邦政府的支出减少了近一半，从1920年的63亿美元降低到1922年的32亿美元。哈定把最高所得税率从1920年的73%削减到1924年的46%（柯立芝将进一步削减）。与此同时，240亿美元的国债开始下降。他几次阻挠或否决试图向第一次世界大战的老兵发放额外养老金的立法，这项在政治上受欢迎的措施如果被通过就会花掉数十亿美元。在1922年中期选举几周前，哈定在投否决票时说，让这种仁慈的措施通过将"开创一个先例，即只要议案及其所涉金额使公款分配看起来符合政治利益，拨款就顺理成章"。

哈定对经济问题的传统处理方法避免了1920~1921年的萧条发展成为一场大萧条，实际上为"兴旺的20年代"铺平了道路。保罗·约翰逊说，哈定执政期间"是一个主要工业大国最后一次用古典的自由放任政策来应对经济衰退，让工资下降到自然水平……到1921年7月，一切都结束了，经济又繁荣起来。"

虽然得到了公众的支持，但哈定并不屈从于公众舆论，也不遵从任何一种思想模式。关于这一点的最好证明，或许是他赦免在第一次世界大战期间被威尔逊囚禁的政治异见人士，特别是社会主义煽动者尤金·德布斯。在亚拉巴马州伯明翰的一次演讲中，哈定还提出要保护黑人民权，这次演讲被约翰·迪安称为"哈定政治生涯中最大胆、最有争议的演讲"。"我想看到这一刻的来临，黑人把自己当作完完全全的美国公民，参与享受公民福利和履行公民义务的过程，"哈定在演讲中说，"我们不能再继续了，因为我们已经走过了半个多世纪，我们的人口中有很大一部分……以真正促进解决种族分裂所造成的国家问题为出发点。"他还敦促国会"把野蛮私刑的污点从自由、有序的代议制民主旗帜上消除"，但南方民主党人使这项建议很快就在国会夭折。哈定对推动美国黑人权益所给予的支持远远超出了空谈，他指派黑人担任劳工部和内政部高级职位，还把超过 100 名黑人委派到低层行政岗位上。这在当时是个很大的数字，尤其是自几年前威尔逊总统清除政府岗位上的黑人，并授予取代他们的白人永久公务员的身份之后。哈定还游说整个内阁，要求增加对黑人的任命。此外，他提议制定联邦童工法，并试图以企业和工会之间一个正直中立者的身份来调解劳资纠纷，但并不成功。

坚实的外交成就

哈定在参议院外交关系委员会供职期间也批评过威尔逊的国际主义和国际联盟主张。对于威尔逊向全世界传播民主的运动，哈定非常怀疑。他说："这个地球上任何一个国家选择什么类型的政府，都和我们无关……我认为放大美国要把民主强加给世界的意图对我们没有帮助。"他的就职演讲听起来就像华盛顿告别演说的一个清晰回声：

> 我们的共和国在物质和精神方面都取得了彪炳史册的进步，这本身就证明，我们所继承的不干涉旧世界事务的政策是明智的。我们相信自己有能力把握命运，并谨慎地捍卫这样做的权利，因此我们不想介入对旧世界命运的摆布，我们不想陷入纠缠。

但哈定不是狭隘或内向的孤立主义者，他接着说道：

> 我们随时准备和世界上其他大小国家往来，召开会议或协商事务；愿意寻求世界舆论的明确看法；愿意提出一种办法以实现裁军，减轻陆军和海军设施带来的沉重负担。我们决定参与为斡旋、调解和仲裁国际争端提出计划的过程，并将愉快地本着明确的进步良知，设法阐明和撰写国际关系法则，建立一个国际法庭，以处理各国同意提交的可以审判的问题。

在表明了美国公众断然拒绝威尔逊的国联主张和《凡尔赛和约》后，哈定很快与德国、奥地利签署了一个单独的和平条约，这为他在外交政策上最重大的成就——1921年的华盛顿海军会议——做好了铺垫。在这次会议中，美国、英国、日本、法国和意大利一致同意限制各自海军在未来的发展——这是现代第一个成功的武器控制协定。为了条约的磋商和使条约得到参议院的正式批准，哈定在幕后兢兢业业——威尔逊在条约问题上失败后，参议院对批准条约显得很不情愿。不过，通过让美国参加国联的常设国际法院（就像今天的国际法庭），哈定也为挽救威尔逊的议程中他所认为合理的部分做出了努力。但是，国联不会赞同他提出的保留意见。

总之，正如杰里米·拉布金所言，"哈定的（对外）政策不是一种孤立，而是独立。"他还补充说："那些指责哈定抵制国际联盟的人幻想，要是美国为国联增添了它的威望，国联可能会更成功——他们忘了，即便是有美国参与的联合国，也没有对世界产生多大帮助或者成为美国的一项政策资产。"

哈定与宪法

没有拿到大学学位的哈定，不像获得博士学位的伍德罗·威尔逊或自学成才的亚伯拉罕·林肯那样，对宪法有深刻见解。1921年年底，在准备他的第二份国情咨文时，哈定考虑过向国会提议制定宪法修正案，将总统的单个任期延长为六年。这个想法在美国政界周期性地重现，通常是在总统看起来苦恼之时。哈定对它感兴趣的原因在于，他厌恶艰苦、混乱的党派政治，对即将来临的1924年连任竞选感到恐惧。在遭到妻子的强烈反对之后，他才打消了念头——尽管他告诉过一名助手，打算在第一任期结束前重提这项建议。

"名"词之父

哈定对"开国元勋"这个词的普及发挥了最大作用，他被认为在1918年的一次演讲中首次使用了这个现在非常普遍的词。

威尔逊对宪法有自己的深刻理论，哈定则与他的前任（以及继任者，如我们将看到的）不同，他对宪法很尊敬。他的就职演讲全面涵盖了在19世纪的总统演讲中具有代表性、但越来越少被20世纪的总统谈及的主题。他说："我必须表明，对于建国之父们的神圣感召，我坚信不疑。在新世界缔造这个共和国，必定是上帝的旨意。"

哈定对最高法院的四项任命——威廉·霍华德·塔夫脱（美国第27任总统）、乔治·萨瑟兰、皮尔斯·巴特勒和爱德华·T. 桑福德——体现了他对宪法的准确判断。约翰·迪安说："从任何历史标准来看，哈定挑选的大法官影响力都很大。"虽然其中名气最大的是塔夫脱，但按理而论，萨瑟兰才是最优秀的，他忠诚拥护建国者的宪法哲学，坚定捍卫个人经济权利以抵御政府专制。10年后，对于富兰克林·罗斯福最恶名昭彰的新政措施，有4位大法官始终投反对票（他们被评论者称为"四骑士"），萨瑟兰和巴特勒就是其中两位。在"吉特洛诉纽约州案"（1926年）中，桑福德主笔的多数意见很重要，它清楚地说明了一条教义，即宪法第十四修正案把《权利法案》"包含"在州法律中。另外，哈定不喜欢奥利弗·温德尔·霍姆斯——这显示了他的明智判断。他还表达了想让霍姆斯从最高法院退休的希望。"法官席上可以没有他"哈定说。

身后之名

1923年8月，58岁的哈定在旧金山去世，死因是一种未经确诊的心脏病。去世之时，哈定民众支持率极高，因此举国上下为他哀悼。他的国务卿、最高法院的前任及未来大法官查尔斯·埃文斯·休斯用一句话对哈定的美德做出了最好的概括：
"他是这个国家的平民贵族。"

长得好，前途好

对于推动哈定成为共和党的总统被提名者/人，哈里·多尔蒂宣称"他看起来像个总统"。

为什么哈定会如此受欢迎？他粗犷英俊、能言善道——尽管他的言辞让人想起了19世纪的古典风格，而非我们现在习惯的会话口吻。哈定的言辞，特别是他所呼吁的"回归常态"——这应该是个新词——一直以来都是批评对象，批评者把"常态"（normalcy）解读为对"正常"（normality）的误用。英国历史学家 G. N. 克拉克的一句评论具有代表性地显示了针对哈定的傲慢态度，他说："如果'normalcy'这个词可以被接受，那或许是因为已故的哈定总统不知道还有什么更好的词。"但是，就像哈定所指出的，这个词是在字典里找到的：1864～1909年未缩减版的韦氏词典三个版本中都有"normalcy"。

除了语言学上的争论，还有一个更严肃的政治议题，即"normalcy"或"normality"到底有什么问题？基恩·希利写道，

> 如果哈定或者他的继任者发现，令他们热血沸腾的"伟大目标"让他们无法行动了，那么他们会很理智地保持沉默，直到这种感觉消失。从这里也许能得出一条教训：没有远大目标，人民呢……其实也挺好。

那么为何在离任后几年甚至数十年内，哈定的声誉会遭受

极其严重的损害呢？借用一个老套的说法，这是一场由不实信息和附带丑闻酿成的完美风暴——有关哈定名声和遗产的丑闻大多是不准确、完全失实或者有争议的。

丑闻迭出

与哈定的内阁成员有关的重要丑闻有两件：内政部长艾伯特·福尔被认为收受了贿赂（在臭名昭著的"蒂波特山丑闻"中）；司法部长哈里·多尔蒂——哈定在俄亥俄州时的首席政治助手——被认为参与了贿赂并串通朋友进行谋私交易。福尔是一名来自新墨西哥州的参议员，受到极大的器重，是参议院用鼓掌欢呼来确认同意其上任的第一个内阁官员——这证明哈定把二流"密友"选进政府的传闻是错的。

司法部对福尔和多尔蒂都做了调查，哈定去世几年以后，两人最终都面临刑事诉讼。虽然他们任职期间的表现都不好，案件的具体情况——特别是福尔的案子——仍不清楚；对福尔的定罪延迟到了1931年，他被判犯了欺诈罪，成为第一个被送进监狱的前内阁官员。多尔蒂被判无罪，但他在受审时援引宪法第五修正案中任何人拥有不得被迫自证其罪的权利，这无法帮助挽回其公众声誉。案件中几个附带人物的自杀使这两人的动机和行为疑云重重。

不过，没有证据表明，在他们可疑的决策中哈定也是同谋。相反，当关于两人不法行为的谣言第一次传进他耳朵，哈定表达了沮丧的心情，他对一个朋友说："上帝，这是份什么鬼工作！我和我的敌人没什么过节，我把他们都照顾得很好，可我那些该死的朋友……他们让我几个晚上没合眼。"另一个故事也很有名,就是哈定"像狗对老鼠"那样抓住查尔斯·福布斯的脖子,使劲把他按到白宫的一堵墙上,冲他大吼:"你这两面三刀的杂种。"福布斯是时任退伍军人管理局局长,他是个腐败的家伙。

如果不是谣言四起——有关他的死亡、爱情生活和祖先——哈定本不会因为他所任命的官员的腐败而遭受名誉损害。有传言称,哈定的死因很可疑,甚至可能是被他妻子毒死的。四处散布的谣言最后被写成了一本书。一直以来,俄亥俄州的政敌还煽起谣言,称哈定的一位祖先是黑人,而这也成了一本反哈定著作的核心内容。(这些说法都没有事实依据)

哈定的私生活就更是一团迷雾了。毫无疑问,粗犷英俊的哈定在当时算得上一个"少妇杀手"。在一个名过其实的可疑证人弗雷德里克·刘易斯·艾伦的助推之下,他被冠上了一个庸俗色情剧主角般的名声。有一点是公认的,在作为俄亥俄州政界的一颗新星和担任参议员期间,哈定和家乡马里恩的一名商人的妻子嘉莉·菲利普斯有一段婚外情。这段关系在他参议员任内就结束了。当时,这个女人的亲德态度引起了华盛顿方面的怀疑,认为她可能与一个德国特务组织有关。尽管如此,菲利普斯对哈定的敲诈持续到他总统任期内。两人之间的大量往来信件被藏了几十年,受制于旷日持久的诉讼和阴谋,但最终在 2009 年被公开。这些信不但证实了两人的密切关系,也驱散了一些有关信件内容的低俗传言。

更令人怀疑的,是传言所称的哈定和一个比他小 31 岁的女人南·布里顿的关系。哈定去世四年后,这个女人在一本耸人听闻的书里声称,哈定和她有一段持续很久的婚外恋,他们多次在白宫的一个小房间幽会,这段关系以她怀了哈定的孩子而告终。布里顿的故事内容丰富、叙述详尽,但真实性仍值得怀疑。许多现代研究者认真回顾了她的故事,得出的结论用约翰·迪安的话来说,是"很多证据表明,布里顿的说法不可能成立"。然而,哈定在白宫小房间偷情的画面挥之不去,在20世纪90年代克林顿丑闻曝光期间,它重获新生。

幸运的哈定

"修正主义"历史通常贬低被探讨的人物,相反的事情正在哈定身上开始。历史学家罗恩·拉多什写道:"沃伦·G. 哈定被认为是美国有史以来最糟糕的总统之一,但有关其总统任期的真相恰恰相反。在他突然去世之前,哈定在两年半时间里已经取得了巨大成就,而且远远超出许多总统在一个完整任期内所取得的……他把财政上的保守主义和对社会的进步主义态度结合起来,成功地治愈了一个分裂的国家。他为终止私刑所做的努力和对种族平等的信仰表明,他比很多同胞更加开明。他们称他为现代最早的一位民权总统。"这位历史学家正在写的一本哈定传记将改变以往的哈定形象。

另外,有一件事被认为是真实的:哈定遗孀弗洛伦斯在他死后不久毁掉了他所有的文件。这似乎是他在不法行为中与人同谋的旁证,也造成了专业历史学家对哈定的兴趣减小。"由于相信没有相关记载,"约翰·迪安写道,"作家们觉得可以按他们的意愿随便撰写哈定史,他们的确也这样做了。"多数历史学家干脆忽略哈定,或者在他们对共和党20世纪20年代的"管理不善"进行大范围谴责时,把他和柯立芝、胡佛混为一谈。共和党的"管理不善"被认为导致了"大萧条"。在他俄亥俄州马里恩家中的地下室滞留数十年后,哈定档案在20世纪60年代被打开,此时,美国人对他的错误认识已经在他们心中牢牢扎根了。

公正地评价哈定会得出这样的结论:总体而言,他是建国者理想中的那类总统——不爱出风头、不按某种空想的"远大目标"改造国家或世界,努力执法的同时,若向国会提出需要他们考虑的措施,也能恰当地尊重对方。要是白宫能再有一位像哈定这样沉稳的总统,美国该是多么幸运。

哈定为最高法院提名的大法官都很出色,他在任期间的行为证明了对宪法的尊重。基于这两点,哈定作为总统应该得到一个高分。一些负面因素——缺乏对宪法的深刻认识、提议修正宪法以创设六年制总统任期以及推动赫伯特·胡佛的事业——使他的总分降到了B+。

他创建和运营的那份报纸,《马里恩星报》的报头有这样一句格言:"请记住任何问题都有两面,要找到这两面;做个诚实的人,获取事实;要得体、公正和慷慨。"过了很久,这句训诫才在美国的历史反思中得到实践,让写下它的人得到更公正的评价。

第五章
卡尔文·柯立芝
（任期：1923~1929）

"伟人是上帝派来的使者，他们的任务是向其同胞揭示他们未知的自我……当这个国家不再尊敬伟人，它的荣耀也会随之而去。"——卡尔文·柯立芝

"如果总统知道自己不是一个伟人，这对他是一个很大的优势，对于国家，是其安全的重要来源。当一个人开始觉得只有他能领导这个共和国，他将因背叛我们制度的精神而有罪。"——卡尔文·柯立芝

柯立芝总统的合宪等级：　A+

> **你知道吗?**
> 柯立芝是最后一位自己写演讲稿的总统。
> 在白宫时，柯立芝晚上会看些经典的希腊和拉丁文学原著放松自己。
> 柯立芝在幼子不幸身亡后可能就患上了临床抑郁症。
> 他是唯一一位出生在7月4日的总统。

柯立芝1924年内阁，摄于白宫外。前排左起：哈利·斯图尔特·纽、约翰·W. 威克斯、查尔斯·埃文斯·休斯、柯立芝、安德鲁·W. 梅隆、哈伦·F. 斯通、柯蒂士·D. 威尔伯。后排左起：詹姆斯·J. 戴维斯、亨利·坎特威尔·华莱士、赫伯特·胡佛、休伯特·沃克自由派历史学家对卡尔文·柯立芝的谩骂和贬损甚至超过了对沃伦·哈定和赫伯特·胡佛的，主要是因为他更令人敬畏，对自命不凡的进步主义构成了最严峻的挑战。柯立芝是一个全面的反威尔逊者——有一点例外，他和威尔逊一样，对有关宪法在现代美国的适用性的理论问题很感兴趣。除了像哈定那样对建国文献心怀崇敬、在任期间行为谨慎外，柯立芝以较强的原则性和高超的智慧捍卫了宪政，抵御了进步派的攻击。他为人谦逊，没有按自发"远见"改造美国的宏图大志，对总统职务的履行更像一位19世纪的总统。但柯立芝出色地捍卫了美国的建国文献，使之能抵御进步主义的攻击，这是19世纪的总统不需要做的。此外，认同进步主义原则并为其胜利喝彩的历史学家发起了一场进步革命，而柯立芝因拿起武器反对这场革命受到了惩罚。

历史学家托马斯·B. 西尔弗概括出普遍的看法："柯立芝所受到的嘲笑大概多于美国历史上其他任何一位总统，历史学家大多认为他的政策令人不齿。"自由主义者鄙视柯立芝，称他为"沉默的卡尔"，意在暗示他少言寡语，没有值得后人回忆的成就或思想。艾伦·内文斯和亨利·斯蒂尔·康马杰批评他"少言寡语、封闭想法……一个彻底受到限制的政客，不苟言笑、缺乏想象力"——好像有一位几乎每天都拒绝和我们谈论他改造国家的宏大"愿景"的总统是件坏事。

"沉默卡尔"的金玉良言

"谁拥有法律，谁就是大多数。"
"我希望美国人民能少为政府工作，多为自己奋斗。"
"财产权和个人权利说到底是一回事。"

"别期望用拉倒强者的办法来使弱者强大。"

"我当政期间最重要的成就之一,也许就是管好了我自己的事。"

"繁荣只是一门被利用的工具,不是一个值得崇拜的神。"

"生活在美国宪法之下,是人类迄今为止所得到的最伟大的政治特权。"

其实,柯立芝说了不少话,而且表现出了机敏、干练的才智。一次,某人走近他说:"我没给你投票。"柯立芝回答:"有人投了。"但他的大部分说话内容在很大程度上都是凭借对建国者立国信条的尊重和拥护而产生——这种尊重和拥护使他拒绝接受进步时代的前提。自由派历史学家没有接受柯立芝带给他们的挑战,而是选择了扭曲或忽略其思想和行为。仔细、公正地看待柯立芝将揭示出,他在任何时代都算得上一位最有思想、最名副其实的总统。

针对柯立芝的第二大最普遍的指责——仅次于"沉默的卡尔"——认为他是一个头脑简单的亲商总统。这一不实说法的证据被认定为柯立芝最有名的一句话:"美国人的事就是做生意。"对这项指责进行仔细的观察,将揭示出自由派历史学家和新闻记者对事实的欺瞒和歪曲。马克·希尔兹称这句引语是"卡尔被重复得最多的警句"。《华盛顿邮报》资深记者海恩斯·约翰逊表示赞同:"正是柯立芝给了美国人一些令人难忘的体现总统智慧的例子,比如'美国人的事就是做生意'。"这句老掉牙的话被各类书籍引用了不下 1000 次,两代历史专业学生都学到过。约翰·希克斯在《共和制的崛起》中写道:"'美国人的事就是做生意'是(柯立芝)后来说的;他应该也补充过,政府的事就是用所有可能的办法来帮助商业。"

问题只有一个,这个引用是错误的。

它不但是个误引,而且忽略了柯立芝实际讲话中的上下文;这个上下文表明,他比那些批评他的人有思想多了。下面是他真正的说话内容:

> 毕竟,美国人的主要事情就是做生意,他们极度关注世界市场的生产、购买、销售、投资和繁荣。我坚定地认为,绝大多数人始终都觉得这些东西是推动我们生活前进的动力……财富来自于勤奋的工作、远大的志向、高尚的品格和不懈的努力。从一切经验来看,财富的积累意味着学校成倍增加、知识增长及智慧广泛传播;还意味着科学得到鼓励,前景拓宽,自由权利扩大,文化涵盖更广。当然,我们不能把积累财富理解为生存的主要目的,但我们不得不承认,几乎达成每一项值得获取的成就都需要这种手段。只要财富是手段,而非目的,我们就不必太畏惧它。(着重号后加)

说美国人民的**主要**事情是做生意,只是承认了美国是个商业共和国这一不争事实。柯立芝当然不是一个傻瓜式的亲商者;相反,他在告诫人们不要崇拜商业和财富——这恰恰造成了人们对他的指责,他被认为宣扬了对商业和财富的崇拜。海恩斯·约翰逊认为柯立芝是"商业守护神",这种看法错误而粗鲁。

> **不完全亲商**
>
> 就在柯立芝说美国人民的主要事情是做生意的那次演讲中,他也宣称:"美国人民的主要奋斗目标是理想主义。"

终其一生,柯立芝都把财富和商业的地位置于自由民主的政治原则之下,他在 1925 年写道:

> 行业巨头们之所以能取得令人惊叹的经济成就,之所以能成为巨头,是因为过去几代人的自由文化,因为他们所处的社会受到当前自由文化的浸染、启迪与引领。如果这个因素可以从当前的事实存在中剔除,那么一个行业巨头将发现,他所占有的巨大财产失去了全部价值,他本人不过是一群野蛮人中的一个野蛮人。

显然,柯立芝不是自由派所看到的那么简单。

81 接受古典教育

尽管可能是巧合,但在 20 世纪的美国总统中,最了解和热爱宪法的那位恰好出生在 7 月 4 日,并且独一无二,那就是柯立芝。柯立芝得益于古典教育——这种老式的教育方法在当今美国的精英大学中几乎无法获得——这使他能够洞悉美国的立国原则,并对之产生敬畏。要证明完善的道德教育和宽宏的政治家风度之间有何关联,几乎没有论据比得上引人入胜的《卡尔文·柯立芝自传》。这部简短的回忆录写于他 1929 年离任后不久，共247页；它和所有其他前总统回忆录几乎完全不同，既没有对柯立芝的任期作相关叙述，也没有对他在任时的所作所为给出解释。事实上，这本书对他政治生涯的叙述只讲到1924年他获得首个完整的任期，之后的就没有提及。与温斯顿·丘吉尔在《我的早年生活》中对自我教育的思考一样，柯立芝自传充分肯定了传统道德教育至关重要的价值，在今天很值得一读。他讲述了13岁那年第一次在学校接触到宪法，并且"这门课引起了我极大的兴趣，从那时起我就开始了对它的学习，一直没停过；学得越多，我越欣赏它，我觉得人类亲手制定的其他文件都不能给我带来这么大的进步和快乐，它带来的好处完全无法衡量"。

读小学时，柯立芝学习了希腊和拉丁经典著作，读过西塞罗和狄摩西尼的演讲、荷马的诗歌，还有美国文学巨匠的作品。他也擅长数学，学起微积分来如鱼得水。柯立芝学习非常刻苦，他在自传中说道："年中我开始上法语班，为了补上功课，我差不多凌晨三点就开始学习。"

好书推荐

The Autobiography of Calvin Coolidge by Calvin Coolidge

在阿默斯特学院，柯立芝特别喜欢研究历史，在他最喜欢的教授安森·莫尔斯的教导下，"华盛顿最受尊敬，汉密尔顿颇有政治家风范的品质和杰出的财政管理能力得到了高度评价，但杰斐逊也没被忽略……整个课程像一篇关于好公民和好政府的论文，那些上了课的人不仅开始对他们的权利和自由有了更清楚的认识，而且对他们的责任和义务也更明白了"。他的哲学课作业"揭示了人被赋予理性,人脑能够权衡证据、分辨是非和了解真相"。得益于这种古典和受人尊敬的教育,柯立芝在"独立战争之子全国竞赛"中获得了毕业生最佳作文奖,他的文章标题是"美国独立战争所为之奋斗的信念"。

柯立芝所受到的教育使他认识到"进步主义"对美国政府宪法根基的逐渐削弱,并将这一错误的根源归结为进步派对《独立宣言》中自然权利哲学的否定。当罗纳德·里根把白宫内阁会议室里托马斯·杰斐逊的肖像换成了柯立芝时,自由主义者做出了愤怒的反应。专栏作家(前民主党演讲撰稿人)马克·希尔兹觉得难以置信。"别想告诉我卡尔文·柯立芝能取代托马斯·杰斐逊,"他写道,"那简直是对国家的亵渎。"讽刺的是,在20世纪的总统中,柯立芝反而是杰斐逊《独立宣言》最热情的捍卫者——说实话,也是自林肯以来最热情的捍卫者。

正如威尔逊的例子所表明的,如果自由派总统对白宫的装饰要遵从其政治哲学,那么把杰斐逊肖像移出白宫的应该是他们。到1922年,自由主义者开始赞同著名历史学家卡尔·贝克尔的观点,他在一本关于《独立宣言》的书中断言:"质疑《独立宣言》中的自然权利哲学是否正确,根本毫无意义。"柯立芝和杰斐逊的立场是一致的,他还反驳了充当民主党指路灯的进步派知识分子,既有当时的,也包括现在的。"关于《独立宣言》,"他在1926年费城独立大厅的一次演讲中说,

> 有一个结局令人非常安宁。常常有人坚称,自1776年以来世界取得了巨大的进步,新的思想和经历让我们与前人相比大有超越,因此我们很有可能抛弃他们的论断,以获取更现代化的东西。但这种推论不能适用于下面这个伟

大的宪章：人人生而平等，这一点不可更改；人人被赋予不可剥夺的权利，这一点不可更改；政府经被统治者同意而获得正当的权力，这一点不可更改。脱离这些主张，就不会有任何进展或进步。任何人要想否认它们的真实性或可靠性，那他在历史进程中的行进方向不是向前，只是倒退，退回没有平等、没有个人权利、没有人民统治的时代，那些想往这个方向前进的人不能自认为他们取得了进步。他们是反动的，他们的思想没有更现代化，而是更古老了，比独立战争时的先辈们还要老。

就连一个肤浅的读者看了这段话都能明白，柯立芝是在明确地否定其进步派前任们的假设。这才是自由派鄙视他的真正原因。

柯立芝也明白了进步思想和行政国家——后者的独立官僚体系不断扩大——是怎样对法治和美国的公民精神造成损害的。1922年，他对美国律师协会作了一次内容广泛的演讲，在这次有关"法律的局限性"的演讲中，他直接针对进步主义"开火"。柯立芝指出，如果一个政府想干的事太多，那它的统治就会失败：

> 只要全国政府将其自身局限于提供自由、秩序和正义等根本要素——这是它成立的主要目的——其进程就相当清晰明了。无须高额税收，无须大批公职人员；特殊利益集团或不同群体间几乎没有冲突；构成这类政府的不是琐碎的细节，而是广泛的原则。我们有时间思考重大的政策问题，有机会进行周密的审议，政府会相当准确和严格地

履行它的承诺。

好书推荐

Coolidge and the Historians by Thomas B. Silver (Carolina Academic Press, 1984)

但是现在,柯立芝说,联邦政府扛起了越来越多的责任,权力越来越大,变得越来越不受限制。他清楚地表明,这代表的不仅是政府规模和重心的一个小变化,而且是政府本质和性质的根本转变。他把这种发展视为不幸的征兆——对国家和总统制皆是如此。他的一段话几乎预料到了像奥巴马这样的总统将对民众产生巨大吸引力:

> 这不是华盛顿与汉密尔顿所构建、杰斐逊所推广的政府……在大量此类扩大活动背后,有一条站不住脚的理论,即达到完美有捷径可走。有人设想,通过制定新法律这种简单方法,国家的水平会有一个快速、可察觉的横向提升,人类经验从来不是如此……
>
> 在试图完成不可能的任务时,会出现一种总体分裂。一旦立法失败,那些把它看成灵丹妙药的人只会迫切要求更多立法。那些认识到并试图遵守立法局限性的稳健、明智的政治人才,必定会发现他们被一类政府官员取代了,这类官员承诺多、言谈多、立法多,他们耗费大量精力,但成就寥寥。(着重号后加)

难怪自由主义者对柯立芝恨之入骨,还开始了一项诋毁他的计划。

政治新星

大学毕业后，柯立芝经历了短暂的律师学徒期，之后步入政界。人们常说，每个入选市议会的人都梦想有朝一日能成为总统，但柯立芝是唯一一个真正从政治阶梯最低级开始往上爬的总统。1898年他入选马萨诸塞州北安普顿市议会；在柯立芝的政治生涯中，他进了州参议院，接着很快当上了副州长，1918年成为州长。在马萨诸塞州从政期间，他以一个温和的"进步主义者"而著称。柯立芝支持妇女选举权，赞同给予工人更好的薪资福利；他也赞成在劳工法中规定妇女、儿童的最高工时，给退伍军人发放补助金，以及直接选举美国参议员。这和后来自由主义者中传扬的说法相反，他们把他说成了一个死板的保守派反动分子。对于亲劳工立法，柯立芝说："我们必须让工业更人性化，否则这个体制将崩溃。"

柯立芝闻名全国以及后来被自由主义者鄙视，是因为他1919年处理的波士顿警察罢工事件。这次事件似乎预示了当前对于公共部门雇员工会的争议。事件中，波士顿警察在劳工联合会的支持下打算成立一个工会，而该市警察局长埃德温·柯蒂斯扬言要暂停或撤除警察机关中那些工会组织者的职务。当3/4的警察走上街头，开始野猫式罢工时，事情失去了控制，无人巡逻的城市很快就见证了一波暴乱和劫掠。至此，柯立芝州长一直冷眼旁观，把问题留给地方政府解决。但当惊慌失措的波士顿市长安德鲁·彼得斯撤去柯蒂斯的职，并且未经柯立芝授权就召集马萨诸塞州国民警卫队前来波士顿街头巡逻时，州长开始介入并控制局势。他恢复了柯蒂斯的警察局长职务，支持他解雇罢工警察和征用新警员的决定。事件的高潮是柯立芝严词回复了一份来自劳工联合会大名鼎鼎的领导人塞缪尔·龚帕斯的恳求电报；他说："任何人在任何时间、任何地点都不能举行反公共安全的罢工，谁都无权这样做……我决意捍卫马萨诸塞州主权，同时维护由宪法和该州人民的法律所赋予的对其公职人员的管辖权。"柯立芝对龚帕斯的回答被广泛宣传，这让他成了一个全国名人，也把他推进了共和党的总统候选人名单。在1920年大选中，他是沃伦·哈定的竞选伙伴。1981年，当里根总统面临类似的空中交通管制员罢工时，他想起了柯立芝对波士顿警察罢工事件的严格处理。

白宫时光

好书推荐

Coolidge: An American Enigma by Robert Sobel (Regnery, 1998)

自由主义者憎恨柯立芝的另一原因在于他实行减税政策，这为罗纳德·里根的供给学派树立了典范。柯立芝对其减税措施奏效方式的认识，和50年后拉弗曲线所说明的一模一样。在他1924年给国会的国情咨文中，柯立芝提出"如果科学地下调征税基数，国家的高收入者其实会为政府带来更多税收……有一个事实无法回避，如果对高收入者征税过度，这个群体将趋于消失"。在同年早些时候的林肯纪念日晚宴上，他提出：

我完全赞同一些人的观点，即通过对高收入者征收尽可能多的税来减轻低收入者的负担。可如果对高收入者征税过高，导致这个群体不复存在，那么收入较低的纳税人得承担全部负担。而另一方面，如果对高收入者中最能产出税收的那部分人征收较高的税，则能减轻低收入者的负担。

柯立芝的主张和拉弗曲线在20世纪20年代都得到了证明。

小阿瑟·施莱辛格在他的《罗斯福时代》中说柯立芝"专注于为百万富翁减税"。柯立芝时代减税措施执行的实际情况如下：他三次削减所得税，每次的主要目标都是紧急收入附加税税率。这种税在第一次世界大战期间颁布，但直到战争结束也没有降下来——这是政府"临时"或"紧急"措施的特点。这种附加税开始执行时，起征点为6000美元，起初最高税率为73%。在1924年，一个年收入为100万美元的家庭支付的净税达55万美元。在哈定和柯立芝任内，他们把最高附加税率从73%降到了25%，最后到20%。柯立芝还把最低税级从4%减到了1.5%，他把收入附加税的有效起征点从6000美元提到了10 000美元，将数千户家庭全部移出了所得税纳税人的名册。虽然他的减税政策被人贬损为一项给富人的赠品，但从这项政策中获益的家庭中有70%年收入都低于10 000美元。这是其减税措施受美国人普遍欢迎的原因之一。讽刺的是，减税措施在效果上极具进步意义：从1921~1928年，年收入在10万美元及以上的纳税人所交的税款在所得税总额中的比例从28%上升到了61%。

1922年，年收入超过30万美元的纳税人所交的附加税总额仅为7700万美元，低于1919年2.43亿美元和1918年2.2亿美元的水平。1927年，当最高附加税率被减到20%，财政部从年收入超过30万美元的纳税人那里净赚了2.3亿美元。柯立芝1924年的减税政策实行以后，第一年所得税总收入比前一年减少了1.27亿，但在筛选数据的过程中，经济学家劳伦斯·林赛发现，来自年收入过10万美元的纳税人的税收却**增加**了。换言之，税收总收入中失去的那部分**都是**中低收入者的收入。柯立芝的减税措施把税收负担更多地转移到了高收入纳税人的肩上——这和减税批评者的说法正好相反，不管过去还是现在。到1928年，所得税总收入比首次减税前增长了3.1亿美元，税收总收入的61%来自年收入过10万美元的纳税人，所得税税收中只有4%来自年收入低于10 000美元的纳税人。

意外的赞扬

"整整一代历史学家都指责柯立芝由于盲目乐观没有看到一场正在国内及遥远的国外酝酿的暴风骤雨。这非常不公……柯立芝口中谈论的世界有很多好的方面……20年代的美国处在一个非常不错的时期。"

——约翰·肯尼斯·加尔布雷斯，《1929年大崩盘》
（John Kenneth Galbraith, *The Great Crash* 1929）

柯立芝在农业救济中也坚持了保守原则。第一次世界大战期间和战争刚结束的几年，经济经历了过山车式的发展，农业经济被摧毁。在刚刚遭遇1920～1921年的经济萧条后，农业带的经济相较于其他经济部门，恢复相当慢。到1924年，农民收入只恢复到约为萧条前一半的水平。国会对各种农业救济措施，包括农业补贴和针对进口食品的关税,都充满忧虑。柯立芝否决了或曾威胁要否决的几项建议措施,有两个《麦克纳利-豪根农田救济法案》等;这些措施将要求联邦政府购买过剩农产品,以扶持农产品价格和农民收入(这恰恰是罗斯福在十年后的大萧条中支持的政策)。他在否决报告中指出:

> 有一点确定无疑,这种价格管制会扰乱自由市场中存在的正常交易关系,使我们最终不得不把它扩展到众多其他的商品和服务领域中。政府的价格管制一旦开始,就没有正义,也没有终点。这是一种愚蠢的经济行为,国家有任何理由去避免。

展示了他的经济知识后,柯立芝说,提供补贴会致使农民种植**更多**庄稼,由此给价格增加下滑的压力,迫使政府必须提供更多补贴。他补充说,一些别的理由也让他无法赞成这个法案,但"最具决定性的是它不符合宪法"。柯立芝并没有漠视农业带的困难,而是提出了一些可供替代的补救办法,这些办法将依靠私营部门的农业合作协议,在无须政府扶持的情况下稳定农产品价格和农民收入。

1927年,密西西比河流域发生了创美国建国后历史记录、同时也是20世纪90年代以前美国所遭受的最严重的洪灾,柯立芝对救济也持类似态度,这同样招致了自由派的批评。尽管他任命了因第一次世界大战后在欧洲成功实施食品救济而知名的商务部长赫伯特·胡佛为救灾负责人,却拒绝了划拨大笔联邦资金用于水灾救济和防洪工程的要求。他认为这些问题是州政府的责任,州际防洪工程的费用应该由受益于这些工程的当地业主来支付，而非美国纳税人。迫于压力，柯立芝在1928年最终批准了一项议案，由联邦政府拿出5亿美元用于防洪（国会本来要14亿），柯立芝传记作家罗伯特·索贝尔称，这"标志着政府在扩大其责任和义务上迈出了重要的一步"。

之后的几十年充分证实了柯立芝在农产品价格扶持和灾难救援两件事中所持的原则是正确的；现在，农业补贴已经扩大到上万亿美元，联邦政府成了每场天灾的第一赔偿人，救灾工作则由一个更糟糕的联邦官僚机构——联邦应急管理局来负责。

今天，自由主义者攻击柯立芝的"孤立主义"——这个词是他们的看法——却忽视了他的一项重要外交计划，即1928年的《凯洛格-白里安公约》。在这项显然**不**保守的公约中，62个国家承诺永远放弃把战争作为一项政策工具，并将和平解决一切国际争端。柯立芝并不赞同公约背后那些缺乏理性和不切实际的前提条件，但他接受了它，原因很可能是该公约将有助于实现限制联邦开支的目标，柯立芝一直都在拒绝和英法开展海军军备竞赛的要求。国务卿弗兰克·凯洛格因议定公约而获得诺贝尔和平奖，这件事作为自由国际主义的一次荒唐的意外事件，被顺理成章地载入了史册。

丧子之痛

柯立芝的小儿子卡尔文在白宫打网球时皮肤起了疱，并因此患败血症而亡。柯立芝在其《自传》中描写了小卡尔文的死对他的影响。

"我们不知道在别的情况下他会怎样，但假如我不是总统，他就不会在南院打草地网球，脚趾不会起疱，也不会因此患上败血症。"

"他在承受痛苦之时要我帮帮他,而我却不能。"

"在他离开的时候,我身为总统所拥有的权力和荣耀也随之而去了。"

"上帝的做法常常超出我们的理解,我以前觉得,这世界需要他去做他可能做的事。"

"我不知道为什么占有白宫就要付出这么大代价……成为总统所要付出的代价实在太大了。"

1928年,柯立芝决定不再竞选第二个完整任期,并发布了一份像往常一样简短而令人费解的声明:"我决定不参加1928年的总统竞选。"对于有望接替他的胡佛,柯立芝并不热情,他对一位伙伴说:"六年来那个人总是给我些不请自来的建议——全是坏点子。"

一些不足采信的说法称,柯立芝认为自己得了抑郁症,但实情更可能是,他的谦卑感——这和他对宪法的顾忌密切相关——指引他做出了不竞选连任的决定。就像他后来所解释的:

> 对身居高位的人来说,很难避免自欺欺人的痼疾。他们总是被崇拜者包围;他们常常且多半是由衷地确信自己很了不起;他们处于一种虚伪的奉承和吹捧之中,这种氛围迟早会损害他们的判断力。他们极有可能变得掉以轻心、妄自尊大。

要是有更多总统能牢牢地掌握这一事实,那该多好。

令人失望的司法任命

1925年，柯立芝任命哈伦·菲斯克·斯通为大法官，这是他对最高法院的唯一一项任命，但却令人失望。概而言之，原因很简单：斯通在1941年被富兰克林·罗斯福提拔为首席大法官。斯通曾是哥伦比亚大学法学院院长，后来做了柯立芝的司法部长。对于把他任命到最高法院是有争议的，一些参议员担心，斯通与华尔街的关联[1]会对他判案产生影响。对此，斯通提出，他可以当面回答参议院司法委员会的提问，由此确立了一个沿用至今的惯例。

但在法庭上，斯通一般和布兰代斯、霍姆斯等自由派人士站在同一立场，支持政府调控。其实，在20世纪30年代最高法院对罗斯福新政立法的表决中，他多半都投赞成票，支持立法。斯通起草了1938年"美国诉卡罗琳产品案"的判决意见，这起最让他臭名昭著的案子也是最高法院历史上判决最糟糕的案件之一。最高法院广泛遵从国会对个人经济权利的规制，同时对其他的公民权利执行"严格审查"，而斯通在这两类权利之间树立了一种完全超出宪法范围的区别。

在履行宪法规定的职责方面，柯立芝只有一项重大失败记录，就是对斯通的任命。但即便如此，他也没有预料到，最高法院在未来数十年会越来越难以履行其维护宪法的职责；他不可能预见一个脱离宪法停泊区的最高法院可能造成的损害。在

---

〔1〕 译注：1923年，斯通辞去法学院院长职务后，进入华尔街著名的Sullivan & Cromwell律师事务所工作，为许多大公司处理过官司。

总统记：从威尔逊到奥巴马

关于法律局限性的演讲中，柯立芝表达了一个至今仍很普遍的观点，即汉密尔顿对司法部门是"危险性最小的部门"的假设是正确的。"这个法庭是有人情味的，"柯立芝在1922年说，"因此它不可能万无一失，但自诞生以来的130多年，它所作出的判决中没有经受住批评声质疑的，基本上用一只手就能数过来。"

尽管他的司法任命令人失望，但柯立芝在宪政上原则性很强，他还是应该获得一个A+。

第六章
赫伯特·胡佛
（任期：1929~1933）

"毫无疑问，他是个奇人，我希望让他成为美国总统，不会有更好的人选了。"
——富兰克林·德拉诺·罗斯福对胡佛的评价，1920年

"塔西佗对加尔巴所下的结论是，假如他没有做皇帝，大家倒会一致认为他有治国才能。要证明这个论断，胡佛就是最好的例子。"[1]
——保罗·约翰逊对胡佛的评价，现代

胡佛总统的合宪等级： C -

> **你知道吗?**
> 胡佛十岁就成了孤儿，他通过努力进入了崭新的斯坦福大学，是该校的第一届毕业生。胡佛是一个坚定的反共分子，尽管如此，他却在无意中确保了俄国布尔什维克革命的胜利。胡佛是第一个给椭圆形办公室装电话的总统。

---

[1] 译注：塔西佗（Tacitus）为罗马帝国执政官、雄辩家、元老院元老，也是著名历史学家。加尔巴（Galba）在尼禄自杀后成为罗马帝国皇帝，在位仅7个月就被杀害。

赫伯特・胡佛

在美国现代总统中，赫伯特·胡佛是个了不起的悲剧人物。他的能力举世公认，第一次世界大战结束后，他为陷入绝境的欧洲组织了食品救济，这项伟大的人道主义成就使他备受赞扬（令人感到讽刺的是，反共的胡佛在俄国改善由共产主义造成的饥荒困境，这或许也是苏联共产主义得救的原因之一）。然而不幸的是，胡佛在20世纪最严重的经济灾难中成为了国家元首。理论上讲，他似乎是应对危机的理想人选，除了人道主义事迹，他还在前两位总统手下做过商务部长，在商界众所周知、受人敬重。胡佛好像一个混合体，他既体现了进步主义最优秀的品质，又体现了对事业和个人奋斗的信仰——他在年轻时因为做采矿工程师发了财。但是，由于在需要采取行动处理危机时表现不好，胡佛未能得到任何爱戴。

不祥的预兆

1929年3月4日正午，胡佛宣誓就职并在倾盆大雨中发表了就职演讲。这场令人郁闷的大雨或许也预示着他将度过一个不愉快的任期。"我们抵达白宫的时候，"胡佛在回忆录中写道，"我太太和我完全淋湿了。"

由于"大萧条"危机和总统媒体化时代一同到来，胡佛遭遇了双重灾难。那时的人们不懂总统媒体化，但1932年，当富兰克林·罗斯福接替胡佛出现在民众面前，美国人为迎接"表现感情的"总统做好了准备。胡佛看上去不会传递情感。他不像比尔·克林顿，会"感受你的痛苦"；也不像富兰克林·罗斯福，会对美国人说"把你的困难告诉我"。他和他的继任者们形成了鲜明对比。胡佛广泛地干预经济，试图改善"大萧条"，但他的方法都是错的，最终徒劳无果。不能和美国人民"沟通"导致他在政治上走向失败。后来，他在强烈批评罗斯福和新政的同时，也含蓄地驳斥了自己的许多政策。数十年来，党派自由主义历史学家在攻击哈定和柯立芝时，也对胡佛作出了不公指责——这使民主党人可以因为他的过失所造成的后果普遍地指责共和党，特别是保守主义经济学。

最权威的胡佛传记作家，保守派历史学家乔治·H. 纳什称胡佛是"美国政界的罗德尼·丹杰菲尔德[1]——得不到任何尊重"，而且理由充分。胡佛是共和党人，受到自由派人士指责无可厚非，但保守主义者最终也抛弃了他——尽管他曾是一位激烈的反共者，是约瑟夫·麦卡锡和理查德·尼克松的朋友，还资助过现代保守主义运动的一些重要计划。在20世纪50年代罗斯·怀尔德·莱恩、约翰·张伯伦等众多重要的自由论者中，胡佛也许算不上主角，但他也是一个宠儿。

先生，我们可以再任用一个像赫伯特·胡佛一样的人

胡佛曾是《人类事务》、《自由人》和《国家评论》的赞助者；他在20世纪20年代步入政界之前建立了保守派最重要的一个智囊机构——斯坦福大学胡佛研究所，这比同类独立研究机构的普及早了数十年。第一次世界大战接近尾声时，他主张收集有关俄国革命的记录，这一倡议使苏联学者和研究人员长达几十年的研究有了重要的取证资源库。

具有讽刺意味的是，在第一次世界大战结束后不久，**两党**

---

[1] 译注：罗德尼·丹杰菲尔德，美国喜剧和电影演员，"我得不到一点尊重"是他的名言。

一度都想要胡佛成为他们的总统候选人代表,然而今天,他彻底成了一个政治孤儿,不为其中任何一党所接纳。(从某种程度上讲,胡佛绕了一圈又回到原点,因为他其实十岁就变成孤儿了。)现在,除了自由主义者,保守派人士和自由论者也会来攻击胡佛。尽管卡尔文·柯立芝、德怀特·艾森豪威尔和理查德·尼克松已经得到一些自由主义者姗姗来迟的修正主义赞颂,但胡佛仍在声誉的地窖里苦苦煎熬。最近支持过胡佛的,基本上只有已故的俄勒冈州参议员马克·哈特菲尔德,一个追随者不多的自由派共和党人。

胡佛的问题在于,你看他越仔细,就越觉得他是个难以捉摸、自相矛盾的人。读一读他的演讲稿和著作(他写了很多东西——一份关于他出版的著作和演讲集的文献目录包含了1200多个条目),你会发现胡佛多次热切地表达了其保守原则。1922年,他出版了一本名为"美国个人主义"的著作,表达了对自由企业制度的拥护,抨击了集体主义。下面这句话来自他1928年的一次竞选演讲,是其措辞的典型代表:"如果你不能让政府主宰人民的思想和灵魂,那你同时也无法扩大政府对人民日常工作和生活的控制。"

尽管胡佛多次声明支持自由企业制度,但他对自由市场并不热衷,也没有察觉前者对后者的依赖。有几次,他直言不讳地批评"自由放任的经济政策",他还支持政府的许多法规。1912年的胡佛自认为是一个"独立的进步主义者",他支持西奥多·罗斯福及其进步"公麋党",后来还到威尔逊政府中任职。事实上,胡佛在回忆录中吹嘘:"有些人坚持认为,在我执政期间经济体系**自由放任**,他们对政府的调控程度知之甚少。"作为哈定和柯立芝的商务部长,胡佛出了名的爱管闲事,柯立芝一度称其为一个"好管闲事的自由主义者"。正如保罗·约翰逊所描述的,"胡佛证明了他是一个社团主义者、激进分子和干涉主义者,与哈定和柯立芝政府的总基调——或者说无基调——对着干……在公共政策上,胡佛对各个方面无不积极投入,常常亲力亲为:儿童保健、印第安人政策、石油、环境保护、公共教育、住房、社会资源浪费、农业——作为总统,他就是自己的农业部长,《1929年农业营销法》完全是他的功劳。"实际上,胡佛的回忆录和所有其他总统的截然不同,它主要按话题而非时间顺序来组织,各章主题依次是"水"、"环境保护"和"公共建筑"等。这本书读起来更像一本保险手册,而不是自传。

好书推荐

The Life of Herbert Hoover by George H. Nash, 3 vols. (W. W. Norton, 1983, 1988, and 1996)

正如乔治·纳什所言,胡佛"对保守派来说太进步,对激进派来说太保守"。但这不代表他是一个温和人士或无原则的退让者,如果我们对胡佛进行更细致的观察,会得出一些有关现代政治的重要教训,并弄懂一名成功总统应该具备哪些条件。

政治≠工程

胡佛遇到的种种困难,主要由他的知识结构造成,与性格关系不大。由于他的专业背景是工程,胡佛把工程师的思维带到了政治中,而工程师们按部就班和机械的处事方法在这个领域并不适用。(《费城记录报》曾把他奉为"工程政治家"之典范。）从对政治本质的超然态度来看，和胡佛最像的总统是吉米·卡特——也是一名工程师，这一点并非偶然。正是胡佛作为一名最高管理者的声望和他的人道主义事迹提高了人们对第31任总统的期望；美国人希望他们选出一个"创造奇迹的人"，而这令胡佛本人感到担忧。正如他在给朋友的信中所写的，"他们坚信我和超人差不多，没有我解决不了的问题。"

对于总统政治在20世纪不断变化的本质，胡佛回忆录中有一段话准确地揭示了他困惑的地方："我曾经相信，对联邦政府庞大机器高效、廉正的管理会引起所有公民的关注。现在我明白了，高效政府对人民的吸引力还不如戏剧表演。"（着重号后加）1932年，当胡佛正忙于管理政府机器——他把政府设想为一台机器——一战老兵挺进了华盛顿，他们要给政府施压，使其早日发放战争抚恤金，以作为一项救济措施。这给了投机的党派评论家一个可乘之机，他们可以充分利用总统对一战老兵"酬恤金大军"所处困境的漠然表现，制造一场对公众影响深刻的道德剧。虽然这并不公平，因为在利用政府竭力缓解美国经济困境这点上，没有人比胡佛更积极；但这正是胡佛的主要问题所在。

100 弄巧成拙

早在两代人以前，自由派就有了对胡佛的权威描述，英国伟大历史学家保罗·约翰逊对它作出了巧妙概括：

> 普遍的看法是，由于在思想上拥护**自由放任政策**，胡佛拒绝拿政府的钱让通货再膨胀，所以延长并加重了"大

萧条"。直到罗斯福当选,新任总统迅速逆转政策,引进新政——凯恩斯主义的一种形式——把美国拖出了低谷。胡佛被描述为象征死气沉沉、名声扫地的过去,而罗斯福是未来先驱;1932～1933年则是一个分水岭,它的一边是旧式自由市场经济,另一边是乐善好施、受到政府接管的新经济和凯恩斯社会福利思想。

真相在过去20年越来越清楚:胡佛不但没有站在罗斯福的对立面,还启动了新政的大多数核心要素,为它铺平了道路。况且,如果他遵从了哈定总统的做法和财政部长安德鲁·梅隆的建议,让经济按自动调整的自然道路发展,那么由1929年股市暴跌所引发的急剧衰退也许就不会变成一场持续十年的严重萧条。

乔治梅森大学的历史学家斯蒂芬·霍维茨表达了最近的学术观点,他写道:"赫伯特·胡佛使一次原本极有可能大起大落却为时短暂的衰退变成了一场非常严重且最终持续更久的大萧条,他为此受到大量指责是理所应当的。"首先,他非但没有像哈定和柯立芝那样在财政上厉行节俭,还让联邦支出增长了48%,从1929年的31亿美元上升到1933年最后一次预算的47亿美元。(柯立芝执政时,联邦支出几乎没有增长。)胡佛执政期间,政府开支在通货紧缩的情况下飞涨——这意味着扣除通胀因素,政府开支的实际增长远远高于48%。其实,他的预算赤字在总开支中所占的比例超过了罗斯福新政中的任何预算赤字,甚至比奥巴马总统今天的巨额赤字都大。说胡佛不愿意花钱,完全是对他的错误指控。

第六章 赫伯特·胡佛

> **快猜猜：是谁创造了这些新政计划，胡佛还是罗斯福？**
>
> 1. 把税款借给银行和其他公司的重建金融公司（The Reconstruction Finance Corporation）
> 2. 为建筑行业提供资金的住房贷款委员会（The Home Loan Board）
> 3. 协调和扩大联邦建筑工程的公共工程管理局（The Public Works Administration）
>
> 答案：都是胡佛

但是，巨大的赤字开支仅仅是错误的开始。

胡佛没有让市场适应新情况，而是进行了全面干预，试图操纵价格和工资。他建立了农业卡特尔以扶持农产品价格，这为富兰克林·罗斯福的政策打了前锋。他"说服"企业不降低工资（尽管物价在下跌），认为高水平的工资能够维持消费支出和总需求；很多行业都服从了，但却付出了让更多工人下岗的代价，加剧了失业问题。胡佛使针对"破坏性竞争"的反垄断诉讼数量大增。他推动了一些公共工程项目，类似于奥巴马总统的2009"刺激"计划，但作出了一项额外变动：他签署了《戴维斯-培根法案》。这部亲工会的法律要求所有政府投资的建筑项目必须支付现行工资[1]，即工会工资。该法律现在依然有效，它不仅提高了纳税人为公共工程支付的费用，而且数十年来有这样一个作用：阻止了移民和少数民族工人对公共工程项目的参与（这是法案倡议者的初衷之一）。

---

[1] 译注：现行工资指支付给一个特定领域内大多数工人、劳动者和机械师的一种工资，包含按小时计算的工资、一般福利和加班工资。

自由派专栏作家揭示真实的胡佛总统

"是胡佛先生抛弃了与商业周期有关的自由经济原则,确立了政治决策可以公开控制经济繁荣和萧条的信念,驱除了公众头脑中萧条必须通过调整私营经济来克服的旧观念。"

——沃尔特·李普曼,1935 年

胡佛采取的最具灾难性的措施,或许是在 1930 年同意通过《斯穆特－霍利关税法》。该法案奉行旧式贸易保护主义,提高了对多种进口商品的关税,收到了预期效果:在接下来的两年里,美国的进口下降了 40%。但是,它也引发了一次由美国的贸易伙伴对其征收大量报复性关税的浪潮,毁坏了美国的出口,加剧了本已严峻的萧条局面。在法案颁布以前,失业问题已有所缓解;法案颁布后,失业率再度上升。胡佛签署法案的当天,股市急剧下跌。

胡佛对美国经济的最后一次破坏是 1932 年通过的一项大规模增税议案,它提高了个人所得税,恢复了第一次世界大战期间征收的多种消费税。此外,他还支持征收更高的遗产税。胡佛支持增税是因为担心预算赤字,但经济萧条中期最不适宜提高税收。这就是造成以下结果的主要原因:数十年后,共和党欣然接受了罗纳德·里根所领导的供给学派经济学,胡佛在保守派中的声望则因杰克·肯普所谓"胡佛的牙根管经济学派"而一落千丈。斯蒂芬·霍维茨的评价虽然尖刻却一语中的:"胡佛宁可要政府看得见的拳头,而不要市场看不见的手。"胡佛本人后来吹嘘说,共和党"创造了今天联邦十大调控机构中的七个"。

在 1932 年的竞选中，罗斯福其实是从右派的立场上抨击了胡佛大手大脚的花钱方式，他指责胡佛花钱"不计后果、铺张浪费"，称其政府是"有史以来在和平时期最会花钱的政府"。罗斯福还指责说，胡佛认为"我们应该尽快把对一切的控制权集中到华盛顿"。他的竞选伙伴约翰·南斯·加纳甚至说胡佛在"领导国家走社会主义道路"。

> **罗斯福 = 归来的胡佛**
>
> "我曾专门列出了胡佛担任商务部长及后来做总统期间启动的新政项目……整个新政差不多就是从胡佛启动的那些项目中推出来的。"
>
> ——雷克斯福德·特格韦尔
>
> （富兰克林·罗斯福较激进的顾问之一）

罗斯福的不少高级顾问后来开始承认，胡佛为新政创造了条件。雷蒙德·莫利是罗斯福的政治助手和演讲撰稿人之一，他在多年后写道："当我们闯进华盛顿，发现胡佛政府有很多重要的想法，这些想法后来在百日新政中都由国会颁布了。"

人们总认为胡佛和罗斯福是一对政治上的劲敌——这从一个角度来看显然没错，因为他们在 1932 年的大选中是对手。但正如政治学家戈登·劳埃德指出的，对他们更准确的理解，不是思想上的敌人，而是"自由主义的两张面孔"。

离任后的转变

说胡佛是一个不解之谜，其中一个原因在于，在 1932 年败给罗斯福之后他骤然转向了右派，激烈地批判了自己在任时支持的那些政策。如果你不了解他的经历，只从他离任后的演讲和著作来判断，你会称赞胡佛是个了不起的保守派人物。与几十年后的理查德·尼克松一样，可以说胡佛不在任时的表现比在任时好多了。这是造成他的公共声誉与个人经历不一致的原因之一。因此，最后讽刺的一点在于，胡佛本人造成了人们对他的误解——这种误解在有关"大萧条"和新政的自由主义神话中非常奏效，他被认为是一个保守甚至反动的总统。

照我说的做，别像我一样干

"自治从来不会因为受到直接攻击而消亡。没有人会站起来说他想停止宪法保证人们拥有的任何一项细小权利，无论他的真实意图是什么。一旦对这些权利的捍卫受到漠视和侵犯，自由便会消亡。不幸的是，那些本意往往善良的人，为了找到捷径实现自己的目标，打破了自由的防洪堤。"

——1937年胡佛批评新政

20世纪30年代，胡佛一直在抨击他所谓的新政"对美国自由精神的袭击"和"政府职能从经济生活裁判员向指导者、独裁者和竞争者的巨大转变"。尤其，他在1937年抨击了罗斯福想要接管最高法院的"填塞法院"计划。在一次题为"别碰最高法院"的演讲中，他严厉抨击了罗斯福"快速和革命性地改变宪法"以为其政府提供"一张任由他们书写不可告人的目标的空头支票"的意图。

以下就是解开胡佛之谜的线索。常有人说，他酷似一台机器的技术官员形象不适合应对"大萧条"带来的政治休克，尤其是和性格活跃的罗斯福形成了反差。如果胡佛个性再开朗些,而且能像罗斯福一样,预见随着广播(后来是电视)等现代大众传媒的兴起,"零售"政治将快速变化,他在政治上可能会更成功。就目前看来,这种观点是对的,但它掩盖了一个事实,即胡佛的工程学思维怎样让他接受了一种正好被自由经济厌恶、无法与一个自治民族的建立原则相容的社会工程。胡佛对"填塞法院"计划的抨击表现了其对宪法难得的关注,他的回忆录基本上没有提及宪法。与前任们在就职演讲中对宪法和立国原则极为详尽的论述不同,胡佛几乎只字未提。尽管他彬彬有礼、能力杰出,但胡佛缺乏对于有限政府的理解和赞赏,这使他在任职期间多次做出了自相矛盾的举动,留下了败笔,并且不能清晰地认识到州权的局限性和自身职权范围的有限。实际上,认为胡佛离任后批判新政的原因之一是他对自己不再控制政府干预感到愤怒,这个观点并不尖刻。

胡佛对宪法原则的相对冷漠解释了为什么他对最高法院的任命很混乱。他任命过三位大法官,第一个是查尔斯·埃文斯·休斯,他接替了首席大法官威廉·霍华德·塔夫脱。休斯此前在最高法院工作(有意思的是,任命他的正是塔夫脱总统),但1916年为了竞选总统而辞职。两度担任最高法院大法官,他都是一个温和派。

第二项任命是欧文·罗伯茨。在新政初期,他基本上是法院保守派的同盟,和他们一起以超越宪法对联邦政府的授权为由来推倒新政立法。但是,这位大法官在"1937年革命"[1]中

---

[1] 译注:主要指1937年罗斯福的最高法院改组计划,即上文所指的"填塞法院"计划。

却是改变立场的关键人物。当时,最高法院迫于来自罗斯福的压力开始屈服,停止了其保护经济自由免受联邦政府攻击的做法。

  胡佛对最高法院任命的第三位大法官是本杰明·卡多佐,这项任命最令人失望。卡多佐是民主党人,公开支持布兰代斯式的"社会学法学"和"有序自由"的进步思想——"有序自由"假定政府加大对个人的监督,并允许联邦大规模地扩张权力;他为维护社会保障制度合宪性的案子撰写多数意见,就是一个例子。

  胡佛对宪法原则了解不多,他对最高法院的任命很混乱,鉴于此,他的合宪等级为 C-。

第七章
富兰克林·德拉诺·罗斯福
（任期：1933~1945）

"我们试过花钱，我们现在所花的钱比以往任何时候都多，却无济于事。我只关心一件事，如果我错了……别人可以取代我。我想看到这个国家繁荣起来，想看到人们有工作、有足够的食物。我们从来没有兑现过我们的诺言……这个政府成立8年了，我想说我们的失业率和一开始一样高……而且债台高筑。"
——财政部长亨利·摩根索，1939年

107 罗斯福总统的合宪等级： F

你知道吗？

在1932年大选中，罗斯福的立场比胡佛还要靠"右"，他指责胡佛挥金如土，并做出平衡联邦预算的承诺。

罗斯福提出，应该禁止公务员参与劳资谈判。

真正使"大萧条"结束的既不是新政，也不是第二次世界大战。

1943年，第二次世界大战方酣之时，中、美、英三国领袖在埃及召开了开罗会议。图中由左至右分别是蒋中正、罗斯福、丘吉尔。这次会议主要议题是对日作战计划及如何解决远东问题。会后三国签订了《中美英三国开罗宣言》

作为唯一一位连任四届的总统，富兰克林·罗斯福在任期间经历了两次全国重大危机——"大萧条"和第二次世界大战——这位前国家元首理所当然会在现代总统制发展史上赫然耸现。虽然伍德罗·威尔逊是扩张性现代总统制的理论设计者，但富兰克林·罗斯福完善了这项制度并赋予它风格，继续建设并完成了威尔逊开启的事业：扩大总统的作用，削弱宪法对政府的限制。他还完成了威尔逊的另一项事业：把民主党变成一个完全自由的政党。富兰克林·罗斯福夸大了其堂兄西奥多·罗斯福所开拓的魅力和个性的作用。他广泛地运用广播，是美国第一位大众传媒总统。尽管性格开朗，罗斯福却极为愤世嫉俗和善于操控政治。事实上可以这样说，他把"大萧条"看成了一次不容浪费的最佳危机。惠特克·钱伯斯称他是"一个狡猾和老练的马戏表演指挥家，他的技巧可以被反复研究"。

持保留意见的粉丝——罗纳德·里根

"我想，很多人忘了这样一点：罗斯福竞选总统的施政纲领将致力于减少政府的浪费和挥霍行为。他要求把联邦开支减少25%，废除多余的政府机构，归还联邦政府霸占的州权和社区权力。如果他没有被战争分散注意力，我想他会反对联邦政府后来的持续扩张。他的儿子小富兰克林·罗斯福经常对我说，他父亲说过很多次，大萧条期间的福利和救援计划只是应对危机的紧急和临时措施，不是拿来培育永久的福利国家[1]的种子。罗斯福说政府的无偿财政援助计划'破坏了人类精神'，

---

〔1〕译注：福利国家，指通过社会保险、失业津贴、免费医疗等计划由政府为公民提供福利的国家或社会制度。

> 这种说法很正确。虽然他很聪明，但我猜想就连他自己也没有意识到行政系统一旦建立，就会有它的发展过程。"
>
> ——罗纳德·里根

罗斯福的行事风格有一种令人无法抗拒的宏大气势，这吸引了罗纳德·里根等人的钦慕和效法。有一点显而易见，即里根在总统任期内曾在一些方面模仿罗斯福的执政风格，正如里根本人在回忆录中所暗示的："炉边谈话期间，他坚定、温和、自信的声音回荡在深陷暴风雨的国家，向我们再三保证，我们能克服任何问题；为此我永远都无法忘记他。"与罗斯福同时代的伟大人物温斯顿·丘吉尔写道："和罗斯福见面就像尝第一口香槟。"但是同里根一样，丘吉尔对罗斯福的内政外交也持谨慎的保留意见。

对罗斯福及其所处时代的普遍看法，很多是错误的；不过，尽管数十年来自由派偶像传记都把他描述为美国经济和民主的拯救者，他的这一形象正在逐渐得到修正。随着时间的推移，学术研究的重心发生了明确的转变，得出了如下结论：罗斯福的新政加剧并**延长了**"大萧条"；他不仅没能避免人们对社会主义革命的恐惧，还比其他任何总统都更大程度地损害了宪法，造成了受当今自由主义者谴责的两极化党派政治氛围。里根在1976年发表的一句评论虽有争议却完全正确："新政的真正基础是法西斯主义。"

第七章　富兰克林·德拉诺·罗斯福

现代左派比罗斯福更左

反对"福利依赖症"

"历史的教训不容置疑地表明,继续依赖救济会导致精神和道德崩溃,这种崩溃将对民族特性造成根本破坏。我眼前的证据也证实了这一点。用这种办法发放救济等同于支配一个会催眠的、狡猾的人类精神破坏者……这违背美国的传统。"

——富兰克林·德拉诺·罗斯福1935年对国会的讲话

然而,罗斯福留给我们的东西中有一些保守的层面,证明了现代自由派塑造的罗斯福形象并不真实。对罗斯福的矛盾心理进行更细致的观察将帮助我们认识到自罗斯福时代以来民主党的"左倾"幅度有多大。例如,尽管罗斯福创设了社会保障等部分早期的政府津贴计划,但他批判依赖政府的行为,并建议严格限制公共福利计划。在20世纪八九十年代关于福利改革的辩论中,每当共和党人引用这些话来反驳自由派人士时,他们的对手都会不高兴。

反对官僚主义

"我们需要无私、大度的政府官员,这个问题我们还没有解决,但它可以得到解决,而且无需创建一个全国性官僚体制即可完成,全国性官僚体制会支配我们政府系统的国家生活。"(着重号后加)

——富兰克林·德拉诺·罗斯福

罗斯福创设了很多政府调控机构，像一锅字母汤——尽管他明确表示，虽然他支持**行政**，但反对**官僚**。这两者或许不一样，但没有实质差别。不过，我们有理由相信，如果罗斯福还健在，其新政所开启的利维坦式政府[1]到现在可能仍得不到他的认可。和福利问题一样，他在这方面的言论以及言辞背后的微妙区分，几乎被今天他的所谓自由主义继承人忘得一干二净了。

罗斯福认为，为了应对"大萧条"紧急状况而设的机构，许多都是权宜之计，而这些机构在今天却无一例外地受到自由派的保护，并且可能的话还会被扩大。

罗斯福以其对大公司和"经济保皇派"的激烈抨击而著称，但他同样也关注中产阶级的发展机会，也支持私营企业。这一点，那些摆出其自由主义继承人姿态的人就算知道，现在也忘记了。"我要强调，"罗斯福曾就这一点说，"尽管不受限制的个人主义现在出了严重问题，但我不认同抛弃私营企业制度的想法。"但其自由主义和今天的自由主义最显著的差异大概在于对公共部门工会的看法；在今天，公共部门工会是民主党的命脉。在1937年一封给公共部门雇员联合会的信中，罗斯福写道："所有公务员都应该知道，通常所了解的集体谈判程序不能移植到公共服务部门中来……尤其，我要强调的一个信念是，激进策略不在任何一个政府机构的职能范围之内。"

---

[1] 译注："利维坦"原为圣经中的一种怪物，1651年，英国政治思想家霍布斯出版的著作名为"利维坦"，用以比喻强大的国家。

> **美国公民自由协会会怎么说?**
> "作为总司令,我很高兴能向所有在美国武装部队服役的人推荐阅读圣经。"
>
> ——富兰克林·德拉诺·罗斯福

罗斯福是新教圣公会教徒,他的一些有关宗教的言论让美国公民自由协会勃然大怒。他说,民主和基督教是"同一个文明的两个不同阶段"。"如果不考虑圣经在推动合众国发展过程中的重要作用,"他说,"我们将无法读懂我们作为一个国家兴起和发展的历史。"第二次世界大战期间,罗斯福为分发给美国军队的《新约》版本作序。1940年大选前夕,他在广播演讲中说:"言论自由对无话可说的人百无一用,而信仰自由对失去信仰的人毫无用处。"1944年6月6日,他在电台直播中带领全国人民为武装部队祈祷。1945年,在他的最后一次就职演讲中,罗斯福说:"于是我们向主祷告,求主让我们看清道路……完成主的意愿。"如果这些言行出自乔治·W.布什总统或者萨拉·佩林,那么今天的自由主义者将视之为弹劾他们的依据。

矛盾的罗斯福

该怎样来解释这些矛盾呢?阿米蒂·什莱斯对罗斯福和"大萧条"的描述是最好的作品之一,她说:"富兰克林·罗斯福不是理论家,也不是激进分子。"相反,他是个在某些方面更令人烦恼的家伙:他的思路完全无法保持一致,他的智力几乎是不稳定的。罗斯福的一名高级助手把他比作一个万花筒:"颜色鲜艳的玻璃片保持原样,但每次把筒一转,绚烂错综的图案就会变成新的样子。"他频繁地改变主意,对工作人员发出互相矛盾的指令——用传记作家詹姆斯·麦格雷戈·伯恩斯的话来说,"在他的下属中造成了伤害和困惑"。罗斯福的决定常常是任意甚至异想天开的,比如在没收了美国人民的私有财产后,他按自己的幸运数字理论改变了政府对黄金的定价。他让自己处在一群顾问和政治密探的包围中——他那个著名的"智囊团"既包括顽固不化、一心谋求党派利益的老政客,也有不切实际的空想家,其中一些人公开表达了对法西斯主义和共产主义经济规划的赞赏。罗斯福的高级助手中有几人,如雷克斯福德·特格韦尔,曾到苏联巡访并和斯大林会谈数小时;而他的顾问和受任命者中有几个后来被揭穿是苏联间谍,他们可能影响了罗斯福与斯大林在第二次世界大战期间的交易。

不彻底的支持

"富兰克林·罗斯福不是改革活动家,不是护民官,不是固有特权的敌人。他和蔼可亲,不具备任何做总统的重要资质,但他很想当总统。"

——1932年自由派专栏作家沃尔特·李普曼在新政前对罗斯福的评价

亲罗斯福的历史作品往往高度赞扬其"实用主义",并常常引用他的一句广为人知的话:"用一种方法去尝试,这是常识;如果失败了,那就坦然承认,然后尝试另一种办法;但最重要的是,一定要尝试。"然而,罗斯福称之为"大胆、坚持不懈的试验"却破坏了商业,削弱了消费者信心;他的高额税收和对繁荣企业不计后果的攻击打击了资本投资;亲工会的政策阻碍了人员雇用。他用来操纵市场的调控计划，如国家复兴署和《农业调整法》，遭到了强烈抵制，因违宪而被最高法院废除。（在国家复兴署一案中，全体法官意见一致，这表示就连自由派法官路易斯·布兰代斯和奥利弗·温德尔·霍姆斯也觉得罗斯福走得太远了。布兰代斯对罗斯福的一名助手说："我想请你回去告诉总统，我们不会让政府对每样东西都实行集权。"）此类新政措施表明，政府的扩张几乎整整上升了一个数量级。阿米蒂·什莱斯指出，《全国工业复兴法》使美国法典增加了 10 000 页新内容，早在罗斯福就任以前，美国的法典总共才 2735 页。"在 12 个月里，"什莱斯指出，"国家复兴署所生成的文件数量就超过了自 1789 年以来联邦政府所产出的立法文件总数。"每当一项措施无法奏效，罗斯福不会放弃它或改变方针；相反，他总是"双倍下注"，试图加大政治对经济的控制，并保持较高的征税。当其政策引发的不确定性使商业投资停滞时，罗斯福采取的应对措施是提议征收"未分配利润税"，以期强迫企业投资或者没收他们的微薄利润。

好书推荐

FDR's Folly: How Roosevelt and His New Deal Prolonged the Great Depression by Jim Powell（Crown Forum, 2003）

罗斯福的一些高级顾问和政治支持者后来逐渐意识到新政的失败，最严厉的批评来自雷蒙德·莫利——罗斯福任职头七年中最亲密的一位助手。大失所望的莫利以尖刻的笔触描写了罗斯福和新政的缺点：

如果把因不同状况、动机、目标和情形而产生的各种政策集合起来，观察家从中感觉到了某种粗犷的壮丽，那么这种感觉主要来自对于一个人竟可以灵活到让自己在极短时间内相信一大堆东西的惊叹。但是，把这些政策视为一项统一计划的成果，就等同于相信堆在男孩子卧室里的东西，像填充蛇、棒球照片、校旗、旧网球鞋、木工工具、几何课本和化学装置，都是室内设计师摆放的。

好书推荐

New Deal or Raw Deal? How FDR's Economic Legacy Has Damaged America by Burton W. Folsom, Jr.（Threshold，2008）

常常有人说，最终结束"大萧条"的是第二次世界大战——保罗·克鲁格曼等一些自由主义者称，高额的战时开支是经济复苏的关键。事实上，第二次世界大战使新政不得不终止对商业和贸易的斗争，这解释了为什么大萧条的困局最终能被打破。但是，罗斯福并没有轻易地放弃阶级斗争，直到1942年，他还在给国会的年度报告中建议："任何一位美国公民的税后年收入都不应高于25 000美元"。财政部则提议对超过25 000美元（在今天相当于约275 000美元）的收入征收100%的所得税。不经一搏，罗斯福不会放弃他的激进平等主义做法。

他的仰慕者——甚至包括罗纳德·里根——都相信他不是一个社会主义者。如果这种观点是正确的，那么我们该如何理解罗斯福的平等主义阶级斗争呢？努力进行综合分析的历史学家忽略了"奥卡姆剃刀原理"[1]。最简单的解释就是,自尊和权力意志使罗斯福向对手发起攻击,任何私人财富都可能成为遏制他欲望的平台,让他难以完全掌控经济。1937年,罗斯福在第二次就职演讲中要求获得"前所未有的权力,以使私人利益服从公共利益"。

罗斯福想得到越来越多的政治权力,他决定把新政持续不能解决经济问题归咎于商业。当最高法院——一个与政府地位平等的部门——行使宪法特权来评判罗斯福的行为,阻碍了他的计划时,他同样作出了凶猛、坚决的反击,以迫使他们就范。在这个过程中,他对宪法造成了巨大的损害,其影响延续至今。

活宪政

罗斯福对美国政治思想的把握不那么牢固

"尽管罗斯福本人对美国历史的大体情况很熟,但在我们共事的那些年,他从未证明过他对美国政治思想史的基本哲学特性有任何赏识。"

——前罗斯福助手雷蒙德·莫利

罗斯福的思维缺乏连贯性,但这不代表他的行为没有理论根据。他表达过一个危害极大的政治理论,该理论巧妙地以伍德罗·威尔逊对建国者的攻击作为基础而建构起来。有两件事体现了罗斯福与美国宪法传统的彻底决裂,一是1932年竞选后

---

[1] 译注:又称奥卡姆剃刀定律,这个原理提出"如无必要,勿增实体",即尽量通过简单有效的方法完成一件事。

期他在联邦俱乐部发表的演讲,二是臭名昭著的1937年"填塞法院"计划——通常被错误地理解为一场令罗斯福苦恼的政治败仗。

历史学家往往忽视罗斯福的联邦俱乐部演讲,部分原因在于他们不习惯把演讲当作公共教义一样来认真对待,还有部分原因则是罗斯福的一名助手、帮助撰写这份演讲稿的人雷克斯·特格韦尔后来写到罗斯福"在走上讲台打开它之前,从来没见过这份稿子"。这看起来像一个演讲撰稿人令人怀疑的自吹自擂(新政派中几乎没人比特格韦尔更自以为是了),但即便如此,联邦俱乐部演讲确实最为清晰地体现了新政自由派所奉行的全新的自由公共哲学,应该予以严肃对待,把它当作对罗斯福的政治哲学——福利国家哲学的最好表达。

变民主党为自由党

"我相信,采取一切必要措施以确保我们的政府继续实行自由主义,是我作为总统义不容辞的职责。我也相信,保证我的党派在美国政治生活中仍然是真正自由的党,是我身为民主党首领的职责。"

——富兰克林·德拉诺·罗斯福,1941年

伍德罗·威尔逊公开否认美国的立国原则,罗斯福则不同,他对待宪法的方式更聪明:表面上拥护,实际上却以激进的方式重新阐释立国之本。他说,机器时代的兴起对"重新评估价值观"提出了要求。托马斯·杰斐逊认为个人权利是抵御政府权力的堡垒,罗斯福具体提到了这一理念,他说:"政治家的任务始终是根据社会秩序的变化和发展,对这些权利重新定义。"

杰斐逊式个人主义时代已经结束了,他解释道:

> 看看今天的情况便一目了然,我们所熟悉的"机会平等"已经不存在了……我们现在的任务不是发现或开采自然资源,也未必是生产更多商品,而是相对严肃和不引人注目的对已有资源和工厂的管理……更公平合理地分配财富和产品,调整现有的经济组织,使之服务于人民。实行开明管理的时候已经到来。

要解决罗斯福所看到的新问题,办法是要求"在旧的社会契约中加入新的条款",以建立"经济权利宣言———个经济上的宪法秩序"。尽管罗斯福没有直接指出,但其暗示很明确,个人财产权必须让位于国家对经济活动的控制。

经济上的门外汉

"三十六年前,我开始或多或少深入地研究经济学和经济学家。课程强度越来越大,尤其是在过去四年。结果,我不得不承认——或者吹嘘——随你怎么说,我对经济学一无所知,其他人也一样!"

——摘自罗斯福总统1936年给世界著名经济学家约瑟夫·熊彼特的信

从这种对个人权利的"重新定义"到他后来的观点——本质上是福利国家权利思想——只差一小步。按照罗斯福后来的观点,政府将凭借福利国家权利来供养你,而不是让你自己养活自己。在他1944年发表国情咨文讲话时,美国还在和德国、

日本打仗，尽管如此，罗斯福却扩展了联邦俱乐部演讲的理念。他再次提到建国者的个人权利观念——不让政府权力凌驾于个人之上的保障——已经过时了。他呼吁制订"第二个《权利法案》"——"一个经济上的《权利法案》"，其中政府将保证人民享有的权利，除了食品、住房、医疗保健甚至娱乐外，还有"获得一份有用且报酬丰厚的工作的权利"，"所有这些权利意味着安全"。

1936年，在他第一次竞选连任期间，罗斯福将共和党的形象妖魔化，暗示共和党人是反美的，并把他们比作在独立战争期间离开美国的托利党人。显然，罗斯福试图把他的政治敌对势力逐出美国政治生活主流。在1944年那场概述他希望政府为每个人提供积极"权利"的演讲中，罗斯福并不满足于仅仅陈述其政府的"新原则"。他接着暗示，共和党反对他的新颖政治哲学，这种态度和美国正在海外抵抗的法西斯主义没有区别。但罗斯福采取了一种巧妙的策略，他把这个想法归功于自己以外的另一个人：

让我们废除供需法则

"我们必须抓住一个事实：经济规律不是天然生成的，而是人类创造出来的。"

——富兰克林·德拉诺·罗斯福

我们所处时代一位伟大的美国工业家——一个在这场危机中为他的国家雪中送炭的人——最近强调了"右派反应"对这个国家的严重危害。所有头脑清晰的商人都认同

第七章 富兰克林·德拉诺·罗斯福

他的担忧。的确，如果这种反应发展下去——如果历史重演，我们回到 21 世纪 20 年代所谓的"常态"——那么可以肯定，即使我们在国外的战场上征服了敌人，在国内，我们将向法西斯精神投降。(着重号后加)

换言之，即便在战时，当国家本该团结起来以应对战争，罗斯福却利用战争谋求党派利益。这种演讲应该被记住，因为当代自由主义者仍在宣称"分裂的"保守主义者正在"质疑他们的爱国精神"。

对司法分支的袭击

在罗斯福第一个任期内，由于其新政对私营部门前所未有的控制措施在最高法院被拒绝批准，他对法院发起了猛烈的抨击。(不过应当指出，法院并没有判定罗斯福的所有措施无效。它维护了其中一些最可疑的措施，包括没收和任意重估黄金价格，以及取消抵押贷款债务——这两项措施显然违反了宪法的契约条款。)在法院以 9∶0 的表决结果裁定国家复兴署在法律上无效后，罗斯福抱怨说最高法院被卡在了"马拉车"的时代。

但他知道可以信任他

"罗斯福毫不怀疑，只有他才知道需要什么，因此他把将无限权力授予值得信赖的人当作民主政体在危机时刻的职能，即便这意味着由此'形成了在一些人手中可能会造成危险的新的权力工具'。"

——诺贝尔奖获得者弗里德里希·哈耶克

1936 年，在以压倒性胜利获得连任后，一些助手建议罗斯福支持一系列宪法修正案，以使国会和行政分支拥有明确的权力，更全面地调节经济。换句话说，建国者为未来的新情况规定了相应的修宪机制，而罗斯福认为目前的情况符合这种规定。事实上，为 1936 年选举而召开的民主党全国代表大会曾考虑过修正案的可能性："如果这些问题无法在宪法范围内得到有效解决，我们必须谋求增加更为清晰的修正案，以保障执行以上法律的权力，充分地调节商业、保护公共卫生与安全，以及保障经济安全。"选举结束后，罗斯福以修宪过程太"耗时"为由拒绝了这一主张——即便事先已有许多宪法修正案在国会通过，并很快得到了各州的批准。他声称美国政治体制在真正的国家危机中无法做出快速反应，这种说法言不由衷。

相反，罗斯福决定尝试从政治上战胜最高法院，他对法院进行了前所未有的公开攻击，而这个机构传统上的克制与对政治的冷淡态度使法官们放弃了自卫。此前，历史上还没有哪位总统像罗斯福这样攻击过最高法院。1937 年春天，他突然开始实行臭名昭著的"填塞法院"计划，宣称这个计划的目的是"给我们所有的法院注入新鲜血液"和纠正最高法院当前的"不平衡"状态。1936 年竞选期间没有任何关于推行这项计划的迹象，罗斯福也没有和国会内的本党成员进行过讨论或提前告诫他们。他想让国会通过一项法律，规定对每位 70 岁以上的联邦法官或最高法院大法官，总统可另外任命一位法官或大法官。到 1938 年，最高法院 9 名大法官中有 6 名已年逾古稀，如果罗斯福的计划被通过，他立即就能命令法院多数人通过他想要的任何东西。雷蒙德·莫利说这是"一项能让罗斯福控制法院的计划"，并且一劳永逸地夺走法院的独立性；它是"一个考虑不周的计划，它自吹自擂主要是因为自身并不正直"。

这项计划非常不得人心，就连罗斯福自己的民主党也指责他。在国会中占压倒多数的民主党人很快拒绝了他的提案；不仅如此，参议院司法委员会还发布了一份报告，严厉谴责罗斯福的推论，以保卫最高法院免遭攻击。报告称这是一次"对宪法原则的危险抛弃"。总统提出的计划遭到自己党派如此断然的拒绝，这种情况极少出现。该委员会指出，维护我们宪法体制的完整性"在当前无比重要……比立即采纳任何一项立法，无论其好处多大，都更重要"。报告接着说道：

> 若最高法院被迫回应由政治强加的一时普遍情绪，则最终必会向一时公共舆论屈服，而一时的舆论压力可能会支持暴民情绪，缺乏更冷静、更长远的思考……关于自由政府更完备、更持久的哲学，不在伟大政治家的著作与实践中，而在最高法院对人权等重大问题的裁决之中……这一措施应断然拒绝，类似议案不得再交予美国自由民众之自由代表。

这项计划失败后，罗斯福大发雷霆，他作出了总统史上最可怕的一个反应：开始清除在1938年选举中反对"填塞法院"计划及其他新政措施的民主党参议员和众议员。即便国家经济开始再度衰退，失业人数剧增，总统还是公开开展反对其党内在职成员的运动，这在历史上是第一次，也是唯一一次。罗斯福的企图彻底告败，成为他的一个耻辱；他盯准了要在初选或政党会议中击败的民主党人，只有一人落选。在11月的选举中，共和党在众议院获得了81个席位，在参议院获得8个，另外还有 12 个州长的位子。如果不是战争引起了恐惧,罗斯福很可能已经在 1940 年的选举中落败。

传达马克思的观点?

"我的原则是,应该根据人们的支付能力向他们收税。"

——富兰克林·德拉诺·罗斯福

最后一个令人感到讽刺的地方是,最高法院在罗斯福的攻击下屈服了。1937 年,在人员组成没有任何变化的情况下,法院骤然逆转方针,法官们突然开始支持新政措施,这些措施和几年前才被他们废除的几乎一模一样。这被称为"拯救了最高法院的及时易帜"。换句话说,罗斯福的"填塞法院"计划其实**达成了**主要目的,即胁迫最高法院停止扮演其作为经济自由保卫者、联邦政府权力扩张限制者的角色。此后,最高法院基本在走下坡路,除了少数几次例外,它都允许政府扩大权力范围。最高法院本该捍卫宪法对政府权力所设限制,特别是在保护经济权利的问题上,而它对这一角色的抛弃被理由充分地称为"1937 年革命"。

但是,"填塞法院"计划也揭示了罗斯福性格中的另一个不足——没有耐心。事实很快就证明,完全没有必要提出这个计划;在 3 年时间里,通过常规任命程序,他完全可以按自己的想法顺利地改造最高法院。除去离世和退休的法官,到他 1945 年去世为止,罗斯福任命了 9 名在任大法官中的 8 名——在美国历史上比其他任何总统任命的都多。这些法官都是自由主义者,任职期间很少否决政府的扩权行为或者限制政府行使行政权。

持久的遗产：不受宪法约束的最高法院

1937 年，罗斯福任命雨果·布莱克为大法官，这是他对最高法院的第一项任命。布莱克是一名来自亚拉巴马州的参议员，也是三 K 党成员，他在最高法院工作了 34 年。作为一名自由派法官，布莱克赫赫有名，尽管他为"是松诉美国案"撰写的多数意见维护了罗斯福在第二次世界大战期间关押日裔美国人的权力。1967 年接受一家报社采访时，他对该案的判决作出了辩解，说道："对于其他人来说，他们看起来都是一样的日本佬。"布莱克是一个司法实证论者；他支持政府对经济权利的控制，但不支持它对言论自由等个人权利的控制。对罗斯福而言，布莱克是最理想的法官，因为他完全服从自由派扩大政府的经济控制权的目标。

罗斯福的第二项任命是 1938 年上任的斯坦利·福尔曼·里德。里德曾供职于罗斯福政府，一开始在重建金融公司，后来到了司法部。在罗斯福第一任期内，他曾在最高法院为几项新政措施进行辩护。和布莱克一样，里德作为经济上的自由主义者而广为人知，他在所有经济调控事务中都听命于国会和行政分支。

1939 年，罗斯福任命了费利克斯·法兰克福特，这是其第三项任命。这位前哈佛法学院教授（在哈佛，他曾是路易斯·布兰代斯的导师之一）是最高法院大名鼎鼎的自由主义者及"活宪法"思想拥护者之一。他在最高法院工作了 23 年。

好书推荐

The Forgotten Man: A New History of the Great Depression by Amity Shlaes (Harper, 2007)

罗斯福任命的最"左"的法官是威廉·O. 道格拉斯,他于1939年接受委任,是有史以来任职最久(36年)的大法官。在1965年"格里斯沃尔德诉康涅狄格州案"中,道格拉斯"发现"了宪法"伴影发散"[1]中广泛的隐私权;该案成为"罗伊诉韦德案"的先例。后一个案子使"按要求堕胎"得到了合法化。他裁定死刑违宪(尽管宪法中已有明文规定),在1953年延迟了对罗森堡夫妇[2]的处决。20世纪70年代早期,共和党人曾试图弹劾道格拉斯。

1940年对前密歇根州州长弗兰克·墨菲的大法官任命,让罗斯福实现了他3年前想要通过"填塞法院"计划达到的目标——任命法院的多数法官。墨菲在最高法院只干了9年,但却被拖进了新政的滑流,他默认政府扩大私营经济控制权的做法(极少有例外)。

1941年,詹姆斯·F. 贝尔纳斯被任命为大法官,但他只干了1年就受罗斯福总统的指派去领导第二次世界大战期间的国防动员局。贝尔纳斯后来担任哈里·杜鲁门的国务卿,再后来

---

[1] 译注:在 Griswold v. Connecticut 案判决意见中,道格拉斯指出避孕权利涉及个人基本隐私权,属于宪法保护范围内,他指出:"第一修正案具有一个'伴影'(Penumbra),其中,隐私权受到免受政府侵犯的保护……尽管第一修正案并未明确保护这些权利,但它对明确保障具有完全必要的意义。"

[2] 译注:朱利叶斯·罗森堡(Julius Rosenberg)和埃塞尔·格林格拉斯·罗森堡(Ethel Greenglass Rosenberg)在冷战期间被指控为苏联进行间谍活动,其判决与死刑执行在当时轰动了西方各界。

成为南卡罗来纳州州长——担任这个职位时，他支持种族隔离。

罗伯特·H.杰克逊是罗斯福对最高法院的第七项任命，他于1941年上任。杰克逊给罗斯福做过很长一段时间的政治助手，并担任过司法部副部长。他以一名温和派人士而享有声誉，但他为1942年"威卡德诉费尔本案"起草的多数意见是最高法院历史上所做的最荒唐的裁决之一。该案的裁决维护了联邦政府禁止农民为个人所需在私有土地上种植作物的权力，推翻了宪法对不断扩张的贸易条款的最后一道限制，认同政府可随意调控任何私有经济活动的自由派观点。如果最高法院不驳回奥巴马医改计划，那么"威卡德案"可能就是支持"强制执行个人医疗保健"的先例了。

1943年对威利·拉特里奇的任命是罗斯福的最后一项大法官任命。拉特里奇曾公开强烈谴责最高法院早期对新政立法的驳回意见，他支持"填塞法院"计划，所以当罗斯福在法院席位有空缺时任命他来作为一种回馈，也就不足为奇了——尽管罗斯福为了提拔他不得不忽略包括勒尼德·汉德在内的几位更著名的法学家。

鉴于罗斯福对立国原则持激进的进步主义观点、他的"填塞法院"计划以及偏左的大法官任命，他应该得到一个比F更低的合宪等级；很遗憾，适得其反的经济政策和对党派的过度忠诚还是为他加了分。

第八章
哈里·杜鲁门
（任期：1945~1953）

"如果一个人能熟悉其他人在这张桌子面前所经历的，那么让他经历类似的事情会更容易。大多数错误都由无知引起，坐在这儿的人应该了解美国历史，这是最起码的。"
——哈里·杜鲁门对总统职位的看法

"世界上唯一的新事物，就是你未知的历史。"
——哈里·杜鲁门

杜鲁门总统的合宪等级： C +

你知道吗？

杜鲁门是20世纪唯一一位没有四年制大学文凭的总统。

在白宫时，杜鲁门晚上会看看史书，他认为这可以在他做决定时帮上忙。

在下令向广岛投原子弹后的那晚，杜鲁门睡了一个好觉。

杜鲁门把冷战看作基督教和无神论之间的一场战争。

艾德礼、杜鲁门和斯大林在波茨坦会议上

哈里·杜鲁门是 20 世纪中期大规模增加联邦开支，即新政利益群体自由主义的完美代表人物。作为密苏里州一座腐败城市的产儿，杜鲁门亲工会，总体上反商业。他小心翼翼地支持对黑人民权保护的扩大，尤其乐于和共和党人进行党派政治斗争。惠特克·钱伯斯说他是"一个说话快速、急促的人，带着一股有感染力的、顽皮的兴奋劲儿干着卑鄙勾当"。杜鲁门乐于行使行政权，并在很多情况下展现了他身为总统的果断。他在朝鲜战争期间解除道格拉斯·麦克阿瑟将军的职务就是一个例子，这件事充满了争议。他充分体现了亚历山大·汉密尔顿所呼吁的"强有力的行政部门"，而且不回避汉密尔顿所称之为"广阔而艰巨的事业"——这经常是历史对美国总统的要求。1945 年 7 月，在两人第一次见面时，温斯顿·丘吉尔立刻喜欢上了杜鲁门，这位美国总统让他觉得"细心周到、才智洋溢、决断力强"。

更受共和党人欢迎

"很久以前，一个来自密苏里的年轻农民及男子服饰用品店主走上了一条出人意料的道路——他令人意外地当上了副总统。一位作家说：'我们这些小镇用正直、真诚和尊贵培养出了优秀的人'，而我知道他所称赞的就是哈里·杜鲁门。"

——2008 年萨拉·佩林州长接受共和党对她的副总统提名

同时，以杜鲁门为标杆，可以衡量民主党在战后数年的"左倾"程度。事实上，民主党在他任内开始了漫长的"左倾"道路，而他英勇地与之斗争，在 1948 年击败了亲共的亨利·华莱士，最终获得民主党总统候选人资格。华莱士曾是富兰克林·

罗斯福第三任期内的副总统。（杜鲁门曾把美国自由派中的亲共人士称为"美国疯子协会"。）1944年，罗斯福意识到应该让杜鲁门取代华莱士做他的竞选伙伴，这可以被看作上帝一直以来富有先见的、对美国的眷顾之举。

对于今天在"政治上正确"的民主党来说，他们将完全无法接受杜鲁门。他信奉圣经道德观，是个道德观念强烈的反共分子；把苏联理解为一个邪恶帝国对他来说完全不成问题，他通常称苏联共产主义者为"野蛮人"。1941年，身为参议员的杜鲁门发表评论说，如果纳粹德国和苏联开战，美国可能会考虑援助弱势的一方，这样，两个专制政府就会斗得你死我活。这话让苏联人耿耿于怀，愤恨不已。1945年4月，罗斯福总统突然去世，继任的杜鲁门一上台就开始对苏联采取更强硬的态度——当时它还是和我们一起对抗德国、日本的同盟。"我已经对纵容苏联人感到厌烦了，"杜鲁门说。他告诉他的外交团队，那些有利于苏联的"一边倒"协定该结束了，如果苏联人不喜欢，"他们可以见鬼去"。显然，他在今天的民主党会待不下去。

杜鲁门为使第二次世界大战快速、确定地结束而做出的对广岛、长崎投原子弹的决定，一直以来让自由派人士深负罪恶感。上任之前，杜鲁门对原子弹计划一无所知。1945年6月，美国对冲绳的入侵造成12 500名美国士兵阵亡和36 000人负伤，后续对日本本土的入侵还须约100万名士兵。据初步估计，美国在入侵日本本土的前30天将遭受5万人丧生、15万人受伤的损失。当然，日本的损失将是这些数字的多倍，战斗将一直拖到1946年。当得知有关原子弹计划的消息时，杜鲁门立刻领悟到，战争可以更快地结束，并且站在美国的立场上（如果日本无条件投降），双方的人员损失也会大大降低。他在第一次世界大战中参加了派往法国的陆军步兵团,亲眼目睹过战壕行动。虽然杜鲁门在日记中写道,使用原子弹是"迄今为止我所做的最艰难的决定",但在下令用原子弹结束战争后那晚,他睡了一个好觉。

让他们见鬼去吧,哈里

在白宫首次会见苏联外长维亚切斯拉夫·莫洛托夫前,杜鲁门曾承诺"用几个单音节单词"说明美国对苏联人的新态度。莫洛托夫大吃一惊,他对杜鲁门说:"我这辈子还从没有人这么跟我讲过话。"杜鲁门回答:"执行你们的协定,就不会有人这样对你说话了。"

在这件事上,自由主义者从没原谅过他。据报道,巴拉克·奥巴马在 2009 年"环球道歉之旅"中本想访问广岛和长崎,为杜鲁门的所作所为道歉。由于日本外相出面干预,这一侮辱日本人尊严的举动才被制止。杜鲁门传记作家戴维·麦卡洛对其投原子弹的决定给出了思维清晰的解释,令人钦佩:"如果入侵日本展开大屠杀后战争结束了,而美国人民此时得知在这个仲夏已经有了一种威力强大、足以结束战争的武器,却没被使用,那么面对人民的质疑,总统或者别的决策负责人能作何回答?"

无所畏惧

杜鲁门对总统职位的"负担"态度慎重,在入主白宫仅两个月后,他在一封给妻子贝丝的信中展现了他的总统风范:"用不了多久,我就能放松一点了,研究研究整体形势,告诉他们每个部门该做什么。如果事情发展到这一步,那干这份工作和管理杰克逊县也没什么两样,不必多干什么,也不用担心什么。"在另一封给贝丝的信中,他写道:"像往常一样,我又面临充满挑战的一天,不过我喜欢这样的生活。"

尽管杜鲁门在国内政策上走大开销路线,他在任期间容忍了一些苏联间谍在政府内部继续当差,官员腐败事件也多次发生;但总体而言,他在椭圆形办公室表现不错,具备了一名成功总统的重要特征,为后来者树立了一个有益典范。在1948年的总统选举中,罗纳德·里根支持杜鲁门竞选(当时里根还是民主党人),35年后,他作为总统又重点提及杜鲁门,作为一种方式从一定程度上来论证越战后民主党对其根本原则偏离了多少,这两件事并非巧合。(里根尤其喜欢杜鲁门的一句笑话:"经济学家就是一个戴着一根表链,表链一端有个斐陶斐[1]钥匙,另一端却没有手表的人。")2008年萨拉·佩林在竞选副总统期间也援引过杜鲁门的话——这又一次表明,现在杜鲁门在两党中更受共和党人的尊敬。不可否认,他是一个令人意外的总统,1944年匆匆忙忙地被选为罗斯福的竞选伙伴,之后因罗斯福去世立刻成为总统。但是,在1948年的选举中,经过弱势者勇敢发起的一场支持他的运动("让他们见鬼去吧,哈里!"),杜鲁门凭借自己的力量大获全胜,这推动他进入了现代总统中声誉较高的行列。

---

〔1〕译注:斐陶斐(Phi Beta Kappa)是一个以希腊文字命名的学会,创立于1776年,后扩展为一个全国性的荣誉学会,致力于培养和认可在文科与科学方面表现优异的学生。

自学成才的政治家

作为唯一一个没有四年制大学文凭的现代总统,哈里·杜鲁门主要是自学成才,但幼年也受到过传统教育的熏陶,那时公共教育还没有被自由主义摧毁。杜鲁门很小的时候就表现出了极大的好奇心,十岁时他就读完了查尔斯·霍恩的一套四卷书《世界名人录》;他特别喜欢描写亚历山大大帝、汉尼拔和查理·马特等军事领袖的文章;他是马克·吐温的忠实读者;高中时他看了西塞罗、普鲁塔克、恺撒、马可·奥勒留、吉朋和莎士比亚的著作。用传记作家阿隆佐·汉比的话来说,他"了解并铭记古人的恶行与美德"。杜鲁门晚年仔细思考了自己在教育中的收获,他说:"我懂得了历史是人创造出来的,否则历史就不存在……所以要研究人,而不是历史学家。你甚至不必花很多功夫就能明白,真正的历史由各个时代舞台中央的伟人构成,他们的生活和行为就是历史。史学家的编辑手腕与现代不负责任的专栏作家如出一辙。"

历史是杜鲁门的终身爱好,他在白宫期间晚上都会看看史书,部分原因在于这"可以帮我决定我的行动方向"。杜鲁门在钱包里放了一首手抄的丁尼生勋爵的"洛克斯利大厅",这首诗的开头写道:"我曾沉入到世人的目光所不能及的未来……"离任之后,他写道自己最敬佩的"三位政府中的伟人"是辛辛纳特斯、小加图和乔治·华盛顿。

多数历史学家和传记作家都忽略了杜鲁门强烈的宗教情绪,这一点容易被人遗漏的部分原因在于,虽然他是浸礼会的信徒,一生大部分时间却对公开表达宗教信仰较为谨慎,表现出了支持基督教大联合的态度。"我始终认为,宗教是需要恪守的准则,不该被拿来讨论。"这是他年轻时写的。他还在政治生涯早期写道:"如果一个孩子受到了良好道德的灌输,被授以《出埃及记》第 20 章和《马太福音》第 5、6、7 章的戒律所含的价值观,那么以后就不必太担心他。上什么样的主日学校[1]都没区别。"(宣誓就职时,杜鲁门把圣经翻到了《出埃及记》第 20 章。)

担任总统期间,杜鲁门对基督教的虔诚显得无比突出,这在很大程度上是因为他从宗教角度看待冷战带来的挑战——把它当作共产主义对西方文明精神根基的一次攻击。他开始频繁论及美国的天赐使命,30 年后,罗纳德·里根对他的论调给予了最为清晰的回应。"上帝创造了我们,并且为了某一伟大的目的赋予我们现有的权力和力量,"1951 年杜鲁门在一次演讲中说道;而他说的那个伟大目的就是捍卫"精神价值观——或道德准则——免遭巨大的邪恶力量的破坏"。他在 1950 年的一次演讲中更为直接:"共产主义攻击我们主要的基本价值观、我们对上帝的信仰、对人的尊严和人生价值的信仰、对正义和自由的信仰。它攻击基于这些价值观建立起来的制度,攻击我们的教堂、我们对公民自由的保证、我们的法院、我们的民主政府。""为了在追求正义的过程中获得胜利,"杜鲁门说,"我们必须,用圣保罗的睿智之言来讲,穿上上帝的盔甲。"在与共产主义思想的战斗中,他把教堂看作第一道防线,对大量退伍军人拒绝在一次国际反共宗教运动中应募感到很失望。杜鲁门要求各教

---

[1] 译注:主日学校(Sunday School)是英美等国在星期日为贫民开办的初等教育机构,兴起于 18 世纪末。

堂都支持一份声明,即"他们相信,基督是他们的主和救赎者,是他们对抗世上众多反宗教行为和危险因素的力量之源"。(他还想在外交上正式承认梵蒂冈,但由于新教反对只好放弃。)不用说,从20世纪60年代开始,自由派就不再使用这种措辞了。

最后一项伟大成就:冷战策略

作为总统,杜鲁门的败笔很多——包括困难重重的朝鲜战争。战争的部分起因是国务卿迪安·艾奇逊的一次外交失误,这场战争是杜鲁门民众支持率越来越低的一个重要原因,他1953年离任时的公众支持率是总统史上的最低记录之一。

好书推荐

The First Cold Warrior: Harry Truman, Containment, and the Remaking of Liberal Internationalism by Elizabeth Edwards Spalding (University Press of Kentucky, 2006)

尽管朝鲜战争是个僵局,但对外政策却是杜鲁门的主要成就。第二次世界大战结束后,美国发现自己处在一个前所未有的位置上——它是自由世界无可争议的领导者,但也面临一个唯有它能与之匹敌的新敌人。厌倦了战争的美国人期盼着遣散军队和回归和平时期的所思所想,这都在情理之中,但世界形势没那么顺心如意。杜鲁门所面临的,除了构建一种战略思想和防御力量以和共产主义的扩张进行长期斗争外,还有必须组建一个长期的国际联盟。在这之前,美国从来没有想过自己会在全球事务中扮演如此引人关注的角色,也没有在和平时期保

留过大规模武装部队,但冷战意味着和平时期将不再平常。

杜鲁门决定采用"遏制"策略,他组建了北大西洋公约组织,通过了帮助欧洲重建的马歇尔计划,还公布了"杜鲁门主义"——美国承诺援助那些正在抵抗共产主义侵略的自由国家(1946年主要是帮助希腊)。他成功赢得了共和党对他宏伟战略的大力支持,从而使之成为一项真正的两党联立的外交政策,并持续了将近一代,直到20世纪70年代才开始被自由派民主党人逐渐丢弃。但即便杜鲁门所建立的外交政策被他的民主党同伴抛弃了,他的布局仍在里根和乔治·H. W. 布什执政期间被证明是对的。

滥用行政权

杜鲁门对行政权的使用大体上步伐稳健,但有几次做得太过分,误入了违宪区域。1952年,他命令政府没收和接管当时受罢工威胁的炼钢厂,杜鲁门认为这次罢工会危及美国在朝鲜战争中的行动。由于无法为自己的行为找到法定权威,他把这种没收解释为总司令广泛权力中的一项。最高法院无法赞同,以6:3的表决结果裁定,杜鲁门超越了宪法规定的总统权限,他未经国会授权就采取行动的做法违反了三权分立原则。(在该案中,钢铁行业的代表是约翰·W. 戴维斯——1924年败于柯立芝手下的民主党总统候选人。)

这是总统和最高法院之间一次罕见的直接冲突,也是对行政分支的一次惊人责难。杜鲁门任命的大法官中有两位,包括他的前司法部长汤姆·克拉克,加入了反对他的多数意见派。(杜鲁门曾抱怨,把那个"从德克萨斯来的蠢货"放到法院是他作为总统犯下的最大错误。总统为自己的一项司法任命感到后悔，这种情况后来也时有发生。)

杜鲁门对最高法院的任命一共有四项，首先是哈罗德·伯顿。这是个异乎寻常的选择，因为伯顿是一名来自俄亥俄州的共和党参议员。(1945 年法院席位出现空缺时，在任法官中没有一个是共和党人，杜鲁门感到了压力，他必须提名一个共和党人以求"平衡"。)伯顿是一位温和的法官，他的意见总体亲商，在法院任职的 13 年，他所产生的影响微乎其微。杜鲁门的第二项任命是 1946 年哈伦·斯通去世之后接任首席大法官的弗雷德里克·文森。法律史学家认为，文森是一个平庸的首席大法官，他在法院相对短暂的 7 年甚至完全是个败笔。

一位理解权力制衡意义所在的总统?

"当你拥有一个高效的政府，你就有了一个独裁国家。"

——哈里·杜鲁门

杜鲁门的第三项任命是司法部长托马斯·克拉克。尽管克拉克很快获得了参议院确认，但这项任命却激起了人们对杜鲁门"任人唯亲"的指责。克拉克 1961 年撰写的一份著名的判决意见创造了"证据排除法则"[1]，加大了警察搜集证据指控罪犯的难度。尽管如此，他似乎没有清晰或连贯的司法理念。(他还是极左激进律师拉姆齐·克拉克的父亲，拉姆齐·克拉克是林登·约

---

[1] 译注：也称非法证据排除规则，在 1961 年的马普诉俄亥俄州案中，警察在既无可能理由又无搜查证的情况下强行搜查了马普太太家，并以搜查到的淫秽物品为由逮捕了马普太太。联邦最高法院裁定，警察只要进行了非法搜查，他们在搜查中取得的证据都要按照排除规则予以排除。

第八章 哈里·杜鲁门

翰逊政府的司法部长。)

杜鲁门的最后一项任命是谢尔曼·明顿——前美国参议员及新政自由主义的坚定支持者，就连罗斯福激进的"填塞法院"计划他也支持。在法院的短短7年间，明顿对政府的扩权行为没有一次不赞成。

杜鲁门对最高法院的任命似乎主要是出于对政治恩惠的考虑，这是一种过时的想法。不管是其司法任命，还是任何著作或演讲，都不能充分证明杜鲁门有任何明确的宪法哲学。因此，这位绅士的合宪等级为C+。

第九章
德怀特·戴维·艾森豪威尔（"艾克"）
（任期：1953~1961）

"他的爱不是为了权力，而是出于责任。"
——总统学者理查德·诺伊施塔特对艾森豪威尔的评价

艾森豪威尔的合宪等级： C +

你知道吗？

艾克在记者招待会上显而易见的语无伦次是一项有意误导国内外对手的计策。

艾克的民众支持率从不低于50%，这在现代总统中绝无仅有。

由于不想让美国人民感到无聊，他把自己出现在电视上的次数减到最少。

艾克说他身为总统犯的两个最大错误"都坐在最高法院"。

艾森豪威尔

关于总统制的看法，现代自由派的观点占据了主导地位；尽管如此，其中也有失误的判断，艾森豪威尔总统声誉的变化就为这方面研究提供了一个案例。艾森豪威尔在任时，媒体和知识分子几乎一致认为他是一个平庸的总统。在 1961 年对历史学家的一项调查中，他的排名落后于切斯特·阿瑟等被人遗忘的 19 世纪总统。他因在第二次世界大战中指挥盟军在登陆日[1]入侵法国并一举战胜纳粹德国而声名卓著，但却不免遭人嘲笑，成为最受鄙视的笑料之一。尽管艾森豪威尔优美、娴熟的文笔广为人知，但他被说成了语无伦次。他在自汉尼拔以来最雄心勃勃的军事行动中解放了欧洲——这场行动广泛而巧妙地考虑到了各种政治因素——但他对高尔夫和后院烧烤的喜爱却被认为是他不够世故老练的表现。

好书推荐

The Hidden-Hand Presidency: Eisenhower as Leader by Fred I. Greenstein (HarperCollins, 1982)

总统历史学家阿尔·费尔岑伯格提醒我们说，艾森豪威尔时代的幽默家说他证明了美国不需要总统。还有人说，这就是个"艾森豪威尔玩具娃娃"，给它上好发条，它一站就是 8 年。最重要的是，知识分子说，艾克"没头脑"。（"如果他那么没头脑，"几位公正的观察家回答道，"为什么他会是个桥牌高手呢？"）艾克被认为是其幕僚的傀儡；有一个笑话说，如果艾森豪威尔死了，副总统理查德·尼克松当总统会很糟糕，但如果

---

〔1〕译注：指 1944 年 6 月 6 日，盟军进攻西欧的日子。

艾森豪威尔的幕僚长谢尔曼·亚当斯死了，**艾森豪威尔**当上了总统，情况会更糟。不过，在他的两届任期内，艾森豪威尔始终深得民心（盖洛普民意测验显示，他的平均支持率达到惊人的64%），这是对精英观点的又一次侮辱，也成为知识分子越来越公开鄙视美国中产阶级的一个理由。20世纪50年代的美国阴郁沉闷、墨守成规、刻板枯燥，不知为何，这都成了艾克的错。那些年是"艾森豪威尔打哈欠的时候"，自由派作家加里·威尔斯这样写道。

然而，在离任后数十年里，艾森豪威尔的总统声望急剧上升，即便在不少自由主义者眼中也一样。自20世纪60年代后期以来，学者们开始审阅艾克执政时期白宫的文件和档案，他们惊讶地发现，这个传说中头脑简单、笨手笨脚的人其实能力颇高——甚至可以说"狡猾"——他完全在幕后掌控一切。据透露，传言所称的艾克在记者招待会上语无伦次，其实是他故意误导国内外媒体和对手的计策。德里克·李波厄特指出，艾森豪威尔"似乎快要对自己语无伦次的本事幸灾乐祸了，是电子时代少有的国家领导人之一"。

"狡猾的迪克"称赞艾克的精明

"为了一个问题，他总会用上两三种甚至四种思考方式，而不是局限在一条思路上。他一般更青睐间接的解决办法，这比直接处理更能帮他解决问题。他头脑灵活、思维敏捷；他思考的速度比他说话的速度快多了，这导致他经常'打乱句法'。更为敏锐的评论家会把这种现象当作思维广阔多样的标志，而非语法功底糟糕的表现。"

——艾森豪威尔的副总统，理查德·尼克松

套用一个最有名的说法,他已经成了"暗藏着手的总统"。 137
提出这个说法的学者是普林斯顿大学的弗雷德·格林斯坦;他
说,他原本一直认为艾森豪威尔是"非领导人的最高典范",却
很惊讶地发现艾克"有灵敏的政治嗅觉,很机警",做事投入、
有独创性。艾克的思考过程,格林斯坦总结道,"冷静、严密、
清晰有力、考虑全面",再加上"一套有连贯性的、令人印象深
刻的咨询程序增强了他的思维和行动"。

格林斯坦承认他并不支持或赞同艾森豪威尔的不少政策和决
定。这就是一个典型的案例,证明了自由派人士在学术上的无知。
格林斯坦提出了一个漂亮的问题:"像艾森豪威尔这样一个政治嗅
觉灵敏、做事投入的总统,同时代人对他的评价如何以及为何会
与事实相反呢?"但偏见令他自己无法回答这个问题。

答案很简单:艾森豪威尔没有遵从自由派理想中的"后威
尔逊"、"后罗斯福"式奇迹创造者的总统模板,按照一种抽象
的和野心勃勃的"远见"执意"带领"美国人民走入崭新未
来。在领导风格和个人处事上(尽管政策上不多),他是反罗斯
福的。艾森豪威尔对总统职务的履行,更像一位19世纪的总
统,也就是说,更符合建国者对这个职位的设想。他把自己看
作关注法律是否得到忠实执行的"主持"官员。事实上,尽管
共和党在1952年的大选中赢得了国会多数席位,艾森豪威尔在
上任后第一年里没有向国会提交任何立法计划;就这点而言,
他在现代总统中完全是独一无二的。当时,艾森豪威尔说他想 138
让政府部门之间"恢复平衡"——这公然违背人们普遍认可的
自由主义观点,即总统而非国会(按照建国者的设想)应当是
美国政治体制的重心。

艾森豪威尔也不认为频繁出现在电视上或不断对美国人民

发表演讲是明智的举动，尽管他才是电视时代的第一位总统。事实上，当顾问们要求他发表更多电视或公开演讲时，艾森豪威尔反击道："我一直对你们这些家伙说，我不喜欢干这种事。我想不到对美国民众来说，还有什么比在客厅坐上整整半个钟头看着我在电视上的面孔更无聊的了……我觉得民众不**想**听到一个和罗斯福一样的声音在那儿滔滔不绝，好像他是耶稣的一个门徒，他们也不想听谁像杜鲁门一样大叫党派之说。"还有一次他说："有什么非说不可的？我去那儿不只是为了听自己的舌头嗒嗒个没完！"一般情况下，如果他发了慈悲同意开口，他会说："好吧，但不超过20分钟。"此外，艾森豪威尔完全瞧不起新闻媒体。"听着，"他曾经对手下说，"任何有空听评论或读专栏的人显然没有够多的事可干。"

管理大师

尽管在公众面前表现得像一个"前现代"总统，但在另一个非常重要的方面，即对行政分支的实际管理中，艾森豪威尔比其他任何人都更大地推动了总统制的现代化。他对一名记者解释说："我对白宫工作观察多年，根据我在解决涉及组织机构等问题上的培训，无法想象谁还能维持白宫工作原状而不进一步系统化。"艾森豪威尔是第一个有正式参谋长的总统，他还建立了第一个白宫国会关系办公室。继哈定创立预算局之后，艾森豪威尔发起了现代总统在管理上意义最大的革新：正式任命一位国家安全顾问，并建立一套涉及国家安全委员会的常规咨询程序。迄今为止，他后面的每位总统都使用了这套程序。建立国家安全委员会的其实是杜鲁门，但让它作为一项总统决策的重要工具顺利运行起来的是艾克,这大概要归功于他的军事生涯。他还创建了委员会的每周例会制度,这是冷战时期最重要的总统创制之一。在其两届任期内,国家安全委员会召开过366次会议,其中329次都是艾克主持的。

他举重若轻

"但是艾森豪威尔真的有一种让事情看上去简单的职业本能。他真正干过的事比他表面看来在做的事要多,而这正是他想要的效果,轻松的气氛能鼓舞人们的信心。歌手要下的大量苦功应该在家里完成,在舞台上,他的声音就要像天籁一样响起……"

"艾克不加修饰、轻松自如,这让他看起来成了美国理想的体现——一个突然掌控着国家命运的普通人,一个'常识感'很足且心地善良的非专业人士。"

——自由派作家加里·威尔斯

正如他在回忆录中所写的,"组织无法把一个无能之辈变成天才……另一方面,无组织的混乱状态几乎无一例外地导致效率低下,能轻易引发灾难。"他相信授权是一条很重要的原则——这条原则在里根执行总统职务的过程中也非常重要。"一个不懂如何下放权力的总统,"艾克写道,"会被细枝末节拖累,没有时间处理大事。"后来,里根被人们错误地批评为"超然"和"冷漠"——和艾克得到的批评一模一样——这并非巧合。

艾森豪威尔审慎的管理可能对他做出最明智的一项决定也起到了作用。1954年法军快要被越共击败时,他决定**不干涉越南**。法军的溃败发生在艾森豪威尔最终使朝鲜战争无果而终仅一年之后，这给美国直接插手——至少对发起一次空炸以支持奄奄一息的法国部队——带来了巨大压力。艾森豪威尔的几个顾问建议使用核武器，而他拒绝干涉并指出："这场在印度支那的战争会整个师整个师地消耗我们的部队。"这个观点让他20世纪60年代的继承者们无法理解。

  但是，艾森豪威尔在外交中的一项重大失误证明了以过程为导向的组织体系，如美国国家安全委员会，也有局限性。1956年，埃及激进领导人迦玛尔·纳赛尔控制苏伊士运河后，艾森豪威尔决定强迫英法两国放弃他们夺回运河控制权的军事行动。由于既想让美国在中东充当中立的"公正调解员"，又想让美国受到阿拉伯国家的欢迎，他要求英法撤军。这个要求带来了可怕的结果：削弱了我们最亲密的盟友，使安东尼·艾登所领导的保守的英国政府倒了台，并且加强了阿拉伯的激进主义。数年后，艾森豪威尔至少告诉过两个人，他改变了想法，开始把苏伊士运河看作自己在对外政策上最大的失误。

  具有讽刺意味的是，艾森豪威尔——一个相对的反干涉主义者——起初决定竞选总统至少有一部分是为了确保共和党保持对国际主义的忠诚，尤其是对北约联盟。时任共和党领袖、俄亥俄州参议员罗伯特·塔夫脱表现出孤立情绪，对北约持怀疑态度。他多次警告，美国军队会在未来几年内驻扎欧洲，这种说法因被认为过于危言耸听而遭鄙弃。而另一方面，退伍的艾森豪威尔复出，成为北约首任最高指挥官，在断定只有他能击败塔夫脱赢得老大党1952年的提名并巩固共和党对国际同盟的支持后，他决定竞选总统。

  与第一次世界大战之后胡佛遇到的情况一样，两党都希望艾森豪威尔成为他们的总统候选人。杜鲁门直接请艾森豪威尔考虑取代他（杜鲁门）成为 1948 年大选的民主党候选人。（富兰克林·罗斯福的长子詹姆斯·罗斯福也代表民主党人来游说艾克。）直到 1951 年，杜鲁门仍表示："我对他的信心从未动摇过，以后也不会"——尽管几个月后当艾克宣布自己是共和党人时，杜鲁门失望至极。艾克之所以决定加入共和党，有一部分原因是在他看来民主党过去 20 年来的统治等同暴行，并且杜鲁门政府十分腐败。他大概是第一个把竞选核心主题定为"收拾华盛顿残局之运动"的候选人。

思想不保守

就某些方面而言，可以把艾森豪威尔视为一个无关紧要的保守主义者，而非一个思想保守的人。对于有限政府及自由主义对自由社会的种种威胁，他没有形成成熟的见解。他把自己描述为一个"温和的共和党人"，其任内行为表明，他无意于削弱新政的任何基本特点。实际上，他扩大了一些新政计划，包括社会保障计划等。通过设立与内阁同级的卫生、教育与福利部，他帮助创建了联邦最大的独立官僚机构。但是，在总体上，艾森豪威尔是一个财政保守主义者。他曾告诉内阁，如果他在任期间能做成的只有平衡预算这一件事，他也会觉得自己在白宫的时间用得其所。遗憾的是，他并没有努力削减居高不下的边际所得税率（最高为 91%）。尽管居高不下的税率阻碍了经济增长，这种在第二次世界大战期间采纳的税在整个朝鲜战争期间都保留了下来。20 世纪 50 年代，美国经济增长缓慢，年均增长率约为 2.5%，还经历了三次衰退。州际高速公路系统大概是艾森豪威尔在内政上留下的最大成果。

142

第九章 德怀特·戴维·艾森豪威尔

"这只伟大的龟用背托起了世界"

"（在他的回忆录中）艾森豪威尔不时摘下他常戴的面纱，露出真正的面目：这是一位能力卓绝的总统，能做史无前例的重大决定，既不轻率鲁莽，也不犹疑不决，不为事物表象的细枝末节干扰，不为情绪左右；面对糟糕局面，或明智旁观，或果断出手，都显得沉着冷静。"

"这只了不起的龟把世界扛了8年。我们嘲笑他，我们难过地讨论着前进问题，我们一直不知道龟壳下面的家伙有多精明。"

——自由派专栏作家默里·肯普顿，写于1967年

还有一件事也很讽刺，尽管艾森豪威尔在外交上主张国际主义，本人还有军事背景，但他却想**削减**国防开支。这个想法受到了**民主党人**的指责——虽然在今天看来可能难以置信。到他任期临近结束，约翰·F.肯尼迪攻击他的"导弹差距"，说这完全是骗人的。艾森豪威尔在告别演说中针对"军工复合体"的危害发出了警告，这几句话广为人知，后来成了左派人士最喜欢引用的句子。但实际上，他是从一定程度上试图告诫他年轻和缺乏经验的继任者——约翰·F.肯尼迪、未来的左派英雄——要远离极端冒险主义；正是这种冒险主义后来导致了六七十年代的种种灾难。就连极左作家加里·威尔斯在回顾历史时也指出，艾森豪威尔的稳健领导与肯尼迪完全不同："（艾森豪威尔）在战时接管国家，他面对的是害怕原子弹大屠杀和毒牛奶的人民，而他的继任者却急于增加导弹，急于让突击部队用直升机去打游击战。"

在艾森豪威尔任内，没有哪件事比他对最高法院的任命更

让保守派感到失望。到他上任时,罗斯福和杜鲁门已经完成了对最高法院9个席位的全部任命,而且严重失衡。艾森豪威尔在两届任期内任命了5位法官,但错过了改造法院意识形态的机会。他任命的3位法官——约翰·马歇尔·哈伦二世、查尔斯·惠特克和波特·斯图尔特——基本上都是司法温和主义者,无意于主张更严格的宪法原旨主义,尽管哈伦和斯图尔特经常对法院自由派所作的最糟糕的判决持异议。

艾森豪威尔任命的另外两个大法官,即1953年受命的首席大法官厄尔·沃伦和1956年受命的大法官威廉·布伦南,则完全是祸害。在前加州州长沃伦的领导下,最高法院急剧"左倾",特别是在20世纪60年代,把宪法第十四修正案的"平等保护"条款扩大为司法部门的一项通用授权,用来纠正法院所认定的社会不公现象。沃伦的激进主义大大超越了富兰克林·罗斯福任命的一些自由派老法官,如费利克斯·法兰克福特。

布伦南则比沃伦更激进,例如,他裁定死刑在任何情况下都违反宪法——虽然宪法中明确批准死刑。为了使最高法院的裁决结果尽可能偏向自由派,沃伦和布伦南展开了积极合作。布伦南是1958年"库伯诉亚伦案"判决意见的起草人,该案判决意见宣称,最高法院是宪法意义的最终仲裁者——对认为政府三大分支对宪法拥有平等解释权的建国者来说,这将是一则新闻。

据说,艾森豪威尔曾表示,他作为总统所犯的两个最大错误"都坐在最高法院",而且他有时也暴露出对宪法的肤浅理解。他在一封给他哥哥的信中表现出了在这方面的混淆:"你对宪法唠叨个没完,我要指出,宪法的意义由最高法院说了算。结果就是,除非得到本国最高法院(律师们)的批准,否则联邦政府无法行使任何权力。"这可不是卡尔文·柯立芝或亚伯拉罕·林肯的观点，更别说建国者了。

在战后令人迷茫的50年代，艾森豪威尔保持了大体稳健的领导，出色地保卫了国家（总司令最重要的宪法职责之一），明智地实现了总统职位的现代化，他应该获得高分。最重要的是，他沉着、稳健的领导使美国得以适应漫长的冷战。随着平静安定的50年代逐渐为喧嚣动荡的60年代及令人消沉的70年代所取代，人们回想起来，开始觉得艾森豪威尔的管理相当不错。但是，由于他对最高法院的任命——尤其是考虑到厄尔·沃伦和威廉·布伦南对美国宪政造成的损害——艾森豪威尔的合宪等级必须降到 C + 。

第十章
约翰·F. 肯尼迪
（任期：1961~1963）

"人有生死，国有兴衰，唯有思想永恒。"
——约翰·F. 肯尼迪

肯尼迪总统的合宪等级： C - 145

> **你知道吗？**
>
> 肯尼迪是第一个出生在 20 世纪的总统，并且是我们唯一一位信奉罗马天主教的总统。
> 作为总统，肯尼迪服用了多种扰乱心智的药物，其中很多都由一个被他称为"感觉良好博士"的医生开列，此人后因治疗失误被吊销行医执照。
> 肯尼迪是被一名共产主义分子暗杀的。

约翰·F. 肯尼迪

约翰·F. 肯尼迪是最被高估的总统。由于遭到一名共产主义分子的恐怖暗杀，他成为了一个神话人物——从意义上看完全符合"神话"的意思。肯尼迪被枪杀后，起初被调集以推动他入主白宫的整个产业（得到了肯尼迪家族的财力支持）发疯一般地为他打磨形象，缔造"卡米洛"神话。美化产业仍在运行，使这个家族接连数代获得了名声、财富和政治权力。肯尼迪成了最早要带来"希望和改变"的人——自由主义壮志未酬的悲剧英雄。对乌托邦从未实现的长久失望，加剧了自由主义者对肯尼迪的极端怀旧情绪：他们告诉自己，如果他还活着，也许已经把国家变为乐土。

肯尼迪家族的营销活动极为成功。尽管他只做了1037天总统（比他在职时间更短的现代总统是杰拉尔德·福特），今天的民意测验结果常常表明，美国人把肯尼迪列为最伟大的前三或前四位总统（1991年的一次调查把肯尼迪和林肯并称为美国最伟大的总统）。学术界虽然仍由自由派观点占主导地位，但已经开始更明智地评价他。例如，《美国遗产》杂志1983年对历史学家的一项调查发现，肯尼迪是美国历史上最被高估的公众人物。

43岁当选的肯尼迪是总统职位有史以来最年轻的当选者（虽然西奥多·罗斯福42岁成为我们最年轻的总统，但他最初是因为麦金利总统离世而立刻从副总统变成了总统）。他在参众两院工作的14年间表现平凡，既没有编辑过立法注释记录，也没有行使过幕后领导权。在国会，他以回避重要议题而闻名。当时的一个笑话称，《当仁不让》[1]（这本书由别人为他代笔）

---

[1] 译注：肯尼迪的《当仁不让》一书讲述了美国历史上8位著名参议员的职业生涯，出版后成为全美畅销书，1957年获普利策文学奖，但一直有观点认为该书是他人代写的。

第十章 约翰·F. 肯尼迪

的作者应该表现出更大的勇气，少写人物简介。艾森豪威尔过去常称肯尼迪为"那个自以为是的小子"和"忧郁小男孩"。在众多支持肯尼迪的传记作家中，理查德·里夫斯坦率地总结道："他还没有为（总统职位）做好准备。"唯一的比他对这个职位更没有准备的现代总统是巴拉克·奥巴马，两人情况相似——在两次选举中，候选人迅猛进步的口才和精心呈现的个人形象掩盖了他们即将带进职位的浅薄资历。

> **好书推荐**
>
> Camelot and the Cultural Revolution: How the Assassination of John F. Kennedy Shattered American Liberalism by James Piereson (Encounter, 2007)

"肯尼迪的神秘感"掩盖了三个值得关注的地方。首先，肯尼迪的任期突出了总统个人品格的重要性，在这点上，比尔·克林顿和他一样。肯尼迪的鲁莽行为——远远不只沉迷女色——对他在任期间的一些糟糕表现作出了解释，他因一时冲动做出了许多错误的决定。其次，肯尼迪并非如其家族"神话制造机器"所描述的，是一个干劲十足的极左自由主义者（尽管他的言辞与实际决策、任期实际情况与身后名誉之间也有出入），他在任期间的观点和决策与最近一些自由派人士，尤其是他的弟弟参议员泰德·肯尼迪，形成了鲜明对比。最后，遇刺事件从根本上导致自由主义者失去了理智。

不计后果

肯尼迪对女色的痴迷程度将让克林顿自愧不如，他在白宫的"课外活动"频繁而有规律,特勤局给其中几个和他幽会的女人取了代号,例如,"小骗子"和"轻佻女"指他经常同时召见的两名白宫年轻女职员。副总统林登·约翰逊的一名助手说:"那边有个旋转门,一个女人要挤破头才进得去。"

这条排满女人的长队也包括了玛丽莲·梦露,她和肯尼迪长期存在的暧昧关系是华盛顿最公开的秘密之一。肯尼迪曾要求梦露成为他的生日礼物,她通过在纽约一个宴会上演唱一首带着呼吸声的《生日快乐》满足了他,而杰基·肯尼迪[1]显然没有出席。然而,他在性关系上的不断冒险并不都是偷欢和游戏,他接触最频繁的性伴侣之一,朱迪丝·坎贝尔·埃克斯纳,同时也是黑手党头目之一萨姆·詹卡纳的情妇。肯尼迪的行为使他极易被人敲诈,尤其是因为新闻媒体知道很多幕后信息而包庇了他——并且在很大程度上将这种做法延续至今。此外,他的冒险行为可能已经使国家受到了威胁,因为他和带着"足球"[2]的军事助手至少有过一次不和;在国家遭遇袭击时,这个"足球"是总统掌控核防御力量的指挥仪。多年来,为了压制揭露肯尼迪神话阴暗面的评论书籍、纪录片和改编电影,肯尼迪家族产业做出了巨大努力,也取得了极大成功。

好书推荐

A Question of Character: *A Life of John F. Kennedy* by Thomas C. Reeves (Free Press, 1991)

---

〔1〕 即杰奎琳·肯尼迪,肯尼迪总统的夫人。

〔2〕 译注:这里的"足球"("the football")又称"核足球"、"核按钮手提箱"、"核提箱"等,是一个特殊手提箱,内藏启动核武器的按钮和相关机密资料,由一名陪伴总统的军事助手携带,总统可随时随地下达使用核武器的命令。

第十章 约翰·F. 肯尼迪

就肯尼迪的各方面表现来说，沉迷女色并不是可以取消他总统任职资格的唯一理由。尽管他树立了一个广为人知的青春、"活力"的形象，但就其年龄而论，肯尼迪非常不健康。他患有阿狄森氏病，这是一种引发肌无力和疲劳、最终破坏肾上腺的变性荷尔蒙失调疾病。其治疗须长期使用类固醇，这对肯尼迪来说可能加重了他本就失控的性欲。但他并未止步于常规治疗，而是沉溺于狡诈医师的江湖假药（特别是被肯尼迪称为"感觉良好博士"的马克斯·雅各布森——此人后因治疗失误被吊销行医执照）；他们使用了高剂量的止痛药、安非他明和其他扰乱心智的药物，其中包括至少一种安定药，试图调整肯尼迪的身体和精神能量。由于背痛严重，他背部常戴一块夹板。有事实依据的传闻称，他吸食大麻和滥用其他非法的消遣性毒品。如果肯尼迪逃过了暗杀，虚弱的身体和鲁莽的个人行为，这显然极有可能已经让他无法胜任总统职位，或者令他的政府在丑闻中倒台。（对于他的病历，历史研究者隐瞒了30多年。）

人品与任期表现

要说虚弱的身体、失控的性欲和毒瘾究竟对肯尼迪的判断、决策及个人行为造成了多大影响，这很难回答。他的随从对这个问题总是遮遮掩掩，就像在35年后的克林顿事件中一样，总统的随从们坚持把他的人品问题分开来处理。但是，肯尼迪的软弱在他对白宫混乱无序的管理中就有具体表现。他抛弃了艾克所树立的正式的直接咨询决策体系，反而支持和大学教员会议极相似的非正式的、混乱的管理，而非有序的商业或军事决策体系。这种乱糟糟的管理方式在他任期之初结出了苦果，也就是灾难性的猪湾事件。从猪湾入侵古巴的行动最初在艾森豪威尔执政时就被考虑过，但行事更为谨慎的前北约和第二次世界大战指挥官无疑不可能批准这项行动。行动计划要求美国为由古巴流亡者组成的一小队人提供支持，流亡者将为抵抗卡斯特罗打前锋。计划的构想很糟糕，而肯尼迪极其懦弱的行为令错误更加严重。入侵行动开始后，他取消了美国的空中援助，从而使行动失败成为必然。

在柏林问题上的懦弱

"我想要读者知道，如果他愿意，肯尼迪本可以阻止柏林墙的建造。他默许边境封锁，这不仅让局势更危险，而且也对拿数千万中欧、东欧人的未来做赌注的行为起了助推作用。美国总统所做的那些相对小的决定其实产生了巨大且常常是全球性的后果。"

——《柏林 1961》作者，弗雷德里克·坎普
（Frederick Kempe，*Berlin 1961*）

对口气强硬的肯尼迪来说，猪湾事件是一连串外交灾难的开始。几个月后，他和苏联总理尼基塔·赫鲁晓夫进行了首脑会谈。普遍的说法是，准备不足的肯尼迪在会议中表现极其糟糕。他自知干得很糟，承认这次峰会是"我人生中最糟糕的事——他对我发出了凶猛攻击"。通过猪湾事件和肯尼迪在维也纳会谈中显而易见的软弱，赫鲁晓夫得出了这样的看法：肯尼迪是个可以被任意摆布的懦夫。赫鲁晓夫扬言要用战争解决西柏林的地位问题，并在维也纳会议结束几周后决定用建造柏林墙来替代战争计划。柏林墙建起后，肯尼迪政府花了 4 天时间

才把一份抗议书送到苏联，这是整个冷战中西方最软弱的一次妥协。

越弄越糟的古巴导弹危机

肯尼迪没有就柏林墙问题做出严肃回应，这鼓动赫鲁晓夫做出了下一个大胆举动——1962年在古巴部署弹道核导弹，这些导弹足以在几分钟内打到美国本土。公众关于肯尼迪如何处理古巴导弹危机的一般看法，是证明神话战胜现实的最好例子。危机的解决被描述为美国和肯尼迪在政治和外交上的一次胜利。据说，肯尼迪"冷静"地处理了此事，他没有对古巴发起攻击，也不冒险发动第三次世界大战，就成功让苏联人撤除了导弹。实际上，危机的解决方式对美国来说是一次战略和政治上的**失败**。当时的人们普遍没有认识到这一点，仅仅是因为肯尼迪对美国人民，甚至他的大多数高级顾问，都隐瞒了他所作出的关键让步。他秘密同意撤走美国在希腊和土耳其的导弹，这是一件他曾公开声明不会去干的事。（当这件事在多年后被泄露，则传出这些导弹已经"废弃"和不重要的说法，当时的苏联人不认同这个观点。）不过，最大的公开让步是肯尼迪承诺美国将不再试图推翻卡斯特罗政权。

因此，苏联在撤除导弹后获得了古巴政治前途的掌控，这使之成为美国在拉美利益上的一大威胁；同时，通过迫使美国移除中程导弹，苏联削弱了美国在欧洲的战略地位。这一影响在20世纪80年代尤为显著，时任总统罗纳德·里根不得不在政治上做出巨大努力，在欧洲重新部署导弹，与苏联抗衡。古巴危机后的15年里，苏联逐步增加了大量导弹。人们不禁怀疑，古巴导弹危机的结果是否正符合苏联人最初在那儿部署导弹的动机。整个事件中至今很少有人注意到的最奇怪的一点是，苏联在古巴的导弹是露天摆放的，美国轻易就能侦察到。在军火方面，苏联人是伪装和欺骗的高手。他们几乎是因为对肯尼迪实在无所畏惧，以至于**想让**美国看到导弹，因为他们知道可以要求这位软弱、年轻的总统做出让步。很难想象，如果面对的是尼克松总统，当时的苏联人是否还会在柏林或古巴做出这些冒险的举动。

肯尼迪的这些败笔突出了总统的个人观点和判断力之间的差别。他的一个政治美德在于，原则上他是一个热切的杜鲁门式冷战分子。他憎恨极权主义，讨厌苏联，在参议院时支持过乔·麦卡锡。（他的弟弟罗伯特·肯尼迪为麦卡锡的参议院委员会工作过，有关肯尼迪家族的史料通常都抹去这件事。）肯尼迪完全不认同西方的自我怀疑，也不认同共产主义和自由世界之间"道德对等"的观点；后一种理论的出现只比前者晚了几年，是自由派的代表性观点。他几乎是最后一个试图增强美国防御能力的现代民主党人，而反共是他急剧增加国防开支的主要原因。今天，肯尼迪将被算进乔·利伯曼等保守民主党人之列。（在这点上，他又一次和他极左的弟弟泰德形成了鲜明的对比。）但正如我们所看到的，强硬的口气大概是他的最佳表现了，他在外交中实际上是软弱无能、摇摆不定的。软弱致使他做出了最不负责任的外交决策——根据在个人臆想与学术推断基础上形成的一个毫无条理的战略，随即便将美国拉进了越南战争。

肯尼迪敏锐地觉察到自己的软弱使美国因强大而享有的声誉遭到了质疑，他对沃尔特·克朗凯特说，美国必须恢复它的可信度和强硬态度，越南正是做这件事的地方。对越南的干涉从一开始就有问题，这以他所做的一个冲动而具灾难性的决定而开始。肯尼迪批准了一次针对南越领导人吴庭艳的政变；吴是一个有才干的人，仅有的罪过是一项不可接受的人权记录和一点点腐败，第二点完全是当时亚洲各政府的典型特征。北越共产主义者对吴庭艳被谋杀感到欣喜，他们无法相信自己竟这么走运，美国和他们串通起来铲除了他们最可怕的南越政敌。参谋长联席会议把谋杀吴庭艳称为"亚洲猪湾事件"，时任副总统的约翰逊也很鄙视地称此事为"在西贡扮牛仔和印第安人"。自此以后，越南战事每况愈下，尽管肯尼迪不会活到目睹其亲手之作在美国可耻的败笔中倒塌。

供给学派学者

> **约翰·F. 肯尼迪——冷战鹰派，减税英雄**
> "无疑，有一些人，他们因寄希望于冷战结束而宁愿推迟减税，他们认为冷战的结束同样能使政府减少一笔数目相当的开支——但这个目标遥不可及，等待的代价太大，而且是自欺欺人的。"
>
> ——约翰·F. 肯尼迪总统，1963 年国情咨文

与肯尼迪"自由主义英雄"的身后名相悖的一点是，很多自由主义者在他作为候选人和担任总统期间都不信任他，他不得不竭尽全力消解自由主义者对他的怀疑，主要是通过让自由派人士担任引人注目的职位并不断奉承他们。一般情况下，这对自由派知识分子很管用。肯尼迪在民权问题上尤其谨慎，常

常为民权运动可能对他造成不利的政治影响而发愁。虽然在国会工作时,他在对经济问题的投票中大多遵循了民主党的主要路线——亲工会和支持较高的最低工资——但他不支持再分配或贸易保护主义。相反,肯尼迪拥护经济的增长,相信"水涨船高"。艾森豪威尔执政期间,经济以每年约2.5%的速度平稳增长,略低于超过3%的长期平均增长率,一共有三次短暂、轻微的衰退。肯尼迪认为这样的增速太慢,他主张美国要在20世纪60年代实现5%的增长率。不同于富兰克林·罗斯福或今天的奥巴马,他没有采取凯恩斯式的政府开支方案,而是提议大幅度削减所得税率。他上任时的所得税率高达91%。在哈佛(这可能让他占了很大优势)时,肯尼迪在经济学这门课上得了个C,他了解削减所得税会产生怎样的结果,也就是后来所谓的供给效应。正如他在1961年的一次重要演讲中所解释的:

> 我们真正的选择,不是决定减税或者避免庞大的联邦赤字。有一点越来越清楚,即无论哪个党执政,只要国家安全需要加强,被高税率束缚的经济永远都无法产出足够的收入来平衡预算,就像它永远无法创造足够的工作岗位或利润一样。无疑,过去十年带来的教训是,预算赤字不是狂热的挥霍者造成的,而是由迟缓的经济增长和周期性衰退引起的,任何新的衰退都会打破以往所有的赤字纪录。
>
> 总之,这是一个矛盾的事实:今天的税率相当高,税收收入却很少,从长远来看,增加税收最万无一失的办法就是现在降低税率……现在减税不是为了引起预算赤字,而是要让经济扩大和更加繁荣,产生预算盈余。(着重号后加)

当时最重要的一位自由派人士，约翰·肯尼斯·加尔布雷斯，嘲笑肯尼迪提倡减税的演讲，称之为"自麦金利以来最具共和精神的演讲"。他警告说："一旦我们开始用减税来促进经济发展，它迟早会变成一项难以控制的、受保守派欢迎的措施。"他说对了；20年后，罗纳德·里根、杰克·肯普及其他"供给学派学者"都提到了肯尼迪在减税方面树立的榜样，这令自由主义者大失所望，为之震怒。

减税措施直到1964年肯尼迪去世不久后才被通过，但这些措施像肯尼迪所预测的那样产生了作用。减税之后，国内生产总值（GDP）的年增长速度加快到超过5%——比3.4%的战后长期增长率高出一个百分点不止。减税后的头两年，资本支出增长了1/3，个人储蓄率上涨了50%——储蓄额已超过减税所释放出来的现金额；这表明与消费相比，储蓄、投资的回报增长了，人们对此的确作出了快速反应。生产率增长了近一个百分点，符合后来的供给理论能预测到的结果。尽管边际所得税最高税率从91%降到了70%，但来自年收入大于5万美元（这笔收入在今天大约相当于35万美元）的纳税人的税收在1963~1965年增长了近40%——证实了供给思想的一个重要原则，反驳了反减税论的主要论点。消费的增长则比预期慢一些。经济学家劳伦斯·林赛预计，减税对20世纪60年代经济增长速度上升的贡献率为75%，而凯恩斯式需求增长在经济增长中的贡献只有25%。他总结说："1964年的减税措施是当时经济扩张持续时间刷新历史记录的一大主要原因，这次扩张持续到了1970年。"

肯尼迪也是自由贸易的热心支持者，这使他有别于今天的自由主义者，他们大多支持保护主义，抵制自由贸易。他降低了大量产品的关税,还发起了旨在减少全球贸易壁垒的新一轮国际贸易会谈。

> **小偷家族?**
>
> 富兰克林·罗斯福总统任命百万富商约瑟夫·P. 肯尼迪(约翰·F. 肯尼迪的父亲)为新成立的证券交易委员会首任主席,民主党许多重要人物以肯尼迪见不得人的商业背景为由提出反对,罗斯福回答说:"让贼来捉贼。"

但肯尼迪在经济方面的表现也因其野蛮行为和对权力的滥用而大打折扣。对这种野蛮和滥用权力之举,英国首相哈罗德·麦克米伦评论说,看肯尼迪家族活动"就像看波吉亚兄弟[1]接管一个体面的意大利北部城镇"。肯尼迪本人曾说:"我父亲总对我说,商人都是狗娘养的",这很奇怪,因为他的父亲约瑟夫·P. 肯尼迪是20世纪二三十年代美国的商界大腕之一,肯尼迪家族也是在那个时候暴富的。肯尼迪总统经常滥用职权,骚扰抵制或批评其经济政策的商人和企业。当钢铁行业的提价超出了他的期望,他就用联邦调查局(FBI)和国税局(IRS)去骚扰钢铁公司主管,直到他们撤销提价。这些干预行为暴露了他对自由市场和有限的行政权都不尊重。

政治遗产

可怕的暗杀成就了这个年轻的英雄,他还没有实现自己的豪

---

[1] 译注:波吉亚家族是文艺复兴时期在欧洲影响较大的西班牙裔意大利贵族家庭,其腐败、放荡的恶名也流传至今。

迈承诺就成为了一个悲剧神话。我们对他的看法从现在到将来会一直被暗杀事件笼罩，这层浪漫的雾霭围绕着我们对肯尼迪的记忆，它与政治偏向的结合产生了一些可怕的结果。左派人士越来越偏执，对于肯尼迪遇刺，他们认同一些毫无根据的阴谋论（想想"碧草丘"[1]一说），而新闻媒体竭力把暗杀归咎于保守派，称其制造了一种"仇恨气候"。就此而言，无论左派还是媒体——或者华盛顿当权派——都不想直面一个令人不快的事实，即一个有献身精神的共产主义者杀死了肯尼迪。

关于暗杀事件的后果，政治学家詹姆斯·皮埃尔森写了一本富有洞见的书——《卡米洛和文化革命》。他提出，评判肯尼迪在任期间的作为与评判其对美国政治的总体影响同样重要。"一位受民众爱戴的总统被一个共产主义者暗杀，这本该令人们对一切和左翼教条相关的东西产生厌恶，"皮埃尔森写道，"但事实几乎与此相反，暗杀事件过后，左翼思想和革命领袖——尤以马克思、列宁、毛泽东和卡斯特罗为先——在美国风靡一时，前所未有。"他令人信服地指出，致使自由主义从根本上遭受了一次精神崩溃的，是美国主流当权派和自由派知识分子对肯尼迪遇刺事件作出的反应。

肯尼迪死在一个共产主义者手上，这本该传达的直接明了的意思是："肯尼迪总统是一名冷战受害者。"但每个人却有种种理由把注意力从这一点上移开。对林登·约翰逊而言，如果证明李·哈维·奥斯瓦尔德与卡斯特罗或克格勃[2]有牵连（皮

---

[1] 译注：肯尼迪的遇刺地点是达拉斯市迪利广场西侧的榆树街，那里有块碧草丘（Grassy Knoll），有一种说法认为，遇刺事件发生时，有一枪为碧草丘处的枪手所射。

[2] 译注：克格勃是苏联国家安全委员会，1954~1991年期间苏联的情报机构。

埃尔森暗示和后者有关的几率很小），那就会对外交政策产生可怕的影响。而自由主义者出于各种别的原因，也不想细究这个事实——其中一个理由是他们将不得不放弃对右翼极端分子用某种办法制造暗杀事件所抱的幻想。在肯尼迪中枪后最初几个小时，我们还不了解奥斯瓦尔德的共产主义背景，媒体则匆忙得出结论，认定暗杀必定是右翼极端分子所为。事件发生的第二天，詹姆斯·赖斯顿在《纽约时报》上撰文称，暗杀是"美国人性格中的暴力特性"所致，"从开始执政到结束，（肯尼迪）一直在努力压制右翼极端分子的暴力"。

这个"模因"[1]——今天我们会这样叫——扎根如此之快，以至于无法被人动摇，即便在奥斯瓦尔德令人讨厌的背景被揭开后也一样。事实上，五年之后，在罗伯特·肯尼迪被一个声称对美国有深仇大恨的阿拉伯激进分子谋杀后，美国人将再次意识到他们对政治暴力的共同责任。皮埃尔森的分析表明，自由派的负疚心理起源于肯尼迪遇刺："一旦认同了肯尼迪是民族文化受害者这个说法，很多人发现，要把这个隐喻扩大到美国人生活的其他方面非常容易，无论是种族问题、贫困问题，还是妇女待遇问题以及与共产主义的斗争问题。"

除了给美国社会灌输集体负疚感，肯尼迪遇刺还从其他几个方面令美国自由主义者迷失了方向。"在一个马克思主义者暗杀了一个美国总统之后，"皮埃尔森写道，"极右势力对进步和民主秩序构成主要威胁的说法，就很难服众了。"暗杀事件"似

---

[1] 译注："meme"一词又音译为米姆、弥因等，最早由英国的理查德·道金斯在《自私的基因》中提出，表示人类社会文化进化的基本单位，包含宗教、习俗等广泛因素。

乎要求左派进行某种理论重建",但恰恰相反,左派失去了理智。

158 宪政遗产

肯尼迪只对最高法院任命过两位大法官。第一位是前工会律师阿瑟·戈德堡,他在最高法院只干了4年就卸任,转而成为美国驻联合国大使。在他短暂的任期内,戈德堡的表决始终和自由派保持一致。

肯尼迪任命的第二位大法官拜伦·怀特更有意思,他因一段运动员生涯而有"飞人"的绰号。怀特曾是大学里的足球明星,为国家橄榄球联盟(NFL)的匹兹堡钢人队和底特律雄狮队效力。第二次世界大战期间他服役于海军,这段时间是他为不同球队打球的间隔期。他在最高法院工作了30年,常被媒体描述为一个"实用主义者"——这意味着自由人士不能指望他投赞成票。实际上,怀特是20世纪总统任命的大法官中唯一一个在法院任职期间转向右派的民主党人。他的表决总体上维护民权法,但他反对种族配额,在"米兰达案"裁决意见中也持反对态度,还赞成死刑。最重要的是,在声名狼藉的"罗伊诉韦德案"裁决意见中,他是两位投反对票的法官之一。该案判定"按要求堕胎"为合法行为。1986年,在为"鲍尔斯诉哈德威克案"撰写的多数意见中,怀特维护了佐治亚州法律对鸡奸为非法行为的规定,这让自由主义者对他更失望了。他在意见书中就宪法是否创造了"同性恋者可以鸡奸的根本权利"发问,并得出了"不"的结论:"声称参与这种行为的权利'深深植根于这个国家的历史和传统'或'隐含在有序自由的概念中',

顶多是个玩笑。"

约翰·F. 肯尼迪大概没有认真考虑过戈德堡或怀特的司法理念，但他选任怀特为大法官，这个偶然的举动正好从一定程度上减少了他对行政权的滥用，使他在宪法这项考核中的成绩提高到了 C-。

第十一章
林登·贝恩斯·约翰逊

（任期：1963~1969）

"我们不仅有机会迈向富强的社会，
也有机会上升至伟大的社会。"
——林登·贝恩斯·约翰逊

约翰逊总统的合宪等级： F

159 　　林登·约翰逊是美国政治史上一位自相矛盾的人物，他成功地为我们阐明了立法技巧和行政技巧之间的本质差异。他是参议院一个掌控全局的政客，20世纪50年代一跃成为多数党领袖，并在肯尼迪遇害后继任总统。但上任之后，他的政治技巧似乎不再奏效。丹尼尔·帕特里克·莫伊尼汉指出，约翰逊是"第一位成年后一直生活在华盛顿（美利坚共和国的政治中心）的总统"。

1963年11月,约翰逊在空军一号的机舱内宣誓继任美国总统

你知道吗？

约翰逊在 1948 年参议院那场势均力敌的选举中通过舞弊胜出，因而赢得了"一边倒林登"的绰号。

约翰逊通过外交途径向胡志明再三保证，美国并未打算摧毁或占领北越。

在约翰逊推行"伟大的社会"、"向贫穷开战"的政纲期间，犯罪率**每年上升 20%**。

约翰逊不仅性格虚伪造作，而且很会投机取巧。他是自安德鲁·杰克逊以来美国政界最粗鲁的人，几乎所有对他的描述都会采用"粗俗"一词形容他粗鲁的举止和肮脏的言语。在白宫草坪上，约翰逊当着记者的面揪住爱犬的耳朵把它拎起来，这激怒了全国各地的宠物爱好者；他还掀起自己的衬衣，向大家展示肚子上的一个外科手术伤疤，这同样令人反感。喜剧演员迪克·格雷戈里调侃道："幸亏他动的不是痔疮手术。"

告诉我们你对他的真实感受

"如果鞋后跟上印有说明，他就不会尿在靴子外面。"

这是众所周知的约翰逊式语言，不过还算是个温和（实际上适合刊登）的例子。

在约翰逊的权威传记作家罗伯特·卡洛笔下，他渴望权力、冷酷无情、固执己见、虚伪狡诈、贪心不足甚至"道德败坏"。在参议院任职期间，他当众小便、斥责并贬低下属、恣意使用带有种族色彩的称谓、屡次在竞选中舞弊，还募集了数额惊人的捐款现金。至于最后有多少竞选捐款落入约翰逊的口

总统记：从威尔逊到奥巴马

袋,我们无从猜测,但正是他在华盛顿的内幕交易使他最终在退出政坛时成为百万富翁。另一位自由派记者罗伯特·谢里尔这样描述约翰逊:卑鄙狡诈、争强好胜、小气骄纵。约翰逊妄图牺牲纳税人的利益来实现个人野心,这种做法现在已经对国家造成了威胁。美国今天所面临的财政深渊可以直接追溯到约翰逊提出的计划,特别是国家老年人医疗保险制度和医疗补助计划。

约翰逊对政绩有着贪婪的欲望,对荣誉和称赞有着不可抑制的渴求。他声称自己的一位祖先曾在阿拉莫[1]英勇奋战——这种说法明显是假的——并夸大自己在第二次世界大战中的经历。政治记者西奥多·怀特写道:"约翰逊对权力的追求,就像鲑鱼溯流而上产卵一样,是一种原始的本能。"

约翰逊精通劝服、施压和讨价还价等政治权术。巴里·戈德华特描述了两种传奇性的"待遇"方式:一种是"半约翰逊式",一只胳膊环绕你的肩膀;另一种是"全约翰逊式",正对着你只有几英寸的距离,两只手都放在你肩膀上。他几乎总是能得逞。亚拉巴马州州长乔治·华莱士被召去白宫参加一次民权交锋(当时他是南方种族隔离维护者的后方领袖),与约翰逊单独会谈后,他说:"如果我没有及时离开,他一定有办法让我在出来的时候公开表态,**支持**民权运动。"尽管执政有力、仕途顺畅,约翰逊仍觉得自己不受爱戴。

---

[1] 译注:美国德克萨斯州圣安东尼奥市内的一所教堂。1836年,美国和墨西哥争夺德克萨斯控制权期间,180名美国志愿兵同4000名墨西哥士兵在此展开了一场阿拉莫教堂保卫战,美国志愿兵最终全部阵亡。

约翰逊的领导才能

"当你遇事不顺时,把一个秘书或工作人员叫进来痛骂一顿,你就能睡个好觉,他们也会觉得自己受到了关注。"

——林登·贝恩斯·约翰逊

约翰逊心中似乎没有任何政治原则。他曾说:"到处宣扬原则性的东西,不是一个政客的职责。"他还说宪法是一系列的妥协,但他似乎并未顾及或意识到这些妥协背后的原则。在国会生涯的大部分时间里,他都是一个典型的南方保守派民主党人。1948年,担任众议员的约翰逊批评了民权立法倡议,其言辞使巴里·戈德华特相形见绌,他说:"这项你们听闻已久的民权计划是一场闹剧和骗局,是为了在自由的幌子下建立一个极权国家,我反对这项计划。"约翰逊在1957年和1960年两度致信选民:"我坚决反对强制性的种族融合,我深信州权的教义应得到维护。"作为参议院多数党领袖,他设法阻挠艾森豪威尔总统向国会提交的民权立法。

20世纪50年代后期,约翰逊有了竞选总统的野心,直到这时他才开始变得更加开明。实际上,他在肯尼迪遇刺后第二天曾说:"说实话,在我看来肯尼迪有点太保守了。"但即便在成为副总统,随后又担任总统并极力向左翼倾斜后,他仍然讨厌东部自由派权势集团。他曾说:"《纽约时报》的一些人生来就带有偏见。"1968年,听闻暴徒威胁要烧毁华盛顿精英荟萃的乔治城时,他兴高采烈地说:"这一天我等了35年了。"这种轻蔑是相互的,自由派对约翰逊也从未有多少尊重。小威廉·F.巴克利评论说:"如果美国的自由主义者在1960年被告知,1964年大选将在林登·约翰逊和巴里·戈德华特之间展开角逐,他们很可能会大步走向海边,溺死自己。"

对约翰逊性格的简短总结
"和约翰逊在一起,你永远不知道他是想偷走你的心还是你的钱包。"

——民权领袖罗伊·威尔金斯

然而,约翰逊制定的自由主义法律比其他任何民主党总统都多,包括富兰克林·德兰诺·罗斯福。他想在社会立法方面比罗斯福做得更好。参议院多数党领袖迈克·曼斯菲尔德声称:"约翰逊已经超越了罗斯福,这是毫无疑问的;他所完成的比罗斯福做过或想做的都多。"从那时起,自由主义者就把约翰逊看作他们伟大的无名英雄之一,而令人憎恶的越南战争是他政治生涯的唯一污点。因此,尽管传记作家罗伯特·卡洛尖刻地描绘了约翰逊的性格和行为,但是也原谅了这一切:"他将超越除林肯之外的所有人,成为把人道同情法典化、把仁慈和正义写入统治美国法律的总统。"

"伟大的社会""向贫穷开战":国内政策的失败

约翰逊成为"新罗斯福"的主要手段是其"伟大的社会"和"向贫穷开战"的政治纲领。"伟大的社会"之路上第一座重要的里程碑是《1964年民权法案》的通过。尽管在国会中实际支持该法案的共和党人比例远大于民主党人(这一事实共和党人似乎遗忘而民主党人想要否认),仍有部分共和党人如总统候选人巴里·戈德华特,反对民权法案,他们认为这会导致定额雇佣。约翰逊和民主党其他领导人隐瞒该法案的后果，否认它会导致定额制。但不到一年，约翰逊政府就开始推行现代"平权行动"[1]制度，这明显是一种变相的种族配额制度。在霍华德大学的一次著名演讲中，约翰逊也承认了这一点，他驳斥了机会均等，并公开要求实行能带来平等结果的政策。

接任肯尼迪后不久，约翰逊就在他的几次演讲中宣布了"伟大的社会"和"向贫穷开战"的政纲。"向贫穷开战"的口号显示出他好高骛远的政治眼光。肯尼迪的内阁成员小心翼翼地把上一年新兴的反贫困行动描绘成一次对贫穷的"攻击"，他们想从小事做起，搞清怎样才能奏效。约翰逊对这种渐进式方法毫无耐心。"我确信我们不能从小事做起，"他在回忆录中写道，"我们的做法要大手笔和大胆，对整个国家产生实质性影响……我不想把一堆现成的方法糅在一起，我要的是独创的、鼓舞人心的点子。"

48年后，是否该撤军

"本届政府，今天，此时此刻，无条件向美国的贫穷宣战。"
——林登·贝恩斯·约翰逊 1964年1月8日　国情咨文讲话

新闻记者尼古拉斯·莱曼写道："所有在世的主要领导人今天都一致认为，肯尼迪本不应该公开向贫穷宣战。"几个留在约翰逊政府供职的肯尼迪内阁成员痛恨这个字眼。大卫·哈克特后来说道："我绝对不会向罗伯特·肯尼迪或总统建议，你应该站起来向所有人宣布我们要解决贫困问题。"圣母大学校长西奥

---

〔1〕译注：在就业或教育中对妇女、黑人、少数族裔成员等受歧视的社会人群提供均等机会的计划。

多·海斯伯格神父对约翰逊说:"这的确是个可怕的口号。"但约翰逊及其核心集团认为,任何稍显谦逊的字眼都不足以表现他们政策的野心。这势必是一场全面的战争。社会科学家竞相开始推行各种听起来野心勃勃的计划,比如示范城市、社区行动计划和开端计划。其中一位反贫斗士萨金特·施莱弗公开宣称,美国将在十年内消除所有贫困。

相反,社会工程师看到的只是一波城市暴动、穷人家庭加速破裂以及犯罪率飙升。具有讽刺意味的是,约翰逊及其身边的天才社会科学家都认为"伟大的社会"和"向贫穷开战"是**保守**的。约翰逊本人曾说,反贫困计划"不该发放失业救济金",重点不在于简单地给人民发钱或让他们参加就业项目,而是"赋权"。因此,著名的"社区组织者"索尔·阿林斯基利用约翰逊政府的拨款项目来为自己的政治活动买单。约翰逊对福利主义矛盾的厌恶态度在一次事件中浮出水面。当时他要求把"非婚生子女"的经费从预算中拿掉,后来却发现这项费用仍在预算草案上。于是,他对预算副主任埃尔默·斯塔茨怒言相向,其言语和戈德华特竞选时的用词如出一辙:"我跟你说了要把这该死的东西去掉……他们只想待着不动,生孩子,不去工作,我们不得不养着他们……我告诉过你,我们不想照顾这些非法出生的孩子,我们想让他们出去工作……我不想拿着纳税人的钱,把它花在只会生孩子的人身上。"事实上约翰逊政府的作为比单纯给穷人发钱更糟。约翰逊为追求"伟大的社会"所推行的政策对社会资本造成了实质性破坏,在20世纪60年代,这种资本能使美国一些最贫穷地区的社区和家庭维持生活。

谁赢了?

罗纳德·里根嘲讽道:"我们向贫穷宣战,却败给了贫穷。"

对于其社会政策的一连串失败,自由派的总体反应,尤其是约翰逊本人,就是完全否认。他们对这些政策实际影响的否认在犯罪领域表现得最为明显。重案发生率自1950年稳定后,从1964年起每年增长约20%。约翰逊有一位激进的司法部长,名叫拉姆齐·克拉克。此人后来名声大噪,世界各地爆发的一切反美活动的他都予以支持。在犯罪率问题上他曾竭力否认,在1967年他说道:"犯罪率是上升了一点,但全国范围内未出现大规模犯罪行为。"一个记者问克拉克,统计数字显示犯罪率每年上升20%,这该如何解释?克拉克回答说:"统计数据给我们帮了个倒忙。"公众对犯罪率不断上升的事实已经了然于胸,克拉克的顽固否认将被证明是对自由主义的重创——从长远来看,也许是自由派最难以弥补的错误。

好书推荐

Losing Ground: *American Social Policy* 1950 ~ 1980 by Charles Murray(Basic,1984)
虽然不是单纯描写约翰逊的著作,但却是对约翰逊政府全面推行的"伟大的社会"福利制度的最好批判。

约翰逊任命了一个特别委员会来调查犯罪率激增的原因并制定解决对策。委员会在1967年2月的报告中表示,政府对减少犯罪行为无计可施。"刑事司法体系对这些根本性问题无能为力,"委员会指出,"除非整个社会协同一致采取行动来改变与犯罪有关的一般情况和看法,否则执法和司法的任何改进、本委员会专门被委以调查的主题,都不会产生很大作用。"他们的对策属于"以毒攻毒"型,要求增加约翰逊已经实施的非常政策。委员会的报告支持扩大"伟大的社会"政纲:"对抗贫困、住房不足和失业,就是对抗犯罪;民权法是一部抵制犯罪的法律;给学校拨款是为了和犯罪作斗争;医疗、精神病治疗和家庭咨询服务也是为了和犯罪作斗争。"在其他一些进步措施中,委员会同意给犯人准假期,使他们白天能在社区工作。委员会唯一不同意、也是民众最强烈要求的措施,是为警方保护和开设更多监狱进行拨款。相反,委员会同意对犯人宽大处理:"最重要的是,委员会的调查使我们确信,从社会保护和犯人自身的福利来说,让他们经历从逮捕、控告、判决到拘留的整套司法程序完全超出了必要。"第二年的另一份报告指出,美国发生动荡是因为联邦政府没有在社会项目上投入足够的资金。

越南战争:对外政策的失败

约翰逊扩大越南战争所带来的灾难,与其国内政策造成的破坏不相上下。越战的升级始于 1964 年对公众的一次欺骗。约翰逊继续以大量自欺欺人的做法指挥战争,因为他相信自己善于掩饰——这也同样导致了"向贫穷开战"的失败。

在 1964 年总统竞选中,约翰逊向选民保证美国"不会扩大战争":"我们不会让美国的孩子背井离乡,像亚洲的孩子们那样为了自己浴血奋战。"但他也暗自下定决心:"我不会丢弃越南,也不会在我任期内坐视东南亚步中国的后尘。"

好书推荐

Lyndon Johnson's War: The Road to Stalemate in Vietnam by Larry Berman (W. W. Norton & Co., 1989).

约翰逊决定采取一次掩人耳目的小规模战斗，让美国海军在 1964 年夏天驶入北越附近的北部湾[1]，以获取国会授权，采取更多军事行动。但这并不意味着开战以击败敌人。约翰逊和国防部长罗伯特·麦克纳马拉手下的"精明小子"都把这次对越南的行动看作一个关于"行为矫正"的社会科学项目，而非一场战争。越南将成为新的"灵活反应"[2]理论的试验场。轰炸及其他军事行动的目的不是为了获取一般历史意义上的胜利，而是为了与北越人民"沟通"，以实现协商解决。回顾过去，相比间歇性轰炸袭击以及没有制胜策略地缓慢集结地面部队，外交电报和信函似乎是更好的协商手段。

约翰逊强调，美国希望向北越"传达"：我们的目的清楚明确，我们的回应将是"有限"的。北部湾事件后，"有限"一词在约翰逊向国会领导人发表的公开声明草案中出现过三次。参议院共和党领袖埃弗雷特·德克森批评了这种拘谨的言辞：

---

[1] 北部湾一名，是中共中央宣传部 1955 年 6 月 12 日发文更定，此前名为"东京湾"，缘起于 1886 年（清朝光绪二十年）中法战争后，战胜国清朝政府的屈辱退让，法国转败为胜，越南从中国保护国变为法国殖民地，越南北圻首府河内被定为"东京"，随即把与中国接壤的海域命名为"东京湾"。

[2] 译注：是美国肯尼迪和约翰逊两届政府（1961～1968）推行的一种准备打各种类型的战争、灵活使用军事力量的全球性军事战略。1959 年，美国陆军参谋长 M. D. 泰勒在《不定的号角》一书中，首次提出"灵活反应战略"的思想，在任肯尼迪总统军事顾问期间，曾积极推行灵活反应战略，把越南南方作为"特种战争"的试验场。

"如果我不得不发表声明,我绝对不会用'有限'这个词。"这引起了与会的其他立法者的共鸣。约翰逊否认了他们的指责,说道:"我们不会让北越俯首认输,但也不会毁了他们的城市。"(着重号后加)

实际上,约翰逊的一系列声明和行动消除了北越人民的疑虑,使他们不必担心自己的国家会毁在强大的美国手里。约翰逊及其平民战争策划者正中了北越下怀,这一事实他们在三年后才开始看清。在断断续续、毫无成效的"滚雷"轰炸行动初期,麦克纳马拉告诉参谋长联席会议,限制轰炸行动旨在确保北越人民没有接收到"错误的信号,认为我们要发动进攻"。为了确保北越和中国都没有误解美国军方想传达的"信号",美国派出加拿大外交官布莱尔·希伯恩担任调停人,使北越相信"美国并无侵犯北越领土的意图,也无摧毁越南民主共和国的意愿"。约翰逊还派美国驻波兰大使致信中国驻波兰使节,表明美国无意于破坏北越。他的助手约翰·P. 洛希回忆道:"政府内部不少高官政要都确信,当美国的喷气式飞机第一次飞过河内时,胡(志明)就会举白旗投降。"

伟大的英国指挥官威灵顿公爵写道:"一个伟大的国家可以没有小战争这种东西。"越南战事举步维艰是因为把战争、政治这种严肃的事情和危机处理演习混为一谈。把战争变成一个分析性抽象概念,违背了克劳塞维茨[1]反对"把战争误认为,或者试图把它变为某种与其本质不相容的东西"这条基本公理。

北越领导人并未按照"精灵小子"的博弈论行动,他们完

---

[1] 译注:卡尔·菲利普·戈特弗里德·冯·克劳塞维茨(1780~1831),德国军事理论家和军事历史学家,普鲁士军队少将。著有《战争论》一书。

全打算用对付法国的那套策略来对付美国：把战火升级到美国在政治上无法维持的程度。1962年，北越总理范文同对记者伯纳德·福尔预言："美国人不喜欢没有结果的长期战争，而这场战争将会如此。"

像约翰逊这样一个精明的政客，为什么多年来一直会对他最坚定的政敌——北越的胡志明的性情判断失误呢？约翰逊确信，在美国充分的"渐进压力"下，北越很快会全面溃败。早些时候，约翰逊就用他典型的粗俗语言表达了对这个考虑欠周的战略的信心："胡志明的命根子已经在我手里了。"洛希多年后写道，他无法让约翰逊明白胡志明是一个虔诚的列宁主义者，志在获取对南越的全面胜利并击败美国。洛希回忆道，"约翰逊不停地问'胡志明想要什么？'，就好像胡是芝加哥的一个市长，为了五所新邮局而不肯妥协。"能提出这种问题的人，只会认为政治不过是无政府主义的一系列交易，毫无原则性可言。

一个著名外交官的非外交辞令回答

"为什么大家都不喜欢我？"沮丧的约翰逊问迪安·艾奇逊。艾奇逊回答："因为你的确不怎么讨人喜欢。"

约翰逊不仅没能用"渐进压力"的阴谋威胁住胡志明，也没能为其越南政策提供充分的公开辩护或支撑。他从未就这场战争的目的发表过任何正式的公开演讲，直到1967年9月——但为时已晚。到1968年，约翰逊对这场从一开始他就未曾了解的战争失去了信心。这年冬天，已经有超过50万名美国士兵驻扎在越南，尽管他们在对越共游击队和北越正规军的战斗中总是占优势，但他们缺乏制胜策略，总是把主动权留给共产党。

在 1968 年 1 月的春节攻势[1]中，后者巧妙地利用了这一优势。虽然共产党的进攻从军事角度来说是彻底失败的，但在美国看来，这是北越在政治上的一次胜利，约翰逊遭到了国内自由派媒体和激进的左派反战运动的猛烈抨击。由于面临民主党对手罗伯特·F. 肯尼迪和尤金·麦卡锡的挑战以及初选的失败，约翰逊在 1968 年 3 月退出连任竞选。

暴动下的牺牲品？

"在某种意义上，他是美国第一位被民众推翻的总统，无论这是一群大学教授、百万富翁、佩花嬉皮士[2]还是拉德克利夫[3]女孩。"

——丹尼尔·帕特里克·莫伊尼汉

约翰逊在越南推行不取胜战略的决定，代价沉重，留下了苦涩的后果。到尼克松继任时，赢得这场战争已经没有了现实的可能性——虽然尼克松的确一度比约翰逊做得好。约翰逊给美国留下了"越南综合症"，美国对自身在世界上影响力的有效性和正当性产生了怀疑，这种氛围延续至今。每次美国军队参与国际事务，不管是在波斯尼亚、阿富汗、伊拉克还是索马里，左派的本能反应都是把它描绘成"另一个越南"；这主要是因为左派确实希望美国再次失败。有时候，这种比较是合理的，比如在 1993 年的索马里事件中，美国的平民战略家就重犯了约翰

---

[1] 译注：1968 年 1 月越南民主共和国（北越）正规军和越共游击队联手，针对越南共和国（南越）境内各军民指挥体系枢纽发动的大规模攻势。该攻势是越南战争中规模最大的地面行动，也是造成美国主动从越南撤军的关键事件。
[2] 译注：主张"爱情、和平与美好"的佩花嬉皮士，以花朵象征其主张。
[3] 译注：英国女小说家（1764~1823），其以所写哥特派小说著称。

逊的很多错误。

司法史上的低谷

约翰逊曾向最高法院提起两项任命,第一项是阿贝·福塔斯。福塔斯是一位老派的新政自由主义者,曾在20世纪50年代保护共产主义者避开约瑟夫·麦卡锡的调查。所以,当福塔斯在1965年上任后加入最高法院自由派时,人们一点也不吃惊。他把宪法的平等保护条款和法定诉讼程序条款看作一项广义上的权力法令,以便法院寻求"社会公正"。1968年首席大法官厄尔·沃伦宣布有意卸任时,约翰逊试图让福塔斯继任,但事情发生了惊人转变:据透露,福塔斯曾收受前客户和其他外部团体的不正当钱财;由此颜面尽失,被迫辞职。

真糟糕,奥巴马不会这样和欧洲人交谈

1966年,法国退出北约并要求美国从法国领土撤军。约翰逊指示国务卿迪安·腊斯克去询问法国总统戴高乐,6万名埋葬在诺曼底的美国士兵遗体是否也需要一并移走带回。

也许约翰逊在国内政策上是一个失败的自由主义者,在越南战事中是一个糟糕的战略家,但最起码他没有四处奔走替美国道歉。

约翰逊的第二项任命是瑟古德·马歇尔,他是第一位在最高法院任职的黑人。马歇尔是全国有色人种协进会的首席律师,曾在最高法院为一系列重要的民权案件辩护,其中最著名的是"布朗诉教育局案",该案使公立学校在1954年结束了种族隔

离。马歇尔一上任就成了史上最反对宪法的法官之一，他有效地推翻了自己曾在最高法院做出的宪法解释应"不区分肤色"的论断，转而为带有种族色彩的配额制辩护。尽管死刑在宪法中得到了明确认可，他却反对死刑，并在所有死刑案件中都持异议。但最糟糕的事发生在 1987 年，马歇尔宣布他将不会为宪法的两百周年纪念而庆祝，因为他认为建国者是认可奴隶制的种族主义者——这种愚昧的看法和弗雷德里克·道格拉斯的观点形成了对比。宪法中隐含的一些原则使道格拉斯始终认为，最初的宪法是一部反奴隶制文献。作为一个身负捍卫与解释宪法之职的人，马歇尔的态度非常怪异。

基于他糟糕的法院任命、对政府官僚和福利制度的随意扩张，以及道貌岸然地通过了一部民权法，以此扭曲了宪法中所列的平等原则，约翰逊的合宪等级是 F。

第十一章　林登·贝恩斯·约翰逊

第十二章
理查德·米尔豪斯·尼克松
（任期：1969~1974）

"如果一个人想成为领袖且不会引起争议，
这就意味着他不代表任何人的利益。"
——理查德·尼克松

尼克松总统的合宪等级： C +

173　　　　　　　理查德·尼克松给保守派提出了一个特殊难题。他因在职业生涯早期揭露共产党间谍阿尔杰·希斯而声名鹊起。但他与国内外的社会主义力量纠缠不清，煽动提出与苏联缓和关系的政策——此举削弱了美国冷战时期的外交政策，壮大了苏联的胆量——并对经济实行工资和价格控制。尼克松藐视自由派，却在很大程度上以自由派身份主政，不停地讨好自由派权势集团，即使他本能地知道，自由派永远不会尊重或接受他。

1969年1月20日，尼克松宣誓成为第37任美国总统，第一夫人帕特在一旁拿着家里的《圣经》

> **你知道吗？**
> 所谓的尼克松有一个能结束越南战争的"秘密计划"，纯属媒体的虚构。
> 臭名昭著的"圣诞节轰炸"的伤亡总数是所有对越轰炸行动中最少的，因为美国的目标是军事基地。
> 尼克松执政时期，联邦政府在社会问题上的开支超过了国防开支，这在共和国历史上还是第一次。
> 联邦法规在约翰逊时期只增加了 19%，但在尼克松时期增加了 121%。

　　他是性格最复杂多变的现代总统，极其聪明、富有远见，但又心胸狭窄、偏执多疑——后者被认为是尼克松在水门事件中自毁前程的原因之一。就功过而言，保守派似乎没有理由支持他，而且他在任期间的确受到了许多保守派领导人的公开指责。时任美国保守联盟主席 M. 斯坦顿·埃文斯曾发表著名言论："我不喜欢尼克松的两点：他的对内政策，还有对外政策。"

　　但尼克松应该得到保守派的维护，因为他受到了左派恶意、不公正的攻击，尤其是因为关于水门事件的史诗般的权威描述存在错误。从更清晰的角度看待尼克松，我们得出许多重要的教训：关于那个动荡时代扭曲的媒体和不实的文史资料，左派的低劣品质，失控的官僚体制所存在的各种根本问题，以及任何现代总统在试图极力对抗左翼并改革政府时都会面临的限制。

复杂的性格和被遗忘的大度

水门事件将永远掩盖尼克松非凡的天赋和才能,这种天赋和才能引领他走上了公共生活的顶峰。亨利·基辛格曾把他复杂的性格和多舛的命运比作一部莎士比亚的悲剧;弗雷德·格林斯坦认为他是一个陀思妥耶夫斯基式的人物。尼克松腼腆内向的性格不是一个政客应具备的最佳特质,但对各个阶层的民众来说却真实而迷人。敌友都证明了他拥有卓然的智慧,诺贝尔奖得主、经济学家米尔顿·弗里德曼曾多次与尼克松会面探讨经济和社会政策,他写道:"很少有总统像他智商这么高……他也很平易近人。"

毫无疑问,自由派对尼克松的敌意使他变得强硬,加深了他的仇恨。可能20世纪从未有总统像他这样,在执政期间受到敌人和批评者如此众多的憎恨——这些憎恨大多源于他对阿尔杰·希斯的揭发,还有1950年加利福尼亚参议院选举中,他给海伦·加黑根·道格拉斯扣上了"赤色分子"的帽子。自由主义者永远不会原谅这种恶意、卑劣的越权行为。基辛格说:"即使从美国混乱的民主标准来看,他在政敌中引起的仇恨也是非同寻常的。"政治记者西奥多·怀特提到:"《纽约书评》对他的态度,好像他根本就不属于人类似的。"尼克松回击说,对这些敌人,应该踢"他们的裆部"。历史学家保罗·约翰逊指出,"东部自由派权势集团从未真正承认过尼克松政府的合法性。从一开始,代表权势集团利益的媒体就认为,在某种形而上学的意义上,尼克松政府是一个非法政权,其违宪的真实面目最终会被揭穿。"

永恒之谜

"尼克松可能是20世纪最复杂多变的总统,他的性格至今让我困惑不已……这需要一个莎士比亚式的诗人来公平看待尼克松不同寻常、令人发狂、富有远见和非常强大的性格。"

——亨利·基辛格

在1972年对乔治·麦戈文的竞选中,尼克松以横扫49个州的压倒性优势大获全胜,这让他觉得异常悲壮,他说这是一种难以言喻的状态。尼克松的众多敌人都认为"卑鄙"是他的主要性格特征,历史已然遗忘了他的宽宏大量之举:在1960年大选中,尼克松以微弱差距败给了约翰·肯尼迪,但他没有对结果提出任何质疑。

这场暗中舞弊的选举从未遭到过严肃的怀疑。但是许多人,包括即将卸任的艾森豪威尔,都力劝尼克松对选举结果提出质疑,要求重新计算被拉票最多的伊利诺伊州和德克萨斯州的票数,按法律程序对选票的效力和结果提出异议。尼克松拒绝了,因为他知道这样一场史无前例的政治斗争会给国家造成重创。这与副总统阿尔·戈尔在2000年那场势均力敌的大选后的行为形成了鲜明对比。

四面楚歌

尼克松执政时期最重大的事实就是他是一个战时总统——可以说是自1860年林肯以来最四面楚歌的当选总统。和林肯一样,尼克松不只是要抵抗外敌:他从约翰逊手中接过了越南战争后，左派的反战运动公开希望美国在越战中战败；在肯尼迪和约翰逊时期支持战争的自由派民主党人也受到了党内激进派叛乱的威胁。因此，正如亨利·基辛格所言："自1947年以来，美国历届政府都把全民共识作为实施外交政策的基础，而新上任的尼克松政府是战后第一届不得不在没有全民共识的情况下实施外交政策的政府。"

截至1969年尼克松上台，越南战争已经成为美国历史上持续时间最长的战争，伤亡总数超过了朝鲜战争。美国的驻兵总数在1969年春达到顶峰，约为543 000人。尼克松对这个国家的困境感同身受，但又不敢公开表露。在有关尼克松的传说中老生常谈的一点是，他在1968年竞选运动中宣传过一个结束战争的"秘密计划"，但这主要是一篇通讯社报道杜撰出来的，他没说过这个词。在新罕布什尔州一次镇民大会上，"秘密计划"一词在对尼克松提出的一个问题中被使用；而在合从国际社的一篇报道中，该词被归于尼克松所言。这一报道后来被纠正，但为时已晚。尼克松不得不严肃处理这个问题，如果反驳这项报道，说他没有任何计划，就很难达到他的目的。相反，尼克松很通情达理地说，他不想通过自己的任何竞选声明来削弱约翰逊总统谈判结果的效力。

尼克松总结说，虽然大多数美国人会支持他，但他不能在文化和媒体集团反对的情况下放手进行战争。大量证据表明，北越熟悉并利用自由派的阻挠来拖延谈判，因为他们意识到尼克松秘密威胁要在1969年秋使战争升级，不过是虚张声势。战后多年，一位北越官员对《华尔街日报》说，

> 反战运动对我们的策略至关重要，每天上午九点我们

的领导人都会通过广播收听世界新闻,了解美国反战运动的进展。简·方达、前司法部长拉姆齐·克拉克以及一些使节对河内的访问,让我们相信在面对战局失败时一定要挺住。当看到简·方达身着一袭红色越南连衣裙出现在记者招待会时,我们欣喜万分,她说她为美国在战争中所采取的行动感到汗颜,她会和我们并肩战斗。

尼克松最终决定推行战争"越南化"的过渡政策,包括分阶段撤回美国在越驻军和训练南越进行自我防卫。该政策曾被约翰逊政府否决。1972年,尼克松发起的"圣诞节轰炸"行动激怒了左翼和媒体,但最终把美国拖出越战的泥潭,并确保美国的战俘得到释放。当北越不愿缔结和平条约时,尼克松开始强硬起来,第一次决定对它发动猛烈进攻。据他自己回忆,他对参谋长联席会议主席海军上将托马斯·穆勒说:"我不想听到任何有关我们无法击中这个目标、那个目标之类的废话。这是一次有效利用军事力量获取战争胜利的绝好机会,如果失败了,我就唯你是问。"自12月18日起,B-52型轰炸机开始在战争中投入使用,执行轰炸河内的任务。

冷战分子尼克松

"共产主义从未休止,它像往常一样,密谋、策划、行动、战斗。"

——理查德·M.尼克松

这次轰炸引发的反响极其强烈。此时,几乎已经穷尽控诉和谩骂之辞的反战者,抓住传言所称的对越南实行的是"地毯式轰炸",发起了对整场战争最极端的指控。《纽约时报》称这次轰炸是"规模空前的恐怖袭击",并指出仅前两天的破坏程度"堪比广岛原子弹爆炸造成的后果"(这显然是不准确的)。《纽约时报》专栏作家汤姆·威克说,美国对北越"发动了一场大屠杀"。《华盛顿邮报》也围绕这个主题发表言论,说这次轰炸不亚于"恐怖袭击",并称之为"在不到十天之内,一个主权国家对另一个主权国家发动的人类经历的最惨无人道、最愚蠢的战争行为"。伦敦的《每日镜报》也称这次轰炸是"疯狂残暴的行为,是恐怖政治的野蛮演习"。《卫报》称"尼克松想被历史诟病为最凶残嗜血的美国总统。"布宜诺斯艾利斯的《意见报》采用了这样的头条"美国实施了人类历史上最彻底的毁灭计划"。国会的民主党人也不甘向媒体示弱,抛出了他们的夸张言辞。参议员麦戈文称这次轰炸为"大屠杀政策……是人类历史上最残暴的轰炸"。爱荷华州参议员哈罗德·休斯说:"我认为唯一能与之相提并论的,就是对广岛和长崎所采取的野蛮行径。"

仅仅数月之后就有消息披露说,媒体对"圣诞节轰炸"的报道不但失实,而且近乎激愤失控。事实上,这次轰炸造成的人员伤亡总数比战争史上其他任何轰炸行动都少,因为美国瞄准的是军事基地。《经济学人》指出:"河内的死亡人数小于四月份在北越对安禄的炮火袭击中丧生的平民数量,也小于在五月初试图逃离广治而身中伏击的难民数量。这使得谴责尼克松是希特勒再世的声音听起来那么不可信。"《纽约时报》记者马尔科姆·布朗承认"北越在宣传中严重夸大了美国此次轰炸造成的破坏。"《巴尔的摩太阳报》的彼得·沃德也同意"现场证据驳斥了对无差别轰炸的指控"。事实证明那些宣称这次轰炸将使战争延长的评论家是错误的。但关于这次轰炸是一次可怕暴行的荒诞说法一直持续至今。

和平协定最终没能保证南越的长期自由,如果尼克松没有受到水门事件影响,他可能会执行协定,遏制共产主义北越的扩张。

愚蠢的缓和政策

尼克松无疑是反共的,但他开始"缓和"与苏联的关系,此举削弱了美国的冷战政策,壮大了苏联的胆量。他签署的军备控制条约,尤其是1972年的《反弹道导弹条约》,阻止了美国发展对抗苏联导弹袭击的防御体系,也意味着10年后罗纳德·里根不得不花费大量政治资本来改变美国的导弹防御政策(《反弹道导弹条约》于2001年被乔治·W. 布什总统废除)。同时,苏联在20世纪70年代继续大力发展军备,公然把缓和政策视为对西方进行"阶级斗争"的一种外交手段。尼克松向共产主义中国伸出橄榄枝,导致了一种老生常谈的反直觉政治论调:"只有尼克松才能去中国。"

好书推荐

Richard Nixon: A Life by Jonathan Aitken (Regnery, 1994)

缓和政策对美国全球地位造成的损害,在尼克松的继任者杰拉尔德·福特尤其是吉米·卡特执政时期变得更为严重。我们可以推测,如果尼克松幸免于水门事件,他一定会立场强硬地和苏联坚决对抗。另一方面,他在国内政策上类似的宏伟战略——试图缓和与国内自由派的关系——出于同样的原因也未

能实现。

自由的国内政策

任何梳理过尼克松内政档案的总统,都会被认为是在坚定地支持自由进步的传统。尽管约翰逊在社会福利项目上挥金如土的做法被载入了史册,但联邦开支在他任内的增长速度不及尼克松时期。在尼克松任内,社会开支首次超过了国防开支,从 1970 年(尼克松的第一次预算)的 550 亿美元猛增至 1975 年的 1320 亿美元,在联邦预算中所占比例从约翰逊卸任时的 28% 上升到 1974 年尼克松离任时的 40%。虽然尼克松也会批评并试图改革福利制度,但他仍批准了增加大量资金支持"伟大的社会"的其他计划,如示范城市计划以及住房和城市发展部,而他的高级助手也曾敦促他削减或取消部分此类计划。尼克松支持的一些代价高昂的福利政策,如扩大食品救济券供应量和自动增加社会保障受益人生活费,推动了联邦开支连续数十年的失控趋势。

联邦政府对艺术的资金投入翻了两番,受益者多为那些憎恨尼克松的文化精英。就职于尼克松经济顾问委员会的经济学家赫伯特·斯坦总结了尼克松可疑的政策记录:"过去反对扩大预算的政府使预算大大增加,过去决心对抗通货膨胀的政府最终却使通胀率居高不下。"尼克松曾问一个助手:"按选票计算的话,一项平衡预算值多少?""在一场全国大选中是 5 万张选票,就这么多。"所以尼克松在第一任期即将结束时,因"抛弃过时的保守主义"而受到《纽约时报》的赞扬也就不足为奇了。

进步人士尼克松

"自成立以来,我们应该是在国内事务上最具进步意识的政府。尼克松支持的决策令人震惊……看来尼克松政府不会因自己做出的尝试而被称赞。"

——丹尼尔·帕特里克·莫伊尼汉 尼克松总统的国内政策顾问

与联邦支出迅猛增长相对应的是联邦调控急剧增强,政府认为自己支持商业,尼克松设立了许多新的"杂烩"调控机构,它们的合宪性令人怀疑,如环境保护局、消费品安全委员会和职业安全与卫生管理局。《联邦公报》(联邦法规和条列的逐项登记表)的页数在约翰逊任内只增加了19%,而在尼克松任内增加了121%,数目惊人。在民权方面,尼克松扩大了"平权行动"的种族配额,保留了比约翰逊时期更多的配额。换言之,尼克松巩固了"伟大的社会"的行政国家,就像当年艾森豪威尔(尼克松曾担任其副总统)巩固新政一样。罗纳德·里根在运营和调控时会尽可能地抵制尼克松和约翰逊的遗留政策,如果他想在执政期间按比例缩减规制国家的规模和范围,那么尼克松设立的许多行政机构将成为最大的障碍。

"伟大的社会"自由主义的典范:尼克松

"回顾共和党多年来在预算、经济和社会上的政策,我们得出公正的结论:1968年的政治裁决是对伟大的社会'自由主义的再次肯定而非否认。"

——帕特·布坎南,尼克松白宫发言撰稿人及顾问

尼克松对稳健的国内政策最严重的背离是在经济方面。他

是第一位在和平时期实行工资和价格控制的总统，这和他当选总统之前拥护的保守原则相左。1965 年，尼克松说："我们从未吸取政府价格控制失灵的教训。"他曾在 1968 年竞选中抨击工资和价格控制，并多次表示对第二次世界大战期间实行这种控制感到失望。他反复重申："就算作为政治上的权宜之计，我也不会让这个国家走上工资和价格控制的道路。"但就在 1971 年，他推行了工资和价格控制，同时取消了金本位制。

美国经济并未因此得到改善，相反，尼克松的此类举措都背离了他曾经倡导的稳健保守的原则，引发了美国的高通货膨胀率，从而使 20 世纪 70 年代的美国经济濒临崩溃。

但尼克松在 1972 年大选中获得压倒性胜利后，又突然改变政策，在第二届任期之初决定要抑制福利制度的发展并改革华盛顿的政府机构。水门事件由此产生。

身陷水门事件

尼克松掩盖水门事件真相的罪行已经是公认的事实。在所谓的"权威描述"中，水门事件源于尼克松过分夸张的"多疑症"，即尼克松固执地认为敌人企图报复他。在"权威描述"中，水门事件是一场漫长而艰巨的斗争，一方是国会、司法部门和媒体中寻求真相的社会改革分子，另一方是试图极力掩盖丑恶肮脏的政治伎俩的白宫反派。这场斗争包括"星期六之夜大屠杀"（尼克松下令解除水门事件特别检察官阿奇博尔德·考克斯的职务并试图终止调查）；神秘失踪或遭恶意损坏的重要证据（在一盒关键的总统办公室录音带上出现了 18.5 分钟的莫名空白）；封口费（给霍华德·亨特等人的现金回报）；神秘人物

("深喉"[1]，《华盛顿邮报》记者鲍勃·伍德沃德和卡尔·伯恩斯坦的内幕来源）；以及背叛（1973年白宫顾问约翰·迪安在参议院的证词中第一次暗指尼克松在掩饰罪行）。随着尼克松在1974年8月辞职，历时两年的水门事件以美国立宪民主的胜利而告终。警惕的媒体和激奋的国会赢得了胜利，这显然表明"体制发挥了作用"。

"权威描述"对水门事件的描述具有片面的真实性。尼克松的许多行为和决定让人无法原谅，但"权威描述"遗漏了一个极其重要的背景，并隐瞒了这样一个事实：尼克松是华盛顿双重标准和政治迫害的牺牲品。正如尼克松所言，许多前总统也曾窃听和侵扰自己的政敌，比如林登·约翰逊在1964年就窃听过巴里·戈德华特的竞选活动。尼克松理应抗议自己受到了不同标准的制约，而民主党人想毁掉尼克松的真正原因，也是许多共和党人乐于掺和的原因，在于尼克松扬言要夺走他们的政治权力。

正是由于这一点，**所有**对水门事件的描述都遗漏了政治冲突的本质和深层意义。水门事件在政治冲突的背景下发生，它隐晦而深刻地改变了政府的运行模式。尽管历史侦探还在继续搜寻令人痴迷的遗漏细节，但最重要的工作还是重新认识水门事件对政府结构产生的影响。尼克松的不当行为引起了**临时性**宪法危机（说临时是因为无论如何到1977年他都会离开白宫），这一危机引起的反应才是一场**永久性**宪法危机。水门事件后，总统处于弱势地位，国会和联邦行政机构通过《战争权力法案》和《预算扣押和控制法案》篡夺了总统权力。水门事件不仅改

---

〔1〕译注：指身居要职匿名揭发政府内部非法活动的人，是报道水门事件的记者鲍勃·伍德沃德对内情提供人的隐匿称呼，借用当时一部盛演的影片名。

变了我们对政府的道德标准，也改变了宪法规定的权力均衡。它并没有显露出"体制发挥了作用"，反而使政府体制发生了重要的新扭曲，令此后上任的总统都掣肘前行。

尼克松在他的第二任期瞄准了一项大工程，即切实控制行政部门的官僚作风。"我们的行政系统毫无纪律，"在水门事件的一盘录音带中，他向约翰·埃利希曼抱怨，"我们从不解雇、从不训斥、从不降职，我们总是提拔这帮在背后捣鬼的畜生。"他开始不再把许多联邦计划称为改革"对象"，而是称为必须削减的"败笔"。在第二次就职演讲中，尼克松开诚布公地表明了自己的决心："美国已进入一个进步的新时代，这要求我们抛弃那些家长式的恩赐政策，即华盛顿洞察一切。"他在第二任期的第一份预算草案中要求削减 100 多项计划，并把总支出的增长保持在相对节俭的 8%。尼克松的打算无异于颠覆既定的政治安排，根据这些安排，民主党执政时通过激发新的进步方法来扩大政府；共和党执政时只是减缓，或者顶多拖延，但**绝不**压制政府机构、税收、联邦开支和联邦调控对人民生活的侵犯。

尼克松的保守主义转变对自由派权势集团并非没有影响。《纽约时报》怒言道，尼克松的第二次就职演讲预示着"向一个无为的联邦政府以及胡佛时代'人人为自己'的理念的倒退"。刚在 1972 年大选中为麦戈文的竞选伙伴萨金特·施莱弗写过演讲稿的迈克尔·诺瓦克写道，权势集团"认识到这是自安德鲁·杰克逊以来出现的，第一位真正威胁东部精英集团经济和象征性力量的总统"。

多年后尼克松写道，"到 1973 年，我已经认识到，国会已经变得繁冗累赘、混乱无纪、奉行孤立主义、在财政上不负责任……而且受到媒体的过多操控。"他认为，有必要"打破东部权势集团对行政部门和联邦政府的束缚"。这种打破官僚主义的计划，也要求他对抗国会。他在回忆录中写道："凭借以压倒性胜利获得的授权，我知道只有四年时间去实现自己的目标。我打算迫使国会和联邦政府在舆论的公开竞技场上，为其阻挠议事的行为和不负责任的开支做出辩解……"尼克松在日记里写道："这对东部权势集团来说将是个沉重打击，但这是唯一的方法，而且也许是最后一次，我们能在政府变得庞大之前控制住它，以免它完全凌驾于个人之上，并破坏维持美国体制的动力。"

尼克松：小政府主义保守派

"我们要时刻牢记，美国现在能成为一个伟大的国家，不是因为政府为人民所做的一切，而是因为人民为自己、为他人所做的一切。"

——理查德·M. 尼克松

尼克松宣称，他意图控制并削减民主党权力所仰赖的政府机构和规模，并将借此挑起美国历史上最激烈的一场政治斗争。他知道他已经"向国会、政府机构、媒体和华盛顿的权贵发起挑战，促使他们参加这场漫长而艰巨的战斗"。

尼克松立即着手解决开支问题，他冻结了用于住房和城市发展计划的资金，并建议把这些钱以岁入分配的形式退还给各州。尼克松否决了要拨付180亿美元用于水治理的《联邦水污染控制法案》，当这一做法遭到国会拒绝时，他宣布将行使总统的"扣留"权——拒绝支付这些款项。扣留权是总统对抗国会和行政机构最直接有效的方法，它由来已久，可以追溯到托马斯·杰斐逊时期，当时的总统曾扣留正当拨付的款项。因来自英法方面的战争威胁已经得到缓解，杰斐逊扣留了用于建造海军军舰的资金。尼克松指出，尽管他扣留的款项占 1973 年联邦总支出的 3.5%，肯尼迪 1961 年和 1962 年扣留的资金分别占了当年预算的 7.8% 和 6.2%，而约翰逊则占到了 1967 年预算的 6.7%。

尼克松表明他会充分利用好扣留权："任凭政论如何鼓吹，我坚持要解决这个问题。"到 1973 年年初，尼克松已经扣留了对 100 多个联邦计划的拨款，每个计划背后都有相应的利益团体或地方选区。他承诺，如果国会不对失控的开支加以控制，更多的款项会被扣留。国会内的两党成员也的确担心，按比例缩减开支可能会导致竞选连任的失败。政治分肥是确保他们赢得竞选连任的主要手段，拨款能力的降低会削弱帮助他们上任的利益集团的依附性。所以他们对尼克松感到愤怒，所以水门事件很快成为他们毁掉尼克松的借口，因为这位总统威胁到了华盛顿的常规交易。

当时的一些保守派人士意识到尼克松承担的一切，他们反抗并回击了左派在水门事件中对他发动的政治迫害。当时流传的一个笑话是，在水门事件*之后*开始支持尼克松的人才是真正的保守派。

尼克松的宪政遗产

1968 年大选时，尼克松提出了"法律与秩序"的政纲，他承诺会任命"能严格解释法院法令和文书的人"担任最高法院大法官；并表明美国人民能抱有期待并相信，他可以转变林登·约翰逊时期"伟大社会"所倡导的自由主义，以及沃伦法院激进的审判规程。但他的司法任命记录很混乱。

历史以及历史学家的结论

"历史会公正地看待我,但历史学家可能不会,因为他们大多是左翼分子。"

——1988 年理查德·M. 尼克松对全国广播公司的约翰·钱塞勒说

参议院否决了尼克松对最高法院的前两次提名,克莱门特·海恩斯沃思和 G. 哈罗德·卡斯韦尔,他们被认为太过保守,而且倾向于南方。1970 年,来自明尼苏达州的哈利·布莱克蒙被尼克松任命为大法官,《时代》杂志发表评论说:"布莱克蒙不太可能因为他的司法哲学或具体裁决而受到批评。""严格解释主义?我不知道这是个什么东西,"布莱克蒙曾对一位记者说。他很快就获得了通过,并很快证明了自己不是能解释法院法令和文书的人。在最高法院任职期间,布莱克蒙平稳完成了向左派的转移。他起草了 1973 年"罗伊诉韦德案"的判决书,这份自"德雷德·斯科特案"以来最糟糕的判决书要求全美 50 个州都执行按要求堕胎。

尼克松的其他三项任命都有不同程度的改观。首席大法官沃伦·伯格是一个谨慎认真的法官,而在任期间被认为是保守主义者的刘易斯·鲍威尔却经常因为在裁决中同自由主义观念妥协而令保守派失望。例如,正是鲍威尔在著名的"贝克案"中就大学招生中的逆向歧视[1]提出这样的观念,认为"多样性"在雇佣和入学中是一个合理标准——这种有损道德的观念

---

〔1〕译注:指为免除黑人、妇女在入学、受雇等方面受歧视采取强制性平等措施而在客观上形成的对白人、男子利益的损害(反其道而行之的歧视)。

至今依然存在。

对威廉·伦奎斯特的任命是尼克松在最高法院的唯一一次"本垒打",他后来被罗纳德·里根提拔为首席大法官。

尼克松默许甚至支持对规制法律进行大量合宪性可疑的扩张——通过了《濒危物种法案》、设立了职业安全与卫生管理局和环境保护局;他还为最高法院任命了几位拙劣的大法官,这些都使他的合宪等级降到了C+。如果不是因为他在第二任期中为了控制政府也做出了努力——尽管失败了,同时他否决了一些如《战争权力法案》(这次否决被推翻)这样的不合格立法,他的合宪等级还会更低。

第十三章
杰拉尔德·福特
（任期：1974～1977）

"我们的宪法发挥了作用。我们伟大的
共和国是一个法治政府，而非人治政府。"
——杰拉尔德·福特

福特总统的合宪等级： C +

1974年夏天，杰拉尔德·福特在尼克松辞职后就任美国总统，开始收拾水门事件残局，弥合国家的分裂状态。作为美国唯一一位未经选举就担任国家级要职的总统，面对国会中庞大且难以驾驭的民主党多数派，福特是有史以来最势单力薄的新任总统。缺乏选举人授权，削弱了福特执政的合法性和道德权威；从未赢得过全国大选，使福特在对抗专断的国会时处于绝对劣势；但这位新任总统的性格是他在不利局面中可以利用的一项优势。

1974年福特就任总统宣誓

> **你知道吗?**
>
> 杰拉尔德·福特原名莱斯利·林奇·金,他在20世纪20年代改随继父的姓。
>
> 福特是一名鹰童军,同时也是密歇根大学一名优秀的橄榄球运动员。他为全国橄榄球联盟的芝加哥灰熊队打过一次表演赛,但最终决定去耶鲁法学院深造,而并非当一名职业橄榄球运动员。
>
> 福特总统在17天内遭遇了两次暗杀,但都幸免于难。

亨利·基辛格说,福特"不会为了获得赞扬而煞费苦心地耍花招",并且"有足够的自信公开提出异议"。一个人唯有如此自信,才能未经选举就踏入一片混乱的总统办公室,在没有过渡期来制定执政重点的情况下,背负着前任留下的白宫职员、内阁以及在议的立法提案,像福特一样履行总统职能。

公众对福特的认知与真实的他并不相符。他总是被刻画为一个倒霉蛋似的形象:想想他为什么被称为"好老弟杰里·福特"或者喜剧演员赛维·蔡斯如何无情地讽刺他多次跌坐在地上的样子。实际上,福特离倒霉蛋差远了,他坚强可靠的性格反映了其家乡密歇根腹地的特点,他经常被称为"没有勋章的艾森豪威尔"。不幸的是,福特在未曾获益于普选的情况下,执掌处于低潮期的美国。从很多方面看来,福特—卡特时期对美国及其西方盟友来说,都是最艰险的时期。

据报道,1960年和1968年尼克松都曾把福特列入其备选竞选伙伴名单,但他可能只是为了还一个人情。在国会任职时,福特作为一名共和党人也曾力劝艾森豪威尔不要把尼克松从

1956年的总统候选人名单上丢弃。1973年秋天，斯皮罗·阿格纽辞职后福特被任命为副总统；具有讽刺意味的是，在众议院干了25年的福特当时正在认真考虑1974年退出政坛。尼克松的副总统第一人选是约翰·康纳利，而党内中坚分子推荐的是州长纳尔逊·洛克菲勒或另一位州长罗纳德·里根；国会的共和党人推荐了福特。民主党控制的国会不可能通过前民主党人康纳利，也不会批准洛克菲勒或里根，他们不会让共和党在1976年大选中具备一位有可能实力强大的在任总统。众议院议长、民主党人卡尔·艾伯特告诉尼克松，福特是唯一能够获准通过的人选。换句话说，国会对行政首脑的人选作了强制规定。尽管福特的夫人贝蒂忧虑重重，他还是接受了任命。

尼克松最终辞职了，福特坦率的中产阶级形象——他谦逊地宣称"我是一辆福特，不是一辆林肯"——对厌倦水门事件的国家而言是一种令人期待的安慰。和大多数新任总统一样，福特迎来了公众的广泛支持和国会的亲善友好，这种支持和友好因为他来自众议院的行列而被夸大。帕特·莫伊尼汉写道："福特是我认识的美国政界最正派的人。"福特告诉这个愁云尽扫的国家："漫长的噩梦结束了。"但这种好势头在他上任后不到一个月就戛然而止了，尽管没有人提出犯罪指控，福特却赦免了尼克松可能犯下的所有罪行。这是一种至高无上并且必要的宽恕行为，随着时间的推移，就连憎恨尼克松的自由主义者都开始承认这一点。（这件事过去30年后，肯尼迪家族把其中一次"肯尼迪勇气奖"颁给了福特，以表彰他对尼克松的赦免。)

但赦免的时机却让福特处于一种尴尬的境地。当助手们事后劝告他时，福特问道：**"会有**一个合适的时机吗？"国会的民主党人和愤世嫉俗的媒体被剥夺了在陪审团前见到尼克松的终极满足感,他们认为其中有暗箱操作:尼克松一定是以任命福特为副总统来换取后者对赦免自己的承诺。国会的民主党人呼吁开展一次调查,并邪恶地暗示有必要进行新的弹劾。福特否认存在任何赦免交易,并采取了非常措施,到众议院司法委员会刑事司法小组委员会作证——成为自林肯以后第一个到国会作证的总统。他大概是别无选择了。福特的突然出现缓和了国会的骚动局面,阻挡了开展调查的势头,这项调查会让白宫数月不得安宁。但这件事也是对国会支配地位的另一种微妙暗示(和鼓励)。

　　福特的副总统人选已经搅得共和党内部产生了分歧,使他们心烦意乱。根据一项报道,白宫曾对共和党领导人进行了一次秘密调查,他们的首选是乔治·H. W. 布什。但福特决定提名纳尔逊·洛克菲勒,这位共和党内最令人厌恶的自由主义者。正如帕特·布坎南所言:"没有人能像纳尔逊·洛克菲勒那样惹恼右派。"洛克菲勒长久以来对总统职位的兴趣人尽皆知。事实上,人们普遍认为他已经计划参加1976年大选,与斯皮罗·阿格纽竞争,并有望接替尼克松。直到水门事件发生,打乱了每个人的计划。共和党的保守派认为有人搞鬼。由于福特曾私下表示他尚未决定是否要凭借自身能力参加1976年大选,有人担心他会把提名资格让给洛克菲勒。威廉·萨菲尔在《纽约时报》中写道:"福特先生的第一项重大任命已经成了他的第一个大包袱。"甚至在国会确认通过洛克菲勒之前,萨菲尔就预测福特不得不把洛克菲勒从1976年的总统候选人名单上丢弃,届时"民主党的候选人们会指责说,抛弃洛克菲勒是为了'安抚右翼'"。卢·坎农在他有关里根崛起的记载中指出:"比起福特的其他任何举动,甚至所有这些举动加起来,选洛克菲勒当副总统最能激起全国范围内保守人士对里根候选资格的关注。"不过需要补充的是，福特的夫人贝蒂是个直肠子，她在《60分钟》[1]上对自己孩子们吸食大麻的潜在倾向、婚前性行为发表了坦率的意见，而且她支持堕胎，这些都极大地推动了保守派的不满情绪。

但福特最大的障碍是他不能满足电视时代最重要的政治需求——他不是一个伟大的传播者，甚至不是一个优秀的传播者。乔治·威尔的描述言简意赅：

> 言辞技巧对于政治事业而言并非无关紧要，它是总统候选人最重要的技能之一……福特是一个还算合格的政府首脑，但不是一个令人满意的国家元首。总统是集体志向的主要发言人，否则他就不重要。他能说会道，不然就无法胜任……从来就没有伟大而不善言辞的总统，福特是自广播发明以来最不善言辞的总统……一位不善言辞的总统就像一个装在马克卡车里的摩托车马达。

福特笨拙的身体没能帮上他的忙。他可以说是最强壮的总统，却不停地绊倒、摔跤或者撞到头，而且通常是在镜头前。这让人想起了林登·约翰逊的调侃："杰里·福特不能一边放屁一边嚼口香糖"。记者们开玩笑说，福特不仅在大学打橄榄球时需要一个头盔，当了总统也同样需要；喜剧演员戏称，也许他在努力确保笨拙的人投票给他；就连主流新闻媒体也拿福特开玩笑。

---

〔1〕译注：美国哥伦比亚广播公司主打的一档电视新闻杂志栏目。

国内滞胀

有记录显示,福特在幕后是一位稳健、果断的领导人,但他笨拙的身体似乎是对他如何处理国内问题的一种说明。他接手的是一个急剧恶化的经济体,通货膨胀率不断飙升,仅1974年7月这一个月,物价就上涨了3.7%;失业率向7%一路前进。这种致命、空前的物价上涨与失业率上升并存的现象被称为**滞胀**。联邦赤字预计飙升至519亿美元(联邦预算是3500亿美元),这在当时是个前所未闻的惊人水平。

步履稳健的领导人

《时代》杂志俏皮地说:"纳尔逊·洛克菲勒离总统之位仅一香蕉皮之遥。"洛克菲勒和福特去参加前者的宣誓就职仪式,他们一同走进参议院会议室时都绊了一跤。

正统的凯恩斯主义经济学认为,政策可以对抗通货膨胀或者失业,但无法同时对抗两者。福特的经济顾问小组,包括艾伦·格林斯潘和威廉·西蒙等人都认为,抗击通胀比抗击失业更重要,失业是一种周期性现象。从经济的长远健康来看,通货膨胀是更为普遍的威胁。福特选择和通货膨胀作斗争,并提议用增税这种传统补救办法来控制通胀。他提出向企业和高收入人群征收5%的附加税,为期一年,以期在弥补财政赤字的同时抑制通货膨胀。他的顾问们无疑是正确的,从长远来看,通货膨胀是一个比失业更严重的威胁;但优先解决通胀问题让共和党人在短期内付出了沉重的政治代价——尤其是当福特否认国家处于衰退状态时,他拼命想把话题从失业上转移,但是没有成功。

和福特一起获胜?

为了宣布他的附加税提案,福特佩戴了一枚竞选风格的徽章,上面写着"WIN"。他解释说这代表"立刻打击通货膨胀"——这是一个志愿者组织的名称,福特希望民众都能加入。令人惊讶的是,超过十万人真的加入了该组织。还有数百万人要求得到"WIN"徽章。在民主党的宣传年鉴上,这被认为是最愚蠢的噱头之一。

软弱的对外政策

经济萧条只是福特面临的许多重大问题中的次要方面,他在任期间最大的不幸是必须负责耗时已久的越南战争的扫尾工作,包括1975年南越的最终垮台。让事情结局变得很不光彩的,不只是美国长期受苦的盟友被打败,还因为被自责情绪困扰的美国拒绝援助其盟友。而让该盟友继续生存是两党在五位总统任内的一致承诺。福特在一次国会联席会议上发表的演讲中做出最后一搏,呼吁为南越提供紧急军事援助,但民主党支配的国会受左翼反战分子的控制,拒绝伸出一根手指(比喻性说法,不是中间那根)来帮助盟友摆脱困境——为了这个盟友,已有5万多名美国士兵搭上了性命。但至少福特努力过。南越垮台引发的反响和指责将持续十多年,一直到里根时期。它的溃败无可避免,自此以后,美国人为他们对越南的所有争议找到了安慰。但是，尽管腐败、军事无能、领导不力以及士气萎靡都无疑削弱了南越的希望，他们的失败绝非注定，而是因为美国决定见死不救。亨利·基辛格写道："毫无疑问，在我看来，但凡得到任何接近美国援助水平的帮助，他们在1975年就不会垮台。"

尽管福特最终解雇了尼克松留给他的大部分职员，换上了自己的人马（其中，理查德·切尼任白宫办公厅主任，唐纳德·拉姆斯菲尔德任国防部长），但他保留了缓和政策的总设计师基辛格，使其继续担任国务卿，直到自己任期结束。福特和基辛格差点就要与苏联达成一个新的军备控制协议，但当时最有里程碑意义的是1975年签订的《赫尔辛基协议》。《赫尔辛基协议》签署于芬兰赫尔辛基（协议名称的由来）的一次国际会议，作为一个令人不快的妥协方案，它在当时遭到了保守派的鄙视。为了换取所谓苏联对人权的承认，西方将认可苏联统治东欧各国的合法性。保守派评论家指出，在没有自由媒体或司法程序来确保人权的政府中，一项遵守人权的承诺基本没有意义。《赫尔辛基协议》引发了罗纳德·里根对福特的第一次公开批评："我反对这项协议，并且我认为所有美国人都应该反对。"

基辛格后来提出有说服力的理由证明，从长远来看，《赫尔辛基协议》中有关人权的规定对铁幕背后持不同政见的人而言是有用的。一些反共积极分子，如捷克的瓦茨拉夫·哈维尔，就证实了这个观点。但在当时，《赫尔辛基协议》似乎是西方软弱立场的一种表现。差不多同时，福特做出的一个懦弱决定使这种看法得到了加深，他拒绝会见《古拉格群岛》一书的作者、诺贝尔奖得主亚历山大·索尔仁尼琴——他在被苏联驱逐后来到美国。索尔仁尼琴强烈地谴责了缓和政策，福特则听从基辛格的建议,决定不接见索尔仁尼琴,因为若见面则会得罪苏联。

白宫起初说是"日程安排问题"使这次访问受阻,这个毫无说服力的借口后来被改得更不具说服力:白宫称,索尔仁尼琴来美国是"为了推销他的书",而总统不希望自己被用于"商业目的"。然而一周前,福特还在白宫草坪上摆好姿势和"棉花皇后"以及足球明星贝利合影留念。白宫的几名助手暗地里质疑索尔仁尼琴的心理稳定性,而福特私下称他是"一个讨厌的蠢货"。最后白宫坦言,承认福特决定拒绝会见索尔仁尼琴是"听从国家安全委员会的建议",也就是基辛格的建议。基辛格发表声明说:"从外交政策角度来看,这件事(会见索尔仁尼琴)将造成不利的象征性影响。"他已经游说苏联允许索尔仁尼琴流亡,并向苏联特使阿纳托利·多勃雷宁承诺美国不会出于政治目的利用索尔仁尼琴。从基辛格的立场来看,他只是为了信守诺言。索尔仁尼琴回击了这次羞辱,他谴责福特签署了《赫尔辛基协议》,说这代表了"对东欧的背叛,(以及)正式承认东欧永久的奴隶身份。"

福特对索尔仁尼琴的怠慢引发了一阵批评风暴。乔治·威尔写道:"就连水门事件都不及这项对《古拉格群岛》作者表示尊重的举动,能从**根本上**给总统制蒙羞。"小威廉·F. 巴克利对福特嗤之以鼻:"有那么糟糕的一刻,人们忍不住怀疑,福特究竟知不知道亚历山大·索尔仁尼琴是谁。"

令人惊讶的是,福特在外交政策上的软弱使民主党及其1976年大选被提名人吉米·卡特变得比他更"**右**"了。民主党1976年的竞选政纲批评福特的缓和政策不过是"亏本生意、戏剧性的做作姿态、对一般性声明的强调……我们一定要避免这样的假设:美苏关系的整体比这种关系的各部分之和重要;任何协议都胜过没有协议；或者我们可以像哀求者一样进行有效磋商"。福特对苏联混乱、软弱的态度可能是他最终输掉1976年那场势均力敌的选举的原因，在和卡特的一次辩论中，他令人费解地说："苏联没有控制东欧，在福特执政时期这绝对不会发生。"

什么？福特真的是在说被俘国不再遭到"关押"吗？吉米·卡特抓住福特的过失发起猛攻："我愿意看到福特先生说服这个国家的波兰裔美国人、捷克裔美国人和匈牙利裔美国人，让他们相信这些国家没有生活在铁幕背后的苏联的控制和监管之下。"接下来的几天，卡特把福特比作乔治·罗姆尼（现任共和党总统候选人的父亲，他在失言说自己被"洗了脑"支持越南战争之后退出了1968年共和党内的初选），毫不隐晦地传达了双重含义，即福特被基辛格洗了脑，却蠢得浑然不知。《新闻周刊》采用了这样的头条："杰里·福特出言不慎"。

混乱的司法任命

福特面对的是一个相当自由、被民主党人严格把控的国会，它一心想扩大自身权力，通过有损公益的政策；他充分利用了总统最强有力的手段——对国会立法的否决权。福特在18个月内否决了66项议案，创下了一项记录。民主党人推翻了其中的12项否决，这些被福特否决后又被国会通过成为法律的法案包括《信息自由法案》（一项授予激进分子许可，以打探秘密消息、征用政府机密文件的法令）和几项耗尽预算的开支法案，其中一项是用于电动汽车研究的——听起来熟悉吗？

福特担任众议院少数党领袖时，曾试图弹劾最高法院的极左大法官威廉·O. 道格拉斯，但没有成功。道格拉斯在福特任内从最高法院退休,而福特对最高法院的唯一一项任命是一个几乎同道格拉斯一样的自由派法学家:约翰·保罗·斯蒂文斯;所以这非常令人失望。这项任命是共和党总统作出的最糟糕的司法任命之一,延续了自艾森豪威尔以来的一连串不称职的任命。在最高法院就职的近 30 年里,斯蒂文斯平稳地转向了左派。他从反对转变为支持平权行动配额,并支持堕胎,投票反对持枪权。在 2000 年的"布什诉戈尔案"中,他站在了最高法院自由派的一边。斯蒂文斯最具重要意义及破坏力的判决意见出自 1984 年的"雪佛龙诉自然资源保护委员会案"。该案的判决大大扩张了那些不负责的行政官僚机构强制执行规章制度的权力——这种权力的合宪性值得怀疑——是最高法院历史上被援引最多的判决意见。"雪佛龙案"的判决减少了国会的责任和义务,削弱了公民制约专制政府权力的能力。我们选出的代表把不得人心的裁决移交给"大批官员"——这些人同托马斯·杰斐逊在《独立宣言》中抱怨的那些官员一样,未经选举,而且数量众多,是后者的多倍——由此剥夺了人民投票驱逐压迫者下台的权利。斯蒂文斯公然鄙视按建国者原初意图解释宪法的做法。

等一下——那不是罗纳德·里根吗?

"如果一个政府有能力给你想要的一切,那么它也有能力夺走你所拥有的一切。"

——杰尔拉德·福特

福特利用否决权对抗失控的国会,以及在水门事件余波中总体上执政表现良好,这些都对他大为有利;尽管如此,他对斯蒂文斯的任命使他的合宪等级降到了 C+。

第十四章
詹姆斯·厄尔·卡特
（任期：1977～1981）

"不被抗争的侵略会变成一种传染病。"
——吉米·卡特

卡特总统的合宪等级： F

南森·米勒著有一本关于美国最糟糕的10位总统的书，他写道："选吉米·卡特当总统，就像是美国人民从电话簿中挑出一个名字，然后给他这份工作。"这个说法不完全正确。尽管卡特资历浅薄，只担任过一届佐治亚州州长，而且政绩平庸，但其政治天赋和决心使他在1976年成功获得了总统职位。不过，卡特的竞选运动导致总统选举周期延长，以致于时至今日，总统选举过程无休无止、耗资巨大。正是卡特把当时级别较低且不活跃、

詹姆斯·厄尔·卡特

被多数候选人忽略的爱荷华州政党基层会议变成了现在备受瞩目的全国预选。

> **你知道吗？**
> 吉米·卡特是第一位在医院出生的美国总统。
> 卡特是唯一一位曾向美国空军提交 UFO 目击报告的总统。
> 他曾命令政府向巫师寻求帮助，找出一架下落不明的飞机。
> 卡特的副总统沃尔特·蒙代尔因对卡特的领导能力失去信心，差点辞职。

水门事件后国民对华盛顿[1]不再抱有幻想，卡特巧妙地利用了这一点。他敏锐的政治嗅觉洞悉到：越南战争失利、"伟大的社会"落败以及水门事件发生之后，美国人民最希望的总统人选是一个在主日学校教过课的人，而卡特就在佐治亚州普兰斯的浸礼会教堂从事过这样的工作。他承诺绝不欺骗美国人民，却隐藏了他软弱的自由派思想，展现出与他本人真实品格不一的表面形象，掩盖了性格中龌龊虚伪的一面。他是个用卑劣勾当来践行崇高思想的人。

> **永远的种族隔离？**
> "我不认为保持种族纯化有什么错，我不会用政府行动来强制居民区实现种族一体化。"
> ——吉米·卡特 1976 年竞选运动　宾夕法尼亚

---

〔1〕译注：此处为地名。

卡特的性格

不管是作为总统还是长期谋求自我扩张的前总统,卡特都把自己描绘成一个种族治疗师。但他在佐治亚州的政治经历,甚至他在 1976 年竞选运动中的一些呼吁,都表明他是一个典型的南方种族迫害狂。社会学家肯尼思·莫里斯在他的研究著作《吉米·卡特,美国的道德家》中总体上是拥护卡特的,他说卡特在 1970 年州长竞选中"不太隐晦的种族主义"是"公然的……欺骗已经超出偶然;它已经系统化了"。

全国广播公司和美国广播公司的资深播音员戴维·布林克利评价卡特:"尽管他很聪明,但他性格中报复性、卑鄙的一面经常浮现出来,让人反感。"《芝加哥论坛报》的埃利诺·伦道夫写道:"卡特喜欢中伤对手,让朋友嘲笑他,然后把这当做笑话……他经常扭曲事实,如果说这是夸张,那就是不诚实了。"加里·芬克著有一篇有关卡特州长任期的研究文章,这篇文章总体上肯定了卡特;他提到:"卡特经常声称他站在道德和伦理的制高点,但"他践行的却是一种立足于虚伪、夸大事实、有时甚至是彻底欺骗的政治。"

面带迷人微笑的人,有可能无情冷漠。一位 1976 年的竞选助手不满地说,卡特"私底下从来不笑。"他的白宫私人秘书苏珊·克拉夫回忆道,卡特从她桌旁经过时很少跟她打招呼,一句"感恩节快乐""圣诞节快乐"都没有,什么都没有,她说。小阿瑟·施莱辛格认为卡特是一个"自恋、孤僻的人"。"卡特从来不是一个靠得住的人,"他的演讲撰稿人帕特里克·安德森说,"他并不像他表现出来的那样……卡特靠嘴上功夫当上了总统,但从某个深刻层面来看,他从未学会人类的语言。"

他所认为的通奸

"我曾对许多女人心生淫念,在内心通奸过很多回。上帝意识到我会做这种事——我的确做了——上帝原谅了我。但这并不意味着我会谴责这样的人——他不仅带着淫欲看女人,而且抛弃自己的妻子,和没有婚姻关系的人**同居**。耶稣说:'不要以为你比别人高尚,因为一个男人可能跟一大群女人上过床,而另一个男人忠于他的妻子。'"

——吉米·卡特《花花公子》杂志 1976 年

卡特是自由派、南方保守派、还是温和派?他展现出来的是三者兼而有之。选举前的一项民意测验显示,卡特"给保守派选民的印象是太保守,给中间派的印象是太中立,给自由派的印象是太自由"。卡特个人的民意调查者帕特·卡德尔发现,**在 1976 年选举日**当天"仍有 50% 的公众不知道卡特代表哪一派的立场"。这在选举中可能是一个制胜方法,但对卡特而言,他**一旦上任**,这就成了一场灾难。

失败的国内政策

卡特上台后坚持财政保守主义态度,断然拒绝了自由派民主党人控制的国会所提交的许多扩大开支的议案。自由派确信,卡特一旦上任,就会默许政府激进的新项目,但他们震惊地发现,卡特**真的打算践行**平衡预算的承诺。他很享受自己在财政问题上给自由派带来的不安。卡特对传记作家彼得·伯恩说:

"我真希望你能看到在我谈论平衡预算时,那些民主党领导人脸上受挫的表情。"卡特不仅搅得国会成员心烦意乱,他还让卫生、教育与福利部长约瑟夫·卡利法诺负责提出一个福利改革计划,并要求所有改革计划必须按照现有资金水平完成。卡利法诺并未认真听取卡特的要求,当他把一组每项都须耗资数十亿的选择方案递交给卡特后,卡特勃然大怒:"你是在告诉我,除了花费数十亿美元就没有办法能改进现有体制了吗?如果是这样,让它见鬼去吧!我们这是在浪费时间。"

猫能懂你的能源政策?

为了能产生巨大影响,卡特摩拳擦掌,给他的能源政策取名"战争的道德等价物"。人们发现这个短语的首字母缩略词是"MEOW",即"喵"。

但最让自由主义者,尤其是参议员泰德·肯尼迪烦恼的是,卡特拒绝支持一项年花费超过 1000 亿美元的全面国家健康保险计划。他在竞选期间曾支持国家健康保险,但上任后他建议用缓慢、渐进的方法处理这个问题。卡特说,政府"没有能力负担所有事情",他甚至还把一项法案的通过推迟到了 1979 年。最终,卡特在 1979 年提出的是一项毫无进展的医院成本控制措施。

卡特最轻率的灾难性举措是他的能源政策。在当时政府调控和价格控制严重破坏能源市场并导致物价飞涨的情况下,卡特提议**加强**政府对能源的调控,补贴能效一向不好的"替代"能源,并征收更高的税。

尽管卡特采取了保守的财政措施，但他对经济问题的总体处理——尤其是当时最严重的通货膨胀问题——是灾难性的。和往常一样，卡特试图把通货膨胀解释为一个令美国人民苦恼的道德问题："政府靠自身就能阻止通货膨胀，这是天方夜谭。"相反地，通货膨胀反映了"有关我们自身的不愉快事实"和"一种对自我的专注"——这种专注阻碍了美国人"为共同利益而牺牲"的意愿。卡特从未提过货币供给，或政府在管理财政部发行货币时起到的作用。卡特政府继续通过"强烈呼吁"来对抗通货膨胀，这意味着给那些想提高价格和工资的企业和工会发出了正式警告。1979 年，通货膨胀率进一步飙升，达到了超过 12% 的水平。随着最低贷款利率接近 20%，以及有迹象表明通货膨胀可能会开始螺旋攀升至拉美国家水平，卡特最终调整方向，任命保罗·沃尔克担任美联储主席。但到这时，因对抗通货膨胀而必然产生的痛苦已经相当严重；如果卡特执政时能实行更明智的管理，结果就不会如此。沃尔克上任后立即提高利率，以遏制货币量增长。

萎靡的总统

美国经济在 1979 年夏恶化到极点，这为卡特发表有史以来最糟糕的总统演讲，即著名的"萎靡"演讲，提供了时机。事实上，卡特在演讲中从未使用"萎靡"一词，但他说国家遭受了一次"信任危机"，他在批注中用"萎靡"来形容美国的状况。

忧郁的商人

"我认为，美国人的生活将会不可避免地低于大家一向预期、不断增长的水平……我认为，人们将不得不重新定位自己在生活中的价值观。我认为，社会必须更为公平地分享我们所拥有的财富……唯一的趋势是向下分配。"

——1979 年"萎靡演讲"前卡特对到访戴维营的来者说

有可信的传言称，卡特在演讲前的几天精神崩溃，他逃到戴维营的总统度假地待了 10 天，在那儿思考解决对策。在演讲前的某一刻，副总统沃尔特·蒙代尔坦率地告诉卡特，一个基于"萎靡"思想的演讲无异于"政治自杀"，他质疑卡特能否为自己做出辩解。蒙代尔说："你不能斥责美国人民，否则他们会永远讨厌你。"为了抗议这次演讲，蒙代尔几乎要辞职。

吉米和天外来客

"当人们说自己见过 UFO 时，我不会再嘲笑他们，因为我也见过一个。"

——吉米·卡特，1975 年

在 1976 年竞选期间，卡特树立远大志向，希望能在自己的任期内拯救国家。他在竞选时承诺，要建立一个"和人民一样诚实的政府"，而事实上，现在他自己也说，人民并不诚实。

卡特飘忽不定的经济政策带来的最终结果是通货膨胀一路走高、生产力增长缓慢、个人收入停滞不前和持续失业。但随着卡特任期的继续，这些麻烦还算是最小的。在他执政期间，对外政策遭到的毁坏不亚于国内经济所受的破坏。到 1980 年，

第十四章 詹姆斯·厄尔·卡特

美国人对战争的焦虑达到了自古巴导弹危机以来的最高水平。

外交灾难

亨利·基辛格说，到1980年卡特已经取得了罕见的"三连胜"[1]："卡特政府实现了非凡壮举，在和我们的盟友、对手分别保持最糟糕关系的同时，应对了发展中世界自第二次世界大战结束以来最严重的动乱。"

卡特竞选总统时是缓和政策的批评者和人权捍卫者，但他最后拥护、甚至比尼克松和福特更姑息缓和政策，对世界各地的民主和人权事业造成了破坏。根据自由之家[2]对全球民主与自由的年度调查，卡特任期内自由度几乎没有增长。同时，卡特人权政策的主要目标——伊朗和尼加拉瓜——在暴虐的反美统治者（在尼加拉瓜是共产党）以革命手段推翻亲美统治者后，都成了人权祸患。伊朗国王的垮台强有力地推动了至今仍震撼世界的恐怖主义的爆发。美国在中东的盟友，尤其是沙特阿拉伯，对伊朗革命的结果感到惊慌，也对美国的不力回应感到震惊。他们从中得到教训，跟美国走得太近未必有好处。

卡特的外交政策是感性的，而非理智的或有原则的——是自由派的强烈内疚感与一种流行观点即冷战中的"两极"世界应该为"多极"世界让路的结合。上台4个月后，卡特明确表

---

[1] 译注：(赛马赌博的) 三连赢、三重彩 (投注者须猜中前三名的马及其名次才算中彩)。

[2] 译注：国际性的非政府组织，总部位于美国华盛顿特区，致力于民主、政治自由以及人权的研究和支持，其最知名的是对各国民主自由程度的年度评估，该报告被用于政治科学的研究。

示他将背离战后外交政策的共识。1977年5月22日，卡特在圣母大学的毕业典礼致辞中宣称："我们对未来充满信心，我们现在摆脱了对共产主义的过分恐惧，这种恐惧曾使我们拥护那些跟我们一样对共产主义感到恐惧的独裁者……与苏联冲突的集中威胁已经减轻……"（着重号后加）

两年后，苏联进攻阿富汗，这是苏联第一次进攻一个在其东欧势力范围之外的国家，这对中东造成了威胁。卡特说，这次进攻让他看清了苏联的威胁，他宣布了一项新政策——"卡特主义"——即对中东国家的任何袭击都构成对美国利益的威胁，将引起美国的军事回应。随后，他派非武装飞机前往中东，以显示他"强硬"的新立场。约翰霍普金斯大学的罗伯特·塔克在《外交季刊》的全球年度调查中写道："在将近3年之后，有一点还算清楚，即卡特政府的外交政策是一次失败。"

到1980年年初，卡特政府已经岌岌可危。事实证明，霍梅尼在伊朗的胜利不是美国在中东苦难的结束，而是开始。1979年11月，伊朗占领了美国在德黑兰的大使馆，将52名美国人扣为人质，这违反了所有外交传统和国际法。人质劫持事件使美国陷入了备战危机，但美国从未真正用战争威胁过伊朗。一些参与了人质劫持事件的伊朗人后来说，他们本来希望，只要美国对伊朗发出真正的军事威胁，这件事就到此为止；而卡特迅速、公开地否认使用武力（虽然他的确私下对伊朗发出过警告，威胁说如果人质受到伤害将会有严重后果，但对后果未详细说明），这让他们吃了一惊。几天内的情况表明，这场危机将拖延数月。巴勒斯坦解放组织设法讨好美国，愿意对此事进行调停。阿拉法特是在霍梅尼二月返回伊朗后最早到访的外国人之一，但霍梅尼毫不客气地告诫他不要插手此事。卡特随后向利比亚的穆阿迈尔·卡扎菲求助，让他弟弟比利·卡特向的黎波里的反美暴君说情。比利·卡特曾接受过利比亚提供的一笔 20 万美元的"贷款"，这让卡特在 1980 年夏天陷入窘境。这件事并没有引起霍梅尼的关注。卡特令人费解地决定派前司法部长拉姆齐·克拉克作为大使前往伊朗（参加一次对"美国罪行"的审判），没有人比他更适合让美国以原告的身份出现在世界面前；克拉克已经致信一位伊朗官员，就如何为"国王犯下的罪行以及不法行为"寻求赔偿的问题提供了建议，但他受到了和巴勒斯坦解放组织同样的待遇。美国试图与伊朗进行富有成效的外交接触，但做出的所有努力都碰了壁，就连冻结伊朗在美国的数十亿美元资产和把伊朗国王遣送至巴拿马，也没能改变这种僵局。

卡特总统的合宪等级

吉米·卡特是 20 世纪唯一一位没有向最高法院任命任何法官的总统，所以他在政府的第三分支中没有留下任何可与其他总统相比的遗产。尽管卡特尊重和捍卫宪法，但他应得的评分却是 F，原因很特别：作为一位前总统，他的表现史无前例、蛮横无理。卡特似乎没能明白，一个国家在同一时间只能有一个总统。他不断以直接和间接的方式削弱其继任者的基础。

> **好书推荐**
>
> *The Real Jimmy Carter: How Our Worst Ex-President Undermines American Foreign Policy, Coddles Dictators, and Created the Party of Clinton and Kerry* by Steven F. Hayward (Regnery, 2004)

从表面看来，这是一件令人震惊的事：一个其四年任期被普遍认为是惨败的总统，30多年后还能继续吸引报纸头版头条，在世界舞台上产生影响。《时代》杂志评论家兰斯·莫罗曾说，卡特已经把自己塑造为"美国的在野总统"：一个在全世界唱圣歌的巡回牧师和道德干涉主义者，他的行为荒诞却往往有效，好像1980年的大选只是某种令人不快的失误，是民主制度一个微不足道的技术问题"。卡特一系列过分的行为总是会被原谅和遗忘，无一例外。最显著的例子发生在1990年年末1991年年初，当时美国正在组建一个联盟，要把萨达姆·侯赛因逐出科威特。在美国，卡特反对一触即发的海湾战争，他说这将是"一场大规模、自我毁灭式、近乎自杀的战争"。但他并没有止步于此。1990年11月，卡特给出席联合国安理会的几位国家元首写信，包括弗朗索瓦·密特朗、玛格丽特·撒切尔、米哈伊尔·戈尔巴乔夫和其他十几位元首，强烈呼吁进行"谈判"并谴责乔治·H. W. 布什总统"沙地之线"〔1〕的措辞。卡特直言，联合国安理会可以阻止美国发起军事行动，负责制定外交解决方案的应该是阿拉伯联盟，而非美国。卡特背着布什政府发出了这些和解信件，直到加拿大总理布莱恩·马尔罗尼致电国防部长迪克·切尼问他卡特在搞什么鬼，布什政府才知道卡特的活动。切尼很震惊，后来他告诉卡特的传记作者道格拉斯·布林克利，作为一个前总统，卡特的行为"完全不合适，应该受到谴责"。

1月15日，联合国发出最后通牒要侯赛因离开科威特。在

---

〔1〕译注：1990年伊拉克入侵科威特之际，布什总统在电视上发表讲话，说"一条线已经画在沙地上了"（a line has been drawn in the sand），意思是底线在此，不得逾越。

此之前，卡特继续着他的幕后干预。他在 1 月 10 日致信沙特国王法赫德、埃及的胡斯尼·穆巴拉克和叙利亚的哈菲兹·阿萨德，力劝他们与布什费尽心思建立起来的联盟决裂。卡特写道："我极力主张，在阿拉伯领导人寻求和平解决危机的办法时，你们能公开要求延迟使用武力。你们不得不放弃白宫的批准，但你们会发现法国、苏联和其他国家全力支持你们。"（着重号后加）虽然卡特拖到晚些时候告诉了布什政府他的 11 月公报，但他对布什隐瞒了 1 月信函的事，直到几年后，事情才被布什发现。卡特从未就自己的干涉向布什道过歉。2003 年，在伊拉克战争预备阶段，卡特也反对乔治·W. 布什总统，有一次他甚至对布什总统的基督教信仰提出了质疑。正是这类事件促使兰斯·莫罗评论说："他的一些独行侠式作为，已经使他接近了我们过去常称为叛国罪的危险边缘。"

211 2002 年，卡特被授予诺贝尔和平奖，这彻底抹消了所有对他政治失败挥之不去的质疑，也表明了诺贝尔委员会的反美立场。

第十五章
罗纳德·威尔逊·里根
（任期：1981~1989）

"一代人的时间就足以令自由湮灭。"
——罗纳德·威尔逊·里根

里根总统的合宪等级： A -

罗纳德·里根居功至伟，这一点连他的政敌也不得不承认。自由派历史学家约翰·帕特里克·迪金斯2007年写道，里根与华盛顿、林肯和富兰克林·罗斯福并称为美国最伟大的总统是实至名归。

> **你知道吗？**
> 20世纪30年代，近视的里根为了能被美国陆军后备骑兵录取，在视力测验中作弊。

1981年里根当选总统宣誓就职

里根害怕坐飞机,在从政前有近 30 年没坐过飞机。

里根对总统职位非常尊重,以至于在总统办公室都不脱掉西装外套。

在经历了十多年的高通胀率、经济缓慢增长以及悲观情绪加剧之后,里根——自艾森豪威尔以来第一位连任两届的总统——成功扭转了美国的颓势,解决了通货膨胀问题,刺激了经济快速增长,创造了两千万个新就业岗位,并恢复了美国的自信和对未来的乐观情绪。

里根最伟大、影响最深远的成就是赢得对苏联冷战的胜利,英国首相玛格丽特·撒切尔说里根"不开一枪便赢得了冷战"。普林斯顿大学的一位自由派历史学家肖恩·威伦茨写道:"里根成功推动了冷战的结束,这是美国总统实现的最伟大的成就之一,而且可以说是自 1945 年以来总统所取得的最伟大成就。"

尽管遭到了自由派和新闻媒体的强烈反对和不停谴责,里根仍在内政外交上取得了显著成就。和今天一样,20 世纪 80 年代的自由派也反对减税和解除市场管制。在外交政策上,自由派反对里根"以实力换取和平"的策略及其关于苏联是一个"邪恶帝国"的强硬讲话和明确声明。几乎所有人(包括他的一些高级职员)都认为,里根 1987 年在柏林说"戈尔巴乔夫先生,推倒这堵墙!"这句话是愚蠢的。但两年半之后,柏林墙真的倒塌了。

里根的成功是毋庸置疑的,因为在今天即使自由派也想霸占他遗留的成果,虽然他们只能通过扭曲他的观点来实现。但里根的遗产中有一部分是自由派无法扭曲，也是近年来保守派往往忽略的，即他对宪法的忠诚和他想让这个国家更接近建国者"有限政府"理念的强烈愿望。

修复者

里根是自富兰克林·罗斯福以来第一个频繁并实质性谈论建国者和宪法的总统，也是自卡尔文·柯立芝以来第一个批判由现代自由宪政创立的行政国家的总统。这一点不同寻常、意义重大。我们今天往往忽略的一点是，富兰克林·罗斯福经常提及建国者和宪法，而且他的方式与伍德罗·威尔逊截然不同。尽管威尔逊公开批评建国者和宪法，但罗斯福对建国时期的谈论却包藏恶意，他看似在捍卫或提议恢复立国原则，实际上却企图大规模修改宪法秩序的含义。自罗斯福以后，几乎所有总统都对建国者或宪法避而不谈，直到里根上台。

本·肖是伊利诺伊州迪克逊市《电讯晚报》的出版商，里根在1979年给他的信中写道：

> 政府有权力使法令获得通过，这种永久性结构即使没有在实质上对宪法造成重大破坏，也已经削弱了它。我在全国各地的演讲中都特别提到了《权利法案》的第10条。联邦政府正在行使宪法中并未明确规定的职能，这些职能应当交还给各州和人民。当然，为（政府履行）这些职能提供资金的税源也应当被返还。

里根的核心洞察力

"现代国家的庞大权力对人民自由造成了威胁,历史告诉了我们政府过度膨胀所带来的种种危害:政治控制优于经济自由增长、秘密警察、愚蠢的官僚机构都联合起来压制了个体的优异性和人身自由。"

——里根总统,1982 年,伦敦,威斯敏斯特大厅

里根的第一次就职演讲包含了自哈定和柯立芝以来对美国立国原则的最重要讨论。里根在演讲中称:"在当前这场危机中,政府不是解决问题的方法,政府本身**才是**问题所在……我们目前的困难,与政府机构因为不必要的过度膨胀而干预、侵扰我们的生活同步增加,这绝不是偶然的巧合。"

他继续说道:"制止并扭转政府扩张的时候到了,因为种种迹象表明,这种扩张已经超过人民的**意愿**"(着重号后加)。这里需要注意的是,里根不是以效率或有效性为由提出他反对政府扩张的观点,而是立足于《独立宣言》中说明的宪法规定的**意愿**。这是里根 20 多年政治言辞中一个不变的主题,却很少能在美国政治阶层——甚至是其他保守主义者那里听到。里根批评了政府的规模,但他也很注意自己的措辞:

> 我意图控制联邦政府的规模和影响力,并要求大家承认赋予联邦政府的权力同保留给各州和人民的权力这两者之间的区别……所以请不要误解,我不是要取消政府,而是要让它发挥作用——与我们合作,而非凌驾于我们之上;与我们并肩而立,而非骑在我们背上。

第十五章 罗纳德·威尔逊·里根

为什么政府干预对经济很重要?

"政府对经济的见解可总结为几句话:如果经济增长,就征税;如果经济持续增长,就调控;如果经济停滞不前,就补贴。"

——罗纳德·里根

尽管这并非真正的革命,却充满了争议,因为它挑战了现代中央集权行政国家的根本前提。自由派从来不希望从总统那里听到这样的异端邪说。虽然在过去 15 年里,越南战争、"伟大的社会"、卡特总统执政无能等一系列灾难令许多自由主义者感到震惊,但现代自由主义的根本前提从未遭到过美国权力顶峰的攻击。

里根摒弃了在其竞选时很流行的自由改革派主题——总统制或一般意义上的民主跟不上时代,此举意义重大。

我们时常误以为这个社会太复杂,已经不能凭自治的方式来管理,精英集团管理的政府优于民享、民治、民有的政府。但如果我们之中没有人能管好自己,那么谁又有能力去管理别人呢?

里根对杰斐逊、林肯和罗斯福等政治前辈的思想吸收得如此充分,以至于我们无从得知他是否知道自己在改述他们的思想。但里根所表达的理念的起源并不神秘。托马斯·杰斐逊在 1801 年的第一次就职演讲中曾说:"有时可以听到一种说法,认为人类是不能委以自治之责的。那么,难道他们就能被托以治理他人的重任吗？我们曾否见过天使以国王的身份出现来管理人类吗？这一问题就留待历史来回答吧。"

真正的恐惧

"英语中最令人生畏的九个词是'I'm from the government and I'm here to help（我是政府派来帮你的）'。"

——罗纳德·里根

作为总统，里根勇敢地为削减大政府规模、重建对政府权力和影响力的合理限制而斗争，并取得了一定成就。但国会的反对和法院的不利裁决常使他进退两难，他也认识到，在控制政府扩张和保持政府开支稳定的方面，他的继任者可能不会像他那么坚决。里根总结说，如果想长久控制政府，就要实行宪政改革。

未竟的事业

多年来，里根在第二任期内的两项创举逐渐被人遗忘，但现在它们应该值得我们铭记。

好书推荐

The Age of Reagan：*The Conservative Counterrevolution*，1980～1989 by Steven F. Hayward（Crown Forum，2009）

第一项创举始于 1985 年，主要由他的第二任司法部长埃德温·米斯完成。里根政府同自由主义展开了一场重要战斗，米斯和里根开始发表演讲和文章，提出司法部门（主要是最高法院）应该按照制宪者的"原初意图"解释宪法；应该恢复联邦制和"并列审查"——不只是法官和律师，政府的三个分支都有责任和权利解释宪法。毕竟宪法序言是以"我们人民"开头，而非"我们法官"。正如司法部长米斯所言，

> 最高法院不是宪法的唯一解释者，政府的三个相互协调的分支机构由宪法创立并被赋予权力。行政部门、立法部门与司法部门一样，都有责任通过执行自己的职能来解释宪法。事实上，每个官员都说过类似这样的誓词。

通过发起一场关于如何解释宪法的备受瞩目的论战，里根和米斯把自由派认为已经解决的一个根本问题又提了出来。自柯立芝以来，从未有杰出的共和党人认真地提出这样的观点。米斯关于"原初意图"发起的公开挑战，法学家乔纳森·奥尼尔写道，"形成了自新政以来行政部门和最高法院之间最直接的宪法辩论。"里根和米斯无非是想把宪法从自封的法律精英手中夺回，然后归还给人民。做出回应的不仅包括《纽约时报》社论版等意料之中的反对者，还有最高法院的现任法官——其中两个发表演讲批评了"原初意图"，以及法学界中的许多重要人物；这使我们确信，这件事不会就此结束。事实上，它的影响延续至今。

第二项创举是自1987年起，里根力主的五项宪法修正案的一揽子计划，他称之为"经济权利法案"。这表明，里根正试图以另一种方式回归富兰克林·罗斯福的自由主义传统，罗斯福1944年的"经济权利法案"包含更多政府通过重新分配财富而给予人民的权利（如工作的权利、获得卫生保健的权利，以及

获得住房和食物的权利）。里根想恢复一种旧的理念，个人权利是用来限制政府对个人的控制，而非个人通过政府权力的扩张来向同胞提出要求。

里根的前两项修正案我们都很熟悉：一个是平衡预算修正案，一个是赋予总统对开支议案的单项条款否决权的修正案。多数州长都拥有单项条款否决权，这样能使行政部门减少在单项计划上的开支，这些单项计划通常包含在那些总统不能否决的大的预算法案里，如国防拨款。里根在任期间，几乎在每一次国情咨文演讲中都要求通过这两项修正案。

但他提出的其他三项修正案却与众不同、令人关注。他的第三项提案要求国会对所有增税实行 2/3 绝对多数制投票。第四项提案要求宪法限制政府开支，这样联邦政府就不能缓慢地（或像奥巴马在任时快速地）、逐年和逐步地增加它占国家收入的份额。最后，里根的第五项提案要求宪法禁止工资和价格控制，这也是最奇怪的一项，充分显示了里根的远见卓识。到20世纪80年代末，通货膨胀已经下降，没有人提出美国需要再次考虑实行工资和价格控制。当时，美国政界几乎所有人都认为20世纪70年代的工资和价格控制并不那么成功，它实际上不起作用。但里根知道，时代变了。也许他预料到了我们今天的这种财政状况，预算赤字庞大以及联邦储备银行控制着政府的印钞机，使其加班忙碌。如果通货膨胀回升，像奥巴马这样的大政府自由主义者也许会想重新实行工资和价格控制作为补救措施。

第十五章　罗纳德·威尔逊·里根

> **"一个保守的卡米洛王朝"**
>
> "正如肯尼迪时代是自由派的时代,里根时代则是保守派的时代:参照点,突破性的进展——一个保守的肯尼迪王朝。同时,数十年造成的破坏无法在任何一届政府得到修复,这条教训再明白不过了。"
>
> ——印第安纳州州长米奇·丹尼尔斯

宪法修正案因蓄意阻挠而很难获得通过,里根的经济权利法案在20世纪80年代末的民主党国会毫无进展。但自奥巴马上任以及2010年中期选举共和党控制国会之后,茶党在过去的两年里重新恢复了里根的经济权利法案,并向国会提交了诸多不同版本。

里根支持的宪法修正案不止这些。他还支持允许在公立学校祷告和限制堕胎的宪法修正案。反堕胎修正案受到了参议院拖延战术的阻挠,但这并不能终止里根继续就这个问题进行有关宪法的争论。

反对堕胎的总统

里根最大的遗憾之一,就是在1967年担任加利福尼亚州州长时签署了一项自由堕胎法。后来他转变思想,在20世纪70年代中期坚决反对堕胎。里根政府竭尽所能在"罗伊诉韦德案"判决的限制范围内减少堕胎,试图停止对堕胎诊所给予联邦资助,要求每一个未成年少女堕胎时须通知父母(这两项措施都受到联邦法官的阻挠),并且严格限制对流产胎儿的医学研究。

为纪念"罗伊诉韦德"案判决十周年,1983年春,里根在

《人类生命回顾》上发表长篇文章,名为《堕胎与美国的良心》,这篇文章在 1984 年以小册子的形式再版。里根的政治顾问为他在临近竞选连任时发表这样的文章感到担心,但里根回应说:"我可能无法再次当选,但我们现在要解决这个问题。"里根是第一位在任期间出书的总统,自林肯以来从未有总统像他这样公开有力地谈论一个颇有争议的道德话题。他就像林肯谈论奴隶制时那样直接明确:"别搞错了,按要求堕胎并不是宪法赋予人们的权利。"里根引用拜伦·怀特大法官严厉的反对意见说,"罗伊案"的判决是一次对"原始司法权力"的运用,和"德雷德·斯科特案"类似。他说:"由于最高法院的一项裁决否定了某些人的生命价值而导致我们的国家出现分裂,这已经不是第一次了。"里根的一些言语让人为之一振:"为人堕胎者把胎儿的胳膊和腿重新拼合起来以确保它身体所有的部分已经从其母体撕扯下来,他甚至都不会质疑胎儿到底是不是人。"媒体表示,在任总统发表这样一篇有争议的文章"实属罕见"、"不同寻常"。

总统的特权

根据宪法规定,联邦政府首要、也是最重要的责任是保卫国家免受外敌入侵,而总统作为"总司令"最重要的责任是保证这一保卫行动的成功,这就是所谓"伊朗门"丑闻的中心问题。里根政府试图为尼加拉瓜的自由战士(尼加拉瓜反政府武装人员)提供秘密军事援助,以使其推翻共产党桑地诺民族解放阵线在尼加拉瓜的独裁统治。这次争议引发了对宪法规定的总统权力问题的讨论,2001 年 9 月 11 日后,在影射乔治·W. 布什总统的争议中也产生了同样的争论,伊朗门事件值得详细讨论。

"伊朗门"丑闻是一个由里根及其高级顾问判断失误造成的复杂事件——尤其是因为,里根决定试图向仍被阿亚图拉·霍梅尼统治的伊朗出售武器,来间接解救被伊斯兰极端分子扣押在黎巴嫩的人质。武器销售收益的一部分被转移用于支持尼加拉瓜的反政府武装。尽管对伊朗的军售行为很不明智,但武器销售和把资金转移给尼加拉瓜都没有明显违背现有法律,这在很大程度上是因为一些适用于这些行为的法律表述模糊或有歧义。事实上,在随后进行的独立检察官调查中,没有人在这场备受指责的政治丑闻中因武器销售或资金转移而被直接指控犯罪。

在里根任内的多数时间里,国会的表现反复无常、不负责任,它试图通过合宪性可疑的方式来束缚总统在外交政策上的手脚。里根不止一次地抱怨,有国会众参两院535名"国务卿"在,要执行外交政策是不可能的。

在伊朗门事件期间,许多学者、知识分子开始重温约翰·洛克的《政府论(下)》,这也是《独立宣言》的主要灵感来源。洛克对行政特权本质的理解,在建国者准备设立总统职位的过程中也相当重要。他把特权简单地定义为"一种并无法律规定、为公众谋福利的权力"(原文强调)。为什么"没有法律规定"呢?因为洛克解释说:"有许多东西是法律不能规定的……严格、死板地遵守法律在很多情况下可能会造成危害。"事实上,他甚至还提到:"在某些情况下法律应给行政权力让路……(执政者)有权力自行决定为公众谋福利,这种权力没有法律规定,**有时甚至要违反法律规定**。"

洛克的特权思想显然是一种遗留物,由历史上影响深远的欧洲君主权保留和扩大而来;议会民主制度的产生就是为了与君权对抗,制约君权的频繁滥用和扩大。行政特权这一概念在本质上无法用正式的法律手段来界定，它与美国共和思想中传统的立宪主义格格不入。没有一个现代宪政律师能轻易接受它（虽然联邦司法部门一直不愿干涉对它的限制或定义，但还是驳回了由国会议员提起的一些诉讼来澄清这件事）。根据建国者的规划，滥用行政特权将受到权力分立的制约，国会的监督是必要和恰当的。但即使国会声称其在实在法内有特权，总统仍有行使特权的明确范围。例如，《国家安全法案》承认对保密和自由裁量权的一般需要，但前提条件是总统必须"及时"告知国会有关秘密行动的事宜。何谓"及时"？关于及时，没有任何立法或者司法考量。在1986年11月事情败露的前一年，里根从未告知国会任何人他向伊朗军售的决断。但很明显，如果里根把对伊朗武器交易的事宜告知国会，那它一定会登上《华盛顿邮报》第二天的头版。

杰斐逊捍卫总统特权

"你提出的这个问题，无论它是否时有发生，让深得信赖的官员把夺取法律规定之外的权力作为职责，从原则上讲很容易解决，但在实践中有时令人尴尬。严格遵守成文法无疑是一个好公民的重要职责之一，但不是最重要的。法律中规定的必要性、自我保护和拯救国家于危难才是更重要的责任。因为一丝不苟地遵守成文法而失去我们的国家，我们也会失去法律本身，连同生命、自由、财产以及和我们一起享受这些的人民；从而会因手段而荒唐地牺牲目标。"

——引自托马斯·杰斐逊1810年给约翰·科尔文的信

在美国历史上，总统使用特权的例子包括，杰斐逊决定完成路易斯安那购置地，尽管他怀疑该举动的合宪性；1861年林肯暂停人身保护令（宪法明确规定"在叛乱时代"暂停人身保护令是国会的权力而非行政部门的权力）；1907年西奥多·罗斯福未经国会授权就让大白舰队起航；以及富兰克林·罗斯福多次违反《中立法案》等。这些还有其他一些例子都符合亚历山大·汉密尔顿在《联邦党人文集》中的一个观念：总统职位是政府"广泛而艰巨的事业"的核心。杰斐逊和洛克一脉相承，他在1810年提出还有比"严格遵守法律""更重要"的责任。但尼克松的言论表明了总统特权的界限，他曾无耻地说"如果一个总统做了什么原本不合法的事，那意味着这件事不再不合法"，这一言论遭到美国公众的反对。

杰斐逊和尼克松他们两个孰对孰错，这种微妙的问题该如何判断？尽管学者和宪政律师都赞成使用明确的标准，但尼克松的例子使人想到洛克给出的明确回答：应由人民来判断。洛克写道：

225　　　"人民注意到了他们行动的整个倾向是为公众谋福利，因而并不质疑他们为此目的所做的一切没有法律根据，或者，即使由于人类的任何弱点或过失（因为君主和其他人一样，也只是人），以致与这个目的稍微有些出入，但只要他们行动的主要趋向明显只是关怀公众，而非其他，人民也不会计较。所以，既然人民有理由认为应该欢迎这些君主在没有法律规定或与法律的明文规定相抵触的场合有所作为，他们就会默许君主所做的一切……"

关于伊朗门事件的宪法斗争的结果，将以一种严谨的方式进行裁决：在华盛顿对政治冲突进行公开审判。参众两院联合委员会对伊朗门事件的调查——一项被民主党人比作水门事件并希望以弹劾里根告终的调查——在陆军中校奥利弗·诺思出现之后发生了转变。他的出现令里根的批判者感到意外,他强力、深刻地抨击了国会内自由派对外交政策不负责任的干预。公众舆论果断地转向支持里根的一方,自由派妄图将另一位共和党总统赶下台的幻想破灭了。换言之,人民做出了判断——正如洛克所言,他们应该这么做——他们判定里根总统的做法是合理的,即便不一定明智。

正中要害的一击以及两次失败之举

里根在1980年总统大选时,对《华尔街日报》说:"我认为,一直以来最高法院有许多大法官只要一有机会就侵犯立法机关特权;他们是立法而不是判案,一些人还试图改写宪法,而非解释宪法。"里根政府决定采取有史以来最严肃和最系统的方法来任命保守主义者到司法部门就职。

但里根在1980年大选时承诺,他要在最高法院"首次"任命一位女法官,所以,在1981年波特·斯图尔特大法官退休时里根决定立即兑现这一承诺。1981年,共和党内只有少数几名难得的女法官能获此殊荣;在这一年,所有45～60岁的法学院毕业生中,女性只占了不到5%,而亚利桑那州上诉法院的法官桑德拉·戴·奥康纳就是其中之一。

当时人们对奥康纳存在很多质疑,但里根相信她会是一个可靠的宪法法官。在给福音派作家哈罗德·O.J.布朗的私人信件中,里根写道:"她向我保证,她个人认为堕胎是可恨的。她也告诉我她相信这个主题可以作为一个立法议题……我对奥康纳女士,对她的资格和人生观充满信心。"

奥康纳随后的表现却让保守派失望，但里根最初对她的信任是合乎情理的。在最高法院任职的最初几年，奥康纳是一个坚定的保守主义者，她在最高法院92%的判决投票中都保持了和她斯坦福大学法学院的同学亚利桑那州法官伦奎斯特一样的立场。奥康纳在任期间基本上一直是财产权的拥护者，2004年她为臭名昭著的"凯洛案"撰写了强烈的反对意见，她认为支持地方政府运用权力获取私人土地并分配给其他私人土地主，显然违反了第五修正案中"征用条款"的明确规定。奥康纳上任后，在最高法院受理的第一个堕胎案中，她投票支持反对者，并和他们一起批评"罗伊诉韦德案"迫使法院"伪装成科学审查委员会"。奥康纳说："'罗伊案'本身就是自我矛盾的……在法律或逻辑上没有任何理由证明'罗伊案'中采用的三个月时间框架是合理的。"但她在后来的堕胎案中改变了立场，她也投票支持在高校招生中实行平权行动的种族配额制。

1986年接受任命的安东宁·斯卡利亚是里根的第二项任命，他是第一位在最高法院供职的意大利裔美国人。对宪法原旨主义的捍卫者来说，对他的任命是"满垒本垒打"，在参议院以98:0的票数获得通过。

里根的第三项任命是1987年对安东尼·肯尼迪的任命。肯尼迪也经常让保守派失望，他是一个反复无常的法官，但正如罗杰·马里斯[1]的本垒打记录，这次任命也值得加（ * ）[2]标

---

〔1〕 译注：（1934～1985）纽约洋基队棒球运动员，1961年创下了单球季61支本垒打的记录，打破了贝比鲁斯1927年创下的单球季60支本垒打记录。

〔2〕 译注：因不希望贝比鲁斯的记录被马里斯打破，时任美国棒球大联盟主席规定，由于1927年的球季是154场，现在已变成162场，因此"鉴于基准点不公平"，如果是在多余的8场中创下的纪录，一律要加上星号（ * ）以资区别。此处意指对肯尼迪的任命不尽公平。

注。1987年最高法院席位空缺以后,肯尼迪是里根的第三人选,也是最后人选。他的第一人选是杰出的罗伯特·伯克,人们预计他的提名应该很容易在参议院获得通过,甚至连参议院司法委员会主席乔·拜登都表示会投票给伯克。但在泰德·肯尼迪和整个左翼势力发起了一场卑劣的攻击后,参议院中的民主党人否决了对伯克的提名——并通过这种手段,永久地改变了司法政治。这一事件甚至导致许多字典中出现了一个新的及物动词:撤销任命,意思是通过对被提名人的性格和观点发起无情、公开的攻击以达到撤销任命的目的。

里根勃然大怒,他表示恨不得不再任命任何人,而让这个职位空缺到下一位总统上任。但他随后决定提名某个"他们会像上次一样反对"的人。这个人就是道格拉斯·金斯伯格,一个有着强烈自由主义特征的法学家。他被揭露在担任哈佛大学教授时曾吸食大麻,所以被取消任命。这样司法部审核过的候选人名单上就只剩下了安东尼·肯尼迪。里根知道站在自己的立场上,选择安东尼是个下策。前司法部长威廉·弗伦奇·史密斯对里根说:"我了解安东尼·肯尼迪,他跟我们立场不同。"但由于没有其他候选人,肯尼迪得到了里根的点头同意。

由于伯克被击败以及奥康纳的软弱,里根失去了改造最高法院的机会。但是他的任命——甚至包括肯尼迪——在很多问题上的确把最高法院推向了一个更保守的方向。里根成功地在地方法院和联邦巡回上诉法院任命了许多有原则的保守派人士。

总体来看,里根对宪法有深刻的理解,他明确表达并推行了有原则的立宪主义;虽然对最高法院有两项令人失望的任命,但也只是把他的合宪等级降到了 A–。

第十六章
乔治·H. W. 布什
（任期：1989～1993）

"我想让这个国家变得更友善、更文雅。"
——乔治·H. W. 布什

布什总统的合宪等级： B

在尽职尽责地担任了罗纳德·里根的两届副总统之后，乔治·赫伯特·沃克·布什凭借自身能力赢得了1988年总统大选的胜利。作为一个温和的共和党人，他因正派、宽厚而声名远播。他跌宕起伏的一届总统任期表明，现代总统政治中缺少正派与温和。老布什的这届总统任期也是一个可引以为训的例子，展示了他是如何挥霍了其前任——在这里指里根——留下的优秀成果。

1989年乔治·H. W. 布什宣誓就职

你知道吗?

乔治·H. W. 布什是第二次世界大战期间最年轻的飞行员之一，1944年，在对小笠原群岛的日军进行轰炸袭击时，他被击落，后得到救援。

参议员鲁德曼夸耀，是他诱骗布什政府把戴维·苏特任命为最高法院大法官。

布什在竞选期间承诺要把资本收益税从28%降到15%，布什总统的确做到了这一点——只不过是小布什。

有关布什任期最重要的政治事实，是他以何种方式赢得了选举——这条教训，他上台后差不多忘了。从很多方面来看，1988年大选是对里根任期的全民投票，实际上，布什竞选的是里根的第三个任期。在1988年的共和党大会上，布什宣布他将忠于里根主义，并发誓说："看我的嘴形：不——增——税"，这打消了保守派的疑虑。那个在1980年嘲笑减税是"伏都经济"[1]的人，现在提出了自己的供给学刺激政策：布什提议将资本收益税从28%削减至15%。乔治·布什在适当的时候兑现了这一承诺——但不是**这个**布什。当乔治·H. W. 布什背离里根的政策和原则时，保守派觉得自己被出卖了。

同时，自由派也永远不会原谅布什，因为他在1988年总统大选中指出他们的总统候选人、时任马萨诸塞州州长迈克尔·杜卡基斯有严重的自由主义倾向。杜卡基斯试图把他的自由主义隐藏在管理"能力"的外表之下，当布什指出他为犯人争取准假期、否决要求公立学校孩子背诵《效忠誓词》的法案、反

---

[1] 译注：指表面吸引人但在一段时期内并不带来成效的经济观点。

对死刑、支持枪支管制以及他是美国公民自由协会成员时,自由派连连叫屈。自由派嚎叫是因为他们认为这种对基本文化价值观的呼吁不应该出现在总统选举中。他们没有意识到,在总统选举中性格和价值观是最重要的因素。到1988年,大多数美国人都讨厌自由主义。正如政治记者威廉·施奈德当时所写:"为什么自由主义变成了一个如此恐怖的词?原因是里根改变了美国政治的面貌。"自由派没有捍卫其不得人心的立场,相反,他们指责布什"搞消极竞选"[1]。自此以后,这就成了自由派解读全国大选的样板(尤其是在2004年)。但正如政治学家阿龙·威尔达夫斯基所言:"所谓消极竞选就是不道德的候选人竞选失败的选举。"

挥霍里根的遗产

尽管布什赢得选举主要归功于里根遗留的成果,但他却想方设法和里根划清界限。他在共和党大会上发表的演讲中尖锐地指出,要力图创建"一个更友善、更文雅的国家"。(据报道,南希·里根曾问道:"比谁更友善、更文雅?")大选之后,布什政府在过渡时期的第一要务是尽快撤换所有里根工作班子的成员。据说,布什任命的人(不像里根工作班子成员)有贷款,但没思想。保罗·韦里奇说,他一直担心布什赢得选举意味着"乡村俱乐部共和党人的到来,他们迫不及待地想让里根下

---

[1] 译注:指候选人在竞选中不是以自己的政策主张、领导才能等吸引选民,而是以批评竞争者为主,甚至采用诽谤、侮辱性的语言进行攻击中伤以求获得选票。

台"。乔治·舒尔茨的国务院高级助手查尔斯·希尔回忆说:"事情突然变得很明了,这将是一次对抗性过渡。新人们并不友好。他们发出的信号是:赶快离开这里。"纽特·金里奇告诫说:"我们可不是布什的手下。"

一个有原则的人?

"我是个保守主义者,但不是个狂热分子。"

——乔治·H. W. 布什

在国内政策上,布什抛弃了里根对扩大政府调控的告诫。在历经里根政府多年的控制后,政府调控和联邦支出都开始快速扩大。布什支持一些扩大联邦调控和诉讼的新法令——特别是《美国残疾人法案》,它的提出本是出自好意,但起草工作做得很糟。他也支持新的《清洁空气法案》,这部法案扩大了环境保护局的职权范围,开始了对乙醇的大规模浪费。布什还签署了一项新的民权法,在最高法院裁定其中的某些种族优待政策违宪后,这部法律被国会通过。他还增加了联邦教育开支,因为他承诺要当一位"教育总统"。

但布什最大的错误是为了对抗联邦赤字而提高所得税。他以极尽可能的方式背弃了自己"不增税"的承诺——不仅同意提高所得税税率,而且向民主党人的要求妥协,答应不再呼吁削减资本收益税。布什后来对这件事感到后悔,但为时已晚。到 1992 年,比尔·克林顿的立场已经比布什更"**右**",他指责布什增税,并承诺"结束我们现在所知的福利制度"(福利是一个被布什忽略的问题)。布什不仅失去了构成共和党核心的保守派基础,也失去了独立选民的支持。1992 年大选中,2/3 投票给克林顿的选民在出口民调中表示，布什背弃他"不增税"的承诺是导致他们决定支持克林顿的一个"非常重要"的因素。

如果说布什的增税措施和国内政策在总体上对自由主义做出了太大让步，那么他的经济政策中有一个方面还是值得称赞的。1991年，经济陷入轻度衰退，布什和他的团队明智地决定，最好的办法是什么都不做——不实行会产生相反效果的政府干预或"刺激"措施，让自然经济周期充分发挥作用。自哈定以来，布什是第一位采用这个办法的总统——避免了多次发表公开声明来解释政府如何为重振经济而努力。不过，这项不干预经济的明智决定让布什付出了沉重的政治代价；他的自由放任政策和对经济危机的沉默态度导致他支持率下跌，使克林顿有机可乘，得以打着"笨蛋，问题是经济"的口号来竞选。任何一份更有说服力的经济咨文都可以让布什受到更好的待遇，即便只是一个关于政府干预为什么只会令事情更糟的解释。相反，他没有为自己的政策做出任何辩解。

布什的对外政策

布什在内政上表现不佳的原因之一是他缺乏"远见卓识"，这一点他自己也承认。但他在外交领域算是个有远见的人——鉴于他在这方面背景深厚，这点不足为奇。任职副总统之前，他曾担任美国驻联合国大使和中情局局长。遗憾的是，布什乐于接受国际主义观点，用他自己的话说，要建立"世界新秩序"——这一说法立即引起了美国民众的质疑，他们认为总统太过相信"国际社会"了。

在布什的一届任期内，他对外交事务的处理总体上是值得称赞的，但遗憾的是，他选择了这个考虑欠周的短语，并且未能认识到它在环城公路外非常不受欢迎。1989年11月柏林墙突然倒塌，布什担心这会引发潜在的动乱，于是发表了一个极为低调的声明，引得民众甚至怀疑他是不是吃了安定。

布什在1990～1991年对苏联解体问题的处理，虽然过程坎坷、常常受到批评，但在总体上做得很出色；他还发挥核心作用，为东德和西德的重新统一扫除了障碍。在当时，东西德的重新统一对整个欧洲来说是个非常敏感的问题。

冷静对待

柏林墙倒塌后记者对总统说："您看上去并不高兴。"布什总统回答："我不是那种容易情绪激动的家伙。"

布什任内最有纪念意义的外交事件是1991年的海湾战争，他组建了一个庞大的国际联盟，发起"沙漠风暴行动"以击退萨达姆·侯赛因对科威特的入侵。美国军队在海湾战争中取得了迅速而决定性的胜利，生动地证明了过去十年里根总统重建美国军事能力和士气所取得的成绩。然而，海湾战争无果而终。尽管伊拉克部队被逐出了科威特，但当时的军事进攻决定不推翻萨达姆在伊拉克的政权。布什和他的团队判断失误，他们以为战后萨达姆会被自己的人民推翻。相反，美国不得不在12年后卷土重来，以解决这个遗留问题。

分裂的任命

布什总统对最高法院有两项任命，这两项任命之间的对比表明过去几十年不少共和党总统时常做出草率的任命，而这样的任命危害不小。布什的第一项任命是戴维·苏特，这是共和党总统对最高法院最糟糕的任命之一，而他的第二项任命，克拉伦斯·托马斯，则是最出色的任命之一。

1990年，布什任命戴维·苏特为大法官，让他接替激进的自由主义者威廉·布伦南。苏特被选中正是因为他没有任何"书面记录"[1]，而布什则希望避免出现像1987年那样把罗伯特·伯克拉下马的"确认战"。布什确信，苏特将在最高法院实现"本垒打"；但当苏特透露他的偶像是奥利弗·温德尔·霍姆斯法官时，布什本应该小心提防。（事实上，任何承认欣赏霍姆斯的准司法被任命人，都应该被头脑清醒的保守派政府取消受任资格。）苏特遭到了自由派的质疑，许多团体如全国妇女组织，都反对参议院通过对他的确认。事实上，他们不必担心，因为苏特通过参议院的确认之后立刻就倒向了左派，他投票支持按要求堕胎，并在最高法院受理的几乎所有重大案件中都加入了自由派的阵营。根据《华尔街日报》，已退休的新罕布什尔州参议员沃伦·鲁德曼，也是对苏特任命的主要发起人之一，后来"讲述了他如何把苏特先生作为坚定的保守派推销给容易上当的白宫办公厅主任约翰·苏努努，并引以为豪"。

对于这个愚蠢的错误，布什1991年对克拉伦斯·托马斯的任命算是一种弥补。托马斯是一位黑人保守主义者，也是被任命到最高法院的第二位黑人大法官（他接替的是瑟古德·马歇尔），所以左派极尽全力反对他获得通过。他们拿出了一份伪造的对托马斯的性骚扰指控，这让布什对托马斯的支持发生了短暂动摇，

---

[1] 译注：对某人活动作记载的纸上跟踪。

但他最终坚定地支持托马斯，使其获得了通过。后来，托马斯也成为最高法院内重建建国者对宪法解释理解的最强声音。

235　　第41任总统布什（为了和他的儿子区别开来，他经常被这么称呼）因在外交政策上的稳健手段而值得赞扬——这符合宪法规定的总统最重要的职责：捍卫国家。他对克拉伦斯·托马斯的任命也是对他极为有利的一个重要因素，但对苏特的糟糕任命和对政府调控扩张的默许都使他的合宪等级直降到了B。

第十七章
威廉·杰斐逊·克林顿
(任期：1993~2001)

"这取决于'是'这个词是什么意思。如果这——如果他——如果'是'的意思是现在是而以前不是，那就是不——那是不一样的。如果它的意思是现在没这回事，那么当时这句话就是一个完全真实的陈述。"
——比尔·克林顿[1]

"比尔·克林顿就不应该赢得1992年的总统大选。"
——马丁·沃克《卫报》（一份左翼报纸）

克林顿总统的合宪等级： F

人们普遍认为比尔·克林顿是一个非常聪明、颇具天分的政治家，但也不得不指责他因严重的性格缺陷浪费了自己的天赋，远未达到他应有的高度。新闻媒体和民主党权势集团都知道克林顿沉迷女色且行事鲁莽，都为他极力掩盖。他们争辩道，对总统而言，性格不是问题。但我们从克林顿的惨败中吸取

---

[1] 译注：在英文中，叫威廉（William）的人的小名一般都叫比尔（Bill），所以他通常也被称作比尔·克林顿（Bill Clinton）。

1993年克林顿首次当选就职宣誓

的主要教训是，事实上**个人性格**不仅**关乎**总统职位而且**关乎**整个国家的命运。

你知道吗?

比尔·克林顿是自富兰克林·罗斯福以来第一位连任成功的民主党总统

比尔·克林顿是第一位"选一送一"的总统

比尔·克林顿是第二位被弹劾的总统

比尔·克林顿是第一位对恐怖分子宽大处理的总统

比尔·克林顿是第一位赦免自己家庭成员的总统

沉迷女色只是克林顿的缺点之一，他性格方面的另一个问题是脾气火爆，并且偶尔会在公众场合爆发。比如他直接向美国人民撒谎说他从未"和**那个女人**——莱温斯基女士发生过关系"；或者只是被网络新闻记者问及一个不友好的问题，他就愤怒地起身离开记者招待会。作为阿肯色大学的前宪法学教授，克林顿不断放宽、扭曲宪法对行政权力的限制，甚至可以说超越了这些限制。

克林顿是第一位在婴儿潮时代出生的美国总统，也是美国历史上第三年轻的总统。他是继富兰克林·罗斯福之后第一位连任成功的民主党总统，也是第一位在冷战胜利后就职的总统，所以在某种关键意义上，他坐享其成。根据小说家托妮·莫里森的描述，克林顿是美国第一位"黑暗"总统，体现了"黑的各种层面"——出生于单亲家庭，演奏萨克斯管，喜爱垃圾食品，而且"私生活不检点"。在最后一点上，他步了肯尼迪的后尘，并且超越了自己的偶像。克林顿是第一位、也是迄今为止

第十七章　威廉·杰斐逊·克林顿

唯一一位生理特征在全国电视上得以描述的总统，他的律师援引其"大小、形状、方向"把他描述为一个"正常的男人"。

克林顿是第一位实行"联合总统制"的总统——他和希拉里·罗德姆·克林顿以"选一送一"的特殊方式完成了总统任期。美国宪法对这样的执政安排毫无规定，但野心勃勃的希拉里对此表示欢迎。正如顾问乔治·斯特凡诺普洛斯提到的，希拉里"在白宫建立了自己的全资附属机构，有自己的员工、日程安排和活动策划室，名为'重症监护室'"。

"我们"是总统？

"我不会让某些记者乱翻我们的文件。我们可是总统。"

——希拉里·克林顿

其他第一夫人也不全是壁花。伊迪丝·威尔逊在丈夫中风后拿着他的手在法案上签字，埃莉诺·罗斯福是新政的领头喝彩欢呼者，弗洛伦斯·哈定为沃伦的崛起发挥了很大作用。罗莎琳·卡特在吉米的内阁会议中旁听，南希·里根因策划解雇办公厅主任唐·里甘而受到谴责。芭芭拉·布什精于辨别他人性格，很明显是乔治·H. W. 布什的非官方顾问。但没有一位第一夫人能像希拉里这样影响总统的政策和人事决定。

林登·约翰逊的前助手本·瓦滕伯格说："如果希拉里提出了一个愚蠢的建议，谁会来责备她？"当肯尼迪任命自己的弟弟罗伯特为司法部长时，林登·约翰逊深感不安，随后的立法规定也使总统不能任命自己的亲属担任国会管辖的职位。所以克林顿的安排无疑是非官方的，尽管如此，它还是照常进行，由美国第一夫人负责卫生保健改革。

和威尔逊不同，克林顿并未公然蔑视宪法，至少在言辞上是这样。但他的行为却另当别论，尤其是在总统行使绝对权力的领域：赦免、纪念地和行政命令[1]。

奉总统之命

克林顿使用尤为频繁的一项总统特权是发布行政命令的权利。美国最早的5位总统无疑是考虑到特权阶层对权力的滥用，而不愿发布这样的命令。事实上，乔治·华盛顿、约翰·亚当斯、托马斯·杰斐逊、詹姆斯·麦迪逊和詹姆斯·门罗，总共只发布了15项行政命令。华盛顿发布第一项行政命令是为了宣布感恩节为全国性节日。（"行政命令"一词在林肯执政后才被实际采用。直到进入现代，国务院开始为大多数行政命令编号，它们才被公之于众。）

富兰克林·罗斯福是克林顿的偶像，也是发布行政命令中的彼得·罗斯[2]，累计发布了3522项，仅1933年就发布了567项。罗纳德·里根不能与之相提并论，8年内仅发布了381项，乔治·H. W. 布什也难以望其项背，4年内只发布了165项。克林顿的记录是364项行政命令，但数字不能说明全部问题。克林顿通过发布行政命令来撤销前任总统们所发布的行政命令，罗纳德·里根是其主要目标。

1987年2月17日，里根发布的第12291号行政命令规定

---

[1] 译注：美国总统颁发的具有法律效力的行政命令。
[2] 译注：1941年4月14日~，绰号"拼命查理"（Charlie Hustle），是前美国职棒大联盟球员及总教练。

"减轻现行和今后法规的负担,增加监管机构的行为责任,为总统提供对监管过程的监督,减少法规之间的重复和冲突,确保充分合理的法规"。为此,行政命令规定新的法规要进行成本效益分析,这是一个以任何标准评判都很明智的措施。而克林顿发布了一项行政命令,废除了里根的这项命令。

里根的第12612号行政命令旨在"恢复制宪者提出的国家政府和州政府之间的政府责任划分,确保行政部门和机构在制定和实施政策时遵守制宪者建立的联邦制原则"。因此,官员在采取会导致联邦法律对州法优占[1]的行动时,要有所克制。这项命令也被克林顿以行政命令撤销了。

政府对侵犯私有财产的热衷,促使了里根第12630号行政命令的产生,该命令要求"涉及受宪法保护的财产权"时要小心谨慎。"行政部门和机构应该认真审查自己的行为以防止不必要的收入,并且在决策过程中,对那些因法律授权而必须征收的款项要做出说明。"里根这项关于收入的行政命令也被克林顿取消了。

里根发布第12606号行政命令"是为了确保行政部门和机构在制定和实施政策时,考虑到家庭的自主性和权利。"我们要对这些行为进行评估,以明确它们是否都巩固了家庭和父母的权利,或"用政府行动来替代"父母的职能。家庭收入和预算的影响也应予以考虑。克林顿适时地废除了这项命令,在他看来,联邦官员无需考虑他们的行为对美国家庭造成的影响。

克林顿的第12836号行政命令针对的是这样一些法规,它

---

〔1〕译注:来源于宪法的联邦最高条款:"根据宪法制定的联邦法律是美国的最高法典",所有与之抵触的州法必须被宣布无效。

们要求与联邦政府签订合同的雇主应告知其雇员,根据"通讯工人诉贝克案"的判决,他们享有哪些权利。在该案中,最高法院的裁决限制了工会募集工人资金并把它用于政治目的。克林顿宣称该命令旨在"消除不符合公众利益的行政命令",但其实它意味着更多工人会为民主党做出非自愿的政治贡献。而且,联邦承包商无需再张贴公告通知工人他们无需加入工会。

关于军队中的同性恋问题,总统的命令制定了一项"不问,不说"的政策,这使得同性恋顾问戴维·密克斯内尔拥戴克林顿为"我们运动中的亚伯拉罕·林肯",虽然克林顿自己肯定偏好女性(关于这点后文另有更多叙述)。克林顿的其他行政命令还包括,允许在美国的海外军事基地堕胎,允许在雇佣中采用歧视性种族评判标准——一种由政府强加、被委婉地称为"平权行动"的配额政策。堕胎和种族配额制都突显了克林顿的虚伪:他宣称希望堕胎是"安全、合法、有限的",却一直支持增加堕胎的举措,他甚至否决了一项限制怀孕后期堕胎的法律。在平权行动中,克林顿声称自己是要"修补它,而非结束它",但这无疑是一枚烟雾弹,用来掩盖他妄图破坏任何种族配额制改革的决心。

克林顿还有一项行政命令是禁止在5000万英亩的荒野上修建道路,"大笔一挥,法律写就"的行动未经任何成本效益分析就开始推行,但受到了环保激进分子的高度拥护。克林顿的许多行政命令都与他大政府时代已经结束的宣言相违背,这只是其中一项。

242 纪念地

克林顿的个人情怀也延伸到他对纪念地的狂热。加州海岸线隶属于一些合法的民选地方政府和加州海岸委员会（一个未经选举、设法把黑帮腐败和斯大林主义监管结合起来的机构），但克林顿却宣布超过 800 英里的整个加州海岸为国家纪念地。

这个特别的宣言表明了芭芭拉·奥尔森所描绘的克林顿的"古埃及法老般的狂妄自大"。《1906 年文物法》要求国立纪念地应包含"给予（受法案保护的）物品适当保护与管理的最小区域"——该法律最初针对的是历史遗迹和史前纪念物。因此自由女神像——并非纽约所有的——也是国立纪念物。但"最小"不符合克林顿的风格。

他批准了犹他州的大升梯—埃斯卡兰特国家纪念地，总面积为 1700 万英亩，以及大峡谷—帕拉香国家纪念地，占地面积为 1 104 000 英亩。到 2001 年 1 月 17 日总统任期结束，克林顿总共新建了九处国家纪念地：卡里索平原，占地 204 107 英亩；巴克岛礁，135 英亩；印第安帐篷石山群，4148 英亩；米尼多卡集中营，72.75 英亩；庞培神柱，51 英亩；索诺兰沙漠，486 149 英亩；密苏里河上游断层，377 346 英亩；维尔京群岛珊瑚礁，12 708 英亩；总督岛，20 英亩。克林顿建立了总面积多达 5 686 767 英亩的国家纪念地，我们也不应忘记禁止伐木和道路建设的 5000 万英亩国家森林。

我请求你的赦免

克林顿对宪法规定的权力最明目张胆地滥用,是对总统赦免权的使用。美国宪法赋予总统"对触犯美国法律的罪行颁赐缓刑和赦免的权力"。正如查尔斯·克劳萨默所言,这是总统最神圣的权力,在使用时要非常谨慎。亚历山大·汉密尔顿在《联邦党人文集》第 74 号中解释道,美国的建国者给予总统绝对的赦免权是因为"职责不可分割,所以相应的责任感就最强",这会"促使我们小心对待和谨慎处理"。

好书推荐

The Final Days: The Last, Desperate Abuses of Power by the Clinton White House by Barbara Olson (Regnery, 2001)

即使在共和国早期,总统对赦免权的使用也并非一直小心谨慎。乔治·华盛顿赦免了威士忌酒叛乱中的两名领导人,詹姆斯·麦迪逊赦免了海盗珍·拉菲特,安德鲁·约翰逊对愿意宣誓效忠美国的前南部邦联支持者实行大赦,西奥多·罗斯福赦免了菲律宾游击队领袖埃米利奥·阿吉纳尔多的追随者。最近发生的是杰拉尔德·福特赦免了理查德·尼克松在任期间可能犯下的所有罪行。吉米·卡特因赦免越南战争中的逃避兵役者引发了激烈争议。他还赦免了帕特里夏·赫斯特[1],这位被

---

[1] 译注:美国报业大王威廉·赫斯特的孙女。1974 年 2 月 4 日在加州伯克利被美国激进组织共生解放军绑架。帕特里夏·赫斯特被绑架后选择参加恐怖组织,并化名为"塔尼娅"参与了共生解放军的一系列恐怖行动。

绑架的继承人成了共生解放军中拿冲锋枪的"塔尼娅"。乔治·布什赦免了伊朗门丑闻中的卡斯帕·温伯格。但所有这些总统能在一定程度上证明，他们颁布的这些赦免，即便没那么小心谨慎，也是出于国家利益。

我在这里要公开发表一些不同意见。比尔·克林顿不是一个生性谨慎的人。事实上，即使在就任总统以后他也经常因为疏忽大意而犯错，其表现就像他的一个支持者迈克尔·金斯利所说的那样"极其缺乏自控能力"。克林顿曾看上一个叫赛德·邓洛普的漂亮女人，当她和丈夫在酒店的房间里上床时，克林顿给她打电话，试图劝说她出来与其鬼混。当然，他让热切的、穿着闪光丁字裤的莫妮卡·莱温斯基在他办公室里"帮助总统口交"，那里可是其他人都能，而且很明显能走进来的地方。

然而克林顿对恐怖主义的态度就不只是鲁莽冲动了。这是本该预见到的恐怖主义，而且不只来源于伊斯兰方面。曾经有一段时间，恐怖主义的主要目标是美国总统，他们组织了20多次暗杀行动——有的成功了，比如林肯、加菲尔德、麦金利和肯尼迪的遇害；那些不成功的尝试也敲响了警钟。1950年11月1日，奥斯卡·柯拉索和杰斯里奥·托里索拉试图暗杀住在布莱尔大厦的哈里·杜鲁门。因为白宫正在整修，哈里和贝丝·杜鲁门住在那里。暗杀行动失败，特工处特工莱斯利·考菲尔特和托里索拉在短暂交火中丧生。暗杀行动的失败并没有结束波多黎各为独立而发起的恐怖运动，相反，运动转向了诸如纽约、芝加哥和华盛顿等更容易得手的城市。

民族解放武装力量是一个暴力组织，力图在古巴模式下建立一个独立的奉行马克思列宁主义的波多黎各。该组织在1974~1983年间对美国发起了130多次爆炸袭击，共造成6名美国人死亡，几十名其他人员受伤。

被逮捕的 FALN 恐怖分子仍然执迷不悟，国会的波多黎各代表卡洛斯·罗梅罗·巴尔塞洛致信克林顿要求他继续关押 FALN 成员。联邦调查局也以这些恐怖分子是威胁美国的罪犯为由，反对释放他们。即使是因韦科惨案出名的司法部长珍妮特·雷诺也认为他们对美国构成威胁。时任司法部副部长埃里克·霍尔德认为应该替受害者考虑。

但克林顿选择绕开司法部，没有与 FALN 恐怖行动的任何受害者或其亲属进行协商。1999 年 9 月，他宽大处理了在押的 16 名 FALN 成员中的 14 名，这是总统首次对恐怖分子宽大处理。

从这里我们能看到联合执政的希拉里的参与，她的政治主张源于解放神学，这是一种用基督教词汇粉饰的正统的马克思列宁主义思想。迈克尔·诺瓦克（《它能带来解放吗？》）指出，该思想主张永远不要解放任何人任何事。希拉里曾在罗伯特·特罗伊哈夫特手下实习，他是美国共产党的一名律师，也是杰西卡·米特福德的丈夫。夫妇两人都是斯大林主义者而且卑贱地亲近苏联，就连新左翼和黑豹党人都躲避他们。

克林顿最后一次乘坐空军一号出行时，大步走进新闻发布室问道："你们有想赦免的人吗？"他收到了大量请求，也有意赦免他们——很大程度上是因为一桩个人事件后来会突显一个重要的宪法原则。

美国宪法从未规定总统能凌驾于国内法之上，这一点在葆拉·科尔宾·琼斯案中得到了明确体现。琼斯是阿肯色州工业发展委员会的一个秘书，1991 年 5 月，24 岁的她在管理会议上被州长克林顿发现。克林顿派一位州警把琼斯带到了他的房间，在那里，在他成为美国总统的前一年，克林顿脱掉自己的裤子让琼斯"亲吻那里"。她拒绝了总统然后仓惶逃走,随后她以性骚扰罪名起诉克林顿。克林顿利用其政治暗杀小组诽谤琼斯是穷苦白人的荡妇,共和党人的傀儡。他和琼斯一路对战至最高法院,并声称自己作为在任总统不需要为了反对琼斯的起诉而为自己辩护。但他一票未得,以9∶0的一致判决完败。克林顿最终支付了850 000美元的赔偿金,这对于一起本没有任何意义的案件来说是个大数目。

琼斯案最终使克林顿勃然大怒,因为它揭露了莫妮卡·莱温斯基的存在,这个帮总统口交的人比切尔西·克林顿大不了几岁。克林顿否认自己和"那个女人"发生过关系,乔治·斯特凡诺普洛斯把总统的表现描述为"理直气壮地撒谎"。克林顿的团队故伎重施,污蔑莫妮卡精神有问题,是一个性爱狂魔。希拉里·克林顿在全国电视讲话上把整件事归咎为一个"右翼的大阴谋"。

单一的头脑

"你知道吗,如果我是个单身男人,我会跟那具木乃伊约会,它很漂亮。"

——克林顿在美国国家地理学会
看到一具陈列的古印加木乃伊时说道

1998年12月19日,长达445页的《斯塔尔报告》最终使克林顿成为美国历史上第二位被弹劾的总统。他已经是第一位采血进行DNA化验的总统,这为揭露他的谎言提供了帮助。克林顿在宣誓作证的情况下否认自己和莱温斯基发生过关系,如果他想免于被起诉在琼斯案中作伪证,就必须在离任前和独立检察官罗伯特·雷伊达成一笔交易：

> 我不会寻求任何因对莱温斯基的调查而产生的法律费用，虽然在独立检察官法案的规定中我可能有这样的权利。我曾多次、频繁地回想琼斯案，在这次同意令中，我承认在琼斯案中我的证词蓄意违背了赖特法官证据开示的命令。
>
> 我试图在依法行事和作伪证之间寻找一条折中路线，但我现在意识到，我未能完全达成此目的，而且在有关莱温斯基女士的问题上，我的一些回答是虚假的。

这是典型的克林顿式回答——"我未能完全达成此目的"——但无济于事，美国总统曾向法律挑战，法律赢了。就像在水门事件之后提到的，这个体制发挥了作用。

活在另类的现实中？

> "这取决于我们怎样解释孤独……有很多时候我们是孤独的，但我从未真正觉得我们孤独。"
>
> ——克林顿对大陪审团的证词

这种"招认"——且不论他阿肯色州的律师执照被暂时吊销5年——对于任何一个律师而言都是一种耻辱，更别说是作为美国总统，这个世界上最有权势的人曾庄严宣誓要捍卫宪法维护法律。这次"招认"让克林顿心情很糟糕，他想在离任前打破更多的记录，所以在看待他发布的赦免时，这一点也应当纳入考虑。

总统有绝对权威发布赦免，但现代总统都认为有必要建立一个严密的审查过程和健全的指导方针,以防权力被滥用或出现腐败。在总统发布赦免之前,该案件必须通过司法部的特赦检察官办公室。被审议的犯罪案件必须是触犯联邦法律的,而非违反州法的,必须发生5年以上。那些缓刑、假释出狱、监外看管的罪犯都没有资格获得赦免,必要时可以咨询联邦调查局和其他机构。其他总统可能会偶尔延迟或跳过正常的赦免审查程序,就像福特赦免尼克松一样,但克林顿从头到尾都无视审查程序。

克林顿甚至赦免了一些没有申请赦免的罪犯,包括众议院筹款委员会前主席、伊利诺伊州民主党人丹·罗斯滕科斯基。1996年,"罗什蒂"(即罗斯滕科斯基)因被指控犯有邮件诈骗罪而被判处监禁17个月。他从未申请赦免,而且也没有达到审查要求的5年期限,但克林顿还是在2000年12月赦免了他。克林顿在临近任期结束时的圣诞赦免还包括泰森食品的首席发言人阿奇尔·谢弗三世,他因试图贿赂农业部长迈克·埃斯皮而被定罪。这无疑是一种党派贿赂。

乔纳森·波拉德曾为伊朗从事间谍工作(参见《领土的谎言》,伍尔夫·布利策著),尽管本杰明·内塔尼亚胡支持他获得赦免,但他并没有出现在赦免名单上。列奥那德·佩尔提尔因谋杀两名联邦调查局特工被判处两项终身监禁,在莱文沃思[1]服刑。德斯蒙德·图图、杰西·杰克逊、苏珊·萨兰登和其他杰出人士纷纷支持他获得赦免,即便如此,他也没能通过克林顿那关。垃圾债券之王迈克尔·米尔肯也是同样的下场。

在第二任期接近尾声时,克林顿政府烦扰司法部去寻找更

---

〔1〕译注:美国堪萨斯州东北部城市。

多的赦免案件，并接受了所有来人的申请。他把最糟糕的留到了最后。

从里程表到食蚁兽

事实上，克林顿在任期最后一天发布的 140 项赦免和 36 项减刑中，包括阿肯色州的阿特和道格·博雷尔兄弟，他们被指控回滚车内的里程表。密苏里州布兰森镇的拉里·李·邓肯犯有同样的罪行，他也得到了总统的赦免。总统还赦免了来自密苏里州沃尔斯 62 岁的比利·韦恩·沃玛斯，他在 1965 年犯了信用卡诈骗罪，涉案金额为 123.26 美元，当时的总统是林登·约翰逊。作为一个共和党人，沃玛斯说他很高兴能获得赦免。总统还运用他的权力赦免了霍华德·温菲尔德·里德尔，他主要是走私禁止用于制作牛仔靴的食蚁兽皮。阿尔蒙·格伦·布拉斯韦尔从事对秃顶的虚假治疗，还涉足邮件诈骗和作伪证，他也获得了克林顿的赦免。他在第二天向休·罗德姆担任合伙人的律师事务所汇去了 20 万美元，后者是联合执政总统的弟弟。

克林顿对骗子最容易起恻隐之心。2001 年 1 月 20 日，他赦免了前民主党参议院候选人查尔斯·D. 拉夫纳尔。拉夫纳尔把城堡联邦储蓄银行洗劫一空，这成为南卡罗莱纳史上最大的一桩诈骗案。正如亚历克·吉尼斯在《星球大战》中所言："垃圾遍地，恶棍横行，你永远找不到比这更糟糕的藏污纳垢之所。"克林顿能胜任这个挑战。

有可卡因，事事顺利

克林顿还给予 21 名毒品犯罪者减刑，其中一些人是因为轻微罪行受到长期判罚，但并非所有都是如此。比如曼哈顿律师哈维·魏尼格曾帮助"卡利卡特尔"洗钱。哥伦比亚政府谴责总统对他的赦免，巧合的是，魏尼希与一名白宫前高级助手有姻亲关系。这是一个多么亲密无间的世界啊！

克林顿是第一位赦免自己家庭成员的总统。小罗杰·克林顿（特工处称为"麻烦事"）是克林顿同母异父的弟弟，在 1985 年因可卡因犯罪而入狱一年，克林顿宣布他无罪。具有讽刺意味的是，罗杰在克林顿任州长时指挥的一场诱捕行动中被捕。罗杰给丹·拉萨特当过司机，后者是一个餐饮大亨和可卡因经销商，在克林顿当州长时被赦免。拉萨特入狱后，他公司的执行副总裁帕齐·托马森被克林顿夫妇带到了华盛顿，在那里负责行政管理处并管理白宫的一项药物检测计划。

克林顿也给卡洛斯·阿尼巴尔·维尼亚利减了刑，他曾运送近半吨可卡因至明尼阿波利斯，加工成强效可卡因后在贫困地区出售。维尼亚利的父亲奥拉西奥·维尼亚利是洛杉矶一个富有的开发商，而且是民主党政客的主要赞助人。泽维尔·贝塞拉、安东尼奥·维拉莱戈萨等人组成了一个"电话联盟"恳求总统赦免维尼亚利。奥拉西奥也劝说克林顿在洛杉矶的联邦检察官亚历杭德罗·梅奥卡斯代表在押的维尼亚利给白宫打电话。和许多人一样，维尼亚利的赦免也绕过了常规渠道。对于为赦免所做的努力，休·罗德姆向维尼亚利家族收取了 20 万美元的辛苦费。

总统的这项赦免致使一名联邦检察官辞职,并引发了民众对执法的不满,但克林顿夫妇完全无视这个丑闻。

赦免政府官员

总统赦免了负责住房与城市发展的圣安东尼奥前市长亨利·西斯内罗斯。和克林顿一样,西斯内罗斯承认自己在与前任情妇有关的一个案件中做了虚假陈述。教育部长理查德·赖利的儿子小理查德·威尔逊·赖利被指控在1993年密谋贩卖可卡因,克林顿也无条件赦免了他。

克林顿还赦免了前中情局局长约翰·多伊奇,他因把机密情报放在自家电脑里而惹上麻烦。总统赦免了海军情报局的塞缪尔·劳瑞·莫里森——他曾泄露机密图片。罗纳德·亨德森·布莱克利是迈克·埃斯皮的办公室主任,曾像克林顿一样做虚假陈述,他也获得了赦免。

另一位朋友杰西·杰克逊游说总统赦免前芝加哥国会议员梅尔·雷诺兹。雷诺兹因和一名16岁的竞选工作人员发生关系而被定罪,随后辞职,并因欺诈罪被起诉。克林顿给予他减刑,并赦免了杰克逊PUSH(拯救人类民众联合)组织里的多萝西·里弗斯,她曾盗用120亿美元的政府补助金。

关系并不总能起到作用。克林顿白水开发公司的合作伙伴苏珊·麦克杜格尔获得了赦免,但司法部副部长韦伯斯特·哈贝尔却没这么幸运。这无疑反映出总统更愿意为了女性而加倍努力。吉米·卡特已经赦免了帕蒂·赫斯特,但她的银行抢劫罪仍记录在案,克林顿把它抹掉了。

"家族"观念

苏珊·罗森伯格是气象地下组织的一名成员。该组织以爆炸袭击著称,与5月19日共产主义组织、黑人解放军、红色游击队抵抗组织等合称为"家族"。同邦妮和克莱德[1]一样,他们抢劫银行,杀害警察,轰炸国会大厦、海军战争学院、联邦调查局在斯塔顿岛的办公室和其他目标。

逮捕罗森伯格时还缴获了740磅炸药和大批武器。她被判处58年监禁,成为一位左派名人,诺姆·乔姆斯基、威廉·肯斯特勒等人都为她的获释进行游说。他们在克林顿总统任期的最后一天达到了这个目的,总统不仅赦免了罗森伯格,还给琳达·苏·埃文斯减了刑。埃文斯因在1983年密谋轰炸国会大厦而被定罪。总统的行为激怒了纽约州参议员查尔斯·舒曼和时任纽约市长鲁道夫·朱利安尼,朱利安尼曾因"家族"对布林克公司的袭击提起控诉。与袭击受害者一样,这些政客都无计可施。

从对罗森伯格和埃文斯的赦免中,我们能看到美国第一夫人的干预,这种干预给所有恐怖分子带来了希望。尽管罗森伯格和埃文斯出尽风头,但和另一桩案子相比她们还稍逊一筹,那桩案子简直就像直接来源于伊恩·弗莱明的《金手指》。

---

〔1〕译注:美国历史上有名的雌雄大盗,20世纪30年代在美国中部犯下多起抢劫案。

里奇和品奇

马克·里奇1934年出生于比利时安特卫普,1947年成为美国公民,1977年成为世界上最大的铝经销商。他也运送石油至南非等国家,和伊朗、利比亚有生意往来,用石油和古巴换糖。2000年,他的公司盈利近70亿美元。在一桩被称为美国历史上最大的税收诈骗案中,美国官员根据《反犯罪组织侵蚀合法组织法》对他提起控诉,但里奇及其合伙人平卡斯·"品奇"·格林逃到了国外。里奇逃亡时,他旗下的克拉兰敦公司把价值400多万美元的镍和铜卖给了美国造币厂。里奇曾对财政部进行过诈骗,而造币厂正是财政部的一个分支机构。

即使马克·里奇拥有其他人都渴望的金钱和权力,但也无济于事。他也寻求赦免,他把钱捐给那些高尚的事业,赢得了像埃胡德·巴拉克和阿贝·福克斯曼这样备受瞩目的盟友。里奇希望获得无条件赦免,他拒绝任何让他向美国当局投降的交易。他选择利用克林顿对检察官的厌恶,并部署他的前妻丹妮丝去游说总统。在前白宫法律顾问杰克·奎恩催促克林顿发布赦免令的紧要关头,丹妮丝在与克林顿夫妇有关的项目上投入了至少150万美元。她给克林顿夫妇送了很多礼物,其中包括一支送给总统的金萨克斯管。里奇和"品奇"·格林都获得了赦免。

克林顿在《纽约时报》的专栏版否认赦免是由于丹妮丝·里奇对克林顿图书馆基金会的捐赠。总统宣称那些报道"完全失实","绝对没有任何交换条件"。相反,《纽约时报》自己的社论说,这次赦免"始于金钱,终于金钱,渠道由金钱打开",

并称这次赦免"严重滥用了庄严的总统职责"。

迈克尔·凯利曾为《纽约时报》报道过克林顿1992年的竞选活动，他说克林顿"几乎在每个重要情况下都撒谎"。

凯利写道"没有一位总统的所作所为像克林顿这样，他试图让赦免程序大规模腐败化。没有人像他这样，避开自己的政府进行秘密交易，并且加快处理这些有钱有关系的人提出的特殊请求。没有人像他这样，在就职当天早晨交给司法部列有数十人的赦免名单。因为交得太迟，司法部没有时间去检查甚至粗略翻阅名单。"凯利总结说："8条理由，4条是谎言。对于他自己这种老手来说，不算很糟糕。"

吉米·卡特公开表示"厚礼"在赦免中起到了重要作用，他说这是"可耻的"。顺便提一下，卡特自己发布的赦免和减刑包括试图谋杀哈里·杜鲁门的奥斯卡·柯拉索、美利坚联盟国总统杰斐逊·戴维斯，以及因水门事件出名的G. 戈登·利迪。

2001年2月，参议院司法委员会就克林顿做出的赦免举行了听证会。来自纽约的资深参议员查尔斯·舒曼说："在我看来，从司法角度没有任何理由去赦免一个逃犯。逃犯认为对他的控诉有问题或证据不足，这无关紧要，他有多么仁慈也不重要。赦免一个逃犯会完全改变我们的司法体制，也是对它的嘲讽。"

左翼的爱荷华州民主党人汤姆·哈尔金说："不能原谅他为马克·里奇所做的一切，这本不该发生。"乔·拜登说："我认为总统肯定是有让人难以置信的失忆或者脑死亡。"巴尼·弗兰克说："他的所作所为令人生畏、腐败至极。这些人无视公益服务和个人方便之间的界限。"克林顿的拥护者鲍勃·赫伯特说其中一些赦免"完全符合对贿赂的标准定义"。

说得好。宪法赋予总统赦免权，但从未允许总统贩卖赦免权。克林顿批评家查尔斯·克劳萨默说，总统忘记了赦免权的特殊性质，"正如他忘记应该尊重他所拥有的其他权力一样……这不是判断失误，这是亵渎。"

加利福尼亚州州长、总统竞选人杰里·布朗暗指对里奇的赦免已经构成了犯罪。布朗说，至于克林顿，"他一定满脑子里想的都是甜头"，他还补充说"总统的行动毫无顾忌，这里我们指的是金钱和受贿"。

坠入暗谷

关于克林顿的遗产，我会让自由派人士、民主党人、编辑和前克林顿支持者发表自己的言论。

鲍勃·赫伯特在《纽约时报》上写道："克林顿的敌人多年来一直认为他腐败至极、令人惊骇，他的一些密友和支持者也都表示赞同。总统在林肯的卧室里挂了一块'出租'的牌子，他在白宫最后的日子里夜不能寐，不可思议地清仓贱卖了赦免权。"

前《新共和》编辑安德鲁·苏利文说："在克林顿执掌白宫的这8年，我们看到的是一个完全没有理性的人。我认为他一直生活在严重精神病的边缘，他有心理疾病。"而且，"克林顿的心理健康程度不足以使他担任美国总统。"

《经济学人》说："尽管克林顿很聪明，但他为人太不诚实，无法胜任总统。"

《阿肯色民主党公报》的总编辑约翰·罗伯特·斯塔尔写道："他是一个傲慢卑鄙的狗崽子，一个龌龊下流的无赖。"

克林顿的批评者一直都是对的，《纽约观察家》说："克林顿其实是一个卑鄙下流的人，他不可信赖、过河拆桥。"

吉米·卡特的前办公室主任汉密尔顿·乔丹用题为"天字第一号骗子"的评论文章攻击克林顿夫妇。他写道，克林顿夫妇"只忠于自己的野心"。

《硬球》的作者克里斯·马修斯却有着不同的见解。"这场交易中最大的输家是美国，"他写道。"在此之前，我们嘲笑那些贫穷的小国家，因为他们能被贩毒者和国际骗子收买。我们讽刺第三世界国家的首都，因为在那，某个家庭成员带着一点钱，就可以让人开门放行或者睁一只眼闭一只眼。多亏比尔和希拉里·克林顿，我们现在已经丧失了这种小小的民族虚荣心。"这里的潜台词是，克林顿夫妇是美国走向第三世界地位的里程碑——这份遗产让人颇为怀疑。

"问问你自己，克林顿都干了些什么？"《美国总统制：一部思想文化史》的作者、历史学家福里斯特·麦克唐纳写道。"他负责过任何重大立法吗？福利改革来自共和党国会，卫生保健就是个灾难，他根本没做多少实事。他就是一幕错误百出的喜剧。"

好书推荐

Legacy: Paying the Price for the Clinton Years by Rich Lowry (Regnery, 2003)

克林顿夫妇是20世纪60年代（和30年代）历史的重演者，他们所展现出来的观点都是前人尝试过的，而且是不合格的。他们发现真正的改革困难重重，因而没有进行尝试。克林顿的任期表明，一个人可能拥有金光闪闪的学术背景和个人魅力，但在专业性、心理和道德上却无法胜任公职，尤其是这个国家的最高权力职位。实际上，克林顿夫妇来到华盛顿，脱掉他们的内裤，让整个国家去"亲吻那里"。大多数情况下，国民都照做了。一定程度上，我们应该从中吸取教训。

正如克拉伦斯·托马斯所言，要小心"权利伴影"。克林顿总统中心包括克林顿总统图书馆和博物馆，坐落在阿肯色河边一个老旧的仓储区，当地人称之为暗谷。至少有一个导游看出来这些东西和克林顿的遗产有令人可怕的一致性。像梅利莎·罗斯这样的旅行作家早在2001年就吹捧说："对于美国学者、欧洲游客和庸俗的收藏家而言，在格雷斯兰以西有两个小时路程的小石城已经成为美国的麦加。这一切都多亏南方另一个送胯之王。"

性格缺陷导致的高昂代价

克林顿总统的悲剧在于，他本身持温和派政策观点，却时不时地证明自己有责任与那些提出保守目标的共和党人妥协，比如福利改革和平衡预算，甚至还在第二任期末支持减税。他与共和党人在这些问题上的合作，是出于真诚的信念还是政治上的权宜之计，我们已经无从得知。但值得指出的是，他在1992年大选中对说唱艺人"修女索尔加"的众所周知的指责，其实早在1984年就有先例，当时他公开批评了杰西·杰克逊。

即便是在十年前，我们就已经知道，社会保障和医疗保险长期以来资不抵债，在财政上给国家造成了威胁。但在第二任期的中期——我们后来才得知——克林顿和众议院议长纽特·

金里奇密谋了一项改革社会保障和医疗保险的重要协议。这项协议的提纲是典型的华盛顿的妥协，不仅在一定程度上让双方都不满意，而且提升了双方的目标。克林顿愿意支持在社会保障和医疗保险中使用个人账户——这是保守派的主要改革建议——金里奇也愿意考虑采取一些增税措施来支撑计划中的现有受益人。克林顿任命的一个特别调查委员会提出的正是这一方针。

所有一切为了子孙后代

"我虽然不是美国最伟大的总统，但我度过了人生中最有趣的8年。"

——比尔·克林顿

1998年，当克林顿因作伪证和妨碍司法公正被弹劾时，这样一个折中的改革方案是否会被国会通过，成了一个悬而未决的问题。国会中的自由派支持克林顿反对弹劾指控，条件是他不再谈论任何关于社会保障和医疗保险的改革。换言之，让克林顿继续任职的代价是"不再有福利改革"。十多年后的今天，社会保障和医疗保险所导致的未来财政不平衡已经超过50万亿美元，如此沉重的负担使得未来几代人面临的要么是压倒性的增税——突然削减那些低收入老人赖以生存的项目而使他们受到影响，要么是经济崩溃。也就是说，克林顿不计后果的个人行为不仅损害了他的个人声誉，也损害了我们对总统职位的尊重；回顾过去，他的性格缺陷给国家带来的是一场数万亿美元的灾难。

穿黑色长袍的激进分子

除了肆无忌惮地使用行政命令和滥用总统赦免权,克林顿的司法任命也突显了他对宪法的不尊重。他对最高法院的第一项任命是 1993 年对鲁斯·巴德·金斯伯格的任命。此前,吉米·卡特把她安置在华盛顿特区上诉法院,这是美国的第二高等法院。金斯伯格是一个激进的女权主义者,在罗格斯大学担任法学教授时曾创办《女权法律报》。她随后负责美国公民自由协会的女权项目,其中重要、基本的"女权"就是自由堕胎。针对 1973 年"罗伊诉韦德案"中做出的使按要求堕胎合法化的判决,金斯伯格后来说:"坦率地说,我在'罗伊案'被判决时想过,我们都担心人口增长问题,尤其是那些我们不希望数量过多的人口。"她也提倡最高法院在判处案件时援引外国法律。

克林顿的第二项任命是 1994 年对斯蒂芬·布雷耶的任命。布雷耶是马萨诸塞州参议员泰德·肯尼迪的前任助手,在成为联邦法官之前曾在哈佛大学法学院任教。他公开蔑视以建国者的原初意图解释宪法,相反,他支持一个他称之为"积极的自由"的激进的司法理念。这个理念实际上意味着,最高法院的裁决要始终有助于扩大政府的监管权和福利制度和金斯伯格一样,布雷耶也支持在判处案件时援引外国法律。他一贯投票支持按要求堕胎——包括怀孕后期堕胎——并且他不认为第二修正案能确立个人保留和携带武器的权利。

当克林顿挑选最高法院法官被提名人时,他很清楚自己在干什么,这些人都将捍卫并扩大自由主义议程。如果还有比 F 更低的合宪等级,克林顿一定受之无愧。

第十八章
乔治·沃克·布什
（任期：2001~2009）

"毫无疑问，我们会向世界证明，
我们经得起这次考验。"
——乔治·W. 布什

布什总统的合宪等级： B+

美国第41任总统的儿子，乔治·W. 布什总统，带给保守派的问题和理查德·尼克松如出一辙。他有保守主义倾向，提出了很多重要的保守政策和原则，但在许多重要方面却让保守派失望。和尼克松一样，自由派和媒体对布什的大多数攻击尽管不是完全错误，但也有失公正。乔治·W. 布什和他的父亲不同，他是一个真正意义上的华盛顿局外人，他故意和东部文化权势集团作对——完全符合他的牛仔和德克萨斯风范。布什一生都

2005年1月20日，在首席大法官威廉·伦奎斯特的主持下，乔治·沃克·布什进行了连任的就职典礼

很讨厌华盛顿，并且因惹恼那些文化特权阶层而感到高兴。鉴于这些原因——但首要的还是"9·11事件"后布什在动荡、危险的年月里保卫了国家——保守派有责任坚定地为布什辩解。

> **你知道吗？**
> 布什总统亲自会见或联系反恐战争阵亡士兵的家属，也经常去慰问受伤的士兵——但通常是在没有媒体和镜头的情况下。
> 2000年总统大选在布什与戈尔之间展开角逐，正如建国者的规划，选举人团发挥了应有的作用。
> 布什在担任总统期间阅读了186本书，大部分是非文学类作品、传记和史书。

说布什当选总统有争议，就像说天空是蓝色的一样——无可争辩。布什有幸拥有过史上最高和最低的民意支持率，这证明了他十年任期的动荡，以及他面临一些前所未有的情况——以2000年那场有争议的选举为开端：布什在普选中败给了阿尔·戈尔，却赢得了选举人团的投票，这也是宪法规定的多数有效。

布什的遗产只有在多年之后才会受到全面关注，就像多年之后人们才对哈里·杜鲁门的功过是非做出更准确的评价，原因是一样的。（两人都是战时总统，身处非常规战争中。）不过，布什的继任者巴拉克·奥巴马在2008年竞选期间曾严厉批评他在反恐战争中的非常政策，之后却继续保持或扩大了其中的许多关键政策，这一事实表明，布什在"9·11事件"后为美国建立了一个良好的非对称战争的新时代。

好书推荐

Rebel-in-Chief: Inside the Bold and Controversial Presidency of George W. Bush by Fred Barnes (Crown Forum, 2006)

"事件,亲爱的孩子"

英国首相哈罗德·麦克米伦曾被问及哪些因素最有可能使一个政府偏离轨道,他的回答是:"事件,亲爱的孩子,是大事件。"这成为了一句政坛名言。在美国历史上,大概没有哪位总统能比布什更能显示这句话的说服力了。布什在 2000 年大选时立志做一个主攻国内政策的总统,他特别批评了克林顿政府的"国家建设"事业,暗示美国对于在海外投入军事力量应更多地保持缄默(有几次他用了"低调"一词)。然而,外交政策逐渐成为布什任内的主导,其外交政策的主要内容是在伊拉克和阿富汗进行国家建设,并通过大规模军事部署实现对这些国家的民主化。布什明确表达了一项新政策,将以先发制人的行动来对付潜在的恐怖主义国家。这项政策后来被称为"布什主义"——这使他成为拥有以本人名字命名的长期外交政策的少数几位杰出总统之一(比如门罗主义、杜鲁门主义和里根主义)。

尽管必须应对"9·11"恐怖袭击带来的挑战——这是自 1812 年战争以来对美国本土大陆最严重的袭击——布什仍然推行了一系列实质性的国内政策,并倡导其他一些国内改革,但因自由派的反对这些改革未能实现。

第十八章 乔治·沃克·布什

保守还是同情?

为了角逐2000年总统大选,布什打出了"富有同情心的保守主义"的旗号——这也许是对克林顿成功的"三角策略"[1]所营造的政治氛围的一种必要的战术让步。通过拥护保守派的部分观点——特别是在福利改革和平衡预算问题上——克林顿在一定程度上恢复了公众对联邦政府的信心,而布什也意识到单纯的保守主义竞选策略无法吸引独立选民。但对他而言,这不仅仅是政治,布什相信"富有同情心的保守主义",有一次他曾说道:"如果有人受伤了,人民在承受痛苦,政府就该采取行动。"

但一个富有同情心的政府很难成为有限政府,因为需求是无限的,而且同情心没有明确的限定原则。自由派认为只要受害者能组成一个申诉组织,政府的存在就是为了减轻每一例痛苦,而"富有同情心的保守主义"则是对这种观点的巨大让步。布什的主要立法成就之一是建立了医疗保险处方药计划,即处方药福利,这个例子充分体现了"富有同情心的保守主义"存在的问题。尽管处方药费用是一个正常存在的问题,但医疗保险处方药计划在没有专项资金来源的情况下创造了一个前所未有的新医疗保险福利计划。医疗保险制度已经给财政带来了数万亿美元的亏损,新的处方药福利完全是用赤字开支来支付的,也就是借入资金。

---

〔1〕译注:白宫采取一个在国会民主党和共和党之间的立场,与两党议员都保持同等距离。

布什在社会政策上的其他主要成就——如果称得上成就——就是《不让一个孩子掉队法案》，它要求各州对公立学校实施绩效标准和定期检测。让公立学校对自己的表现承担更多责任，这个想法在理论上是合理的，但《不让一个孩子掉队法案》体现了联邦政府对州和地方的新一层干预，公立学校过去一直并且将来仍应由州和地方政府负责。该法案还将为教育游说团体努力争取更多联邦教育经费提供借口。布什希望一些学校选择和特许学校试点项目能从该法案中产生，但迄今为止二者都进展缓慢。

布什的国内政策也有许多败笔。在他执政期间，联邦国内开支的增长速度达到了自约翰逊—尼克松时期以来的最高水平，尽管部分原因是共和党主导的国会错误地抛弃了所有开支原则（这导致共和党在 2006 年中期选举中输掉了对参众两院的支配权）。布什其他破坏预算的行为还包括签署了一项大幅度增加农产品补贴的法案，它的通过纯粹是为了在临近的 2002 年中期选举中赢得农场州选民的支持。他还征收钢铁关税，这使一小部分美国钢铁生产商受益，但损害了更多依靠低成本进口钢材的企业（以及他们客户）的利益。他还签署了《萨班斯－奥克斯利法案》，这项考虑欠周的法案大规模扩张了针对上市公司的管理条例。安然和其他几家处在互联网泡沫尽头的公司相继倒闭，相关的财务造假丑闻使国会反应过激，通过了该法案。这项代价沉重的法案未能阻止几年之后就爆发的房地产泡沫和银行业危机。（布什试图让国会颁布一项对非法移民的大赦令，以作为其"全面"移民改革的一部分，所幸没有成功。）

布什经济政策的其他方面更为有力。2003 年，他成功劝服国会通过一项意义重大的减税法案，降低了所得税税率并把资本收益税和股票股息税率削减到15%，达到近几十年来的最低水平。从供给学派角度来看，这些减税措施甚至比里根时期的利率下调更可观。但是，在现代预算规则下，如果国会不采取行动，这些减税措施将在2012年底自动到期，此后的所得税税率和资本收益税率将恢复到克林顿时期的水平。

为了拯救这个村庄，我们不得不毁掉它？

"为了挽救自由市场体制，我不得不抛弃自由市场原则。"

——乔治·W. 布什为问题资产救助计划辩解

继2004年获得连任之后，布什2005年的大部分时间都在努力推行社会保障制度基本改革。他走遍全国，发表无数演讲，主张应允许个人退休金账户取代现行的社会保障制度，但得到的却是国会共和党人的怯懦回应和民主党人的坚决反对。当2005年9月卡特里娜飓风席卷新奥尔良时，他推行改革提案的机会已经微乎其微。公众对政府所谓的反应迟钝出离愤怒，这浇熄了他在第二任期剩余时间的政治势头。（事实上，新奥尔良的灾难情况是路易斯安那州和地方政府的失职所致，对布什的批评是完全不公正的。）

在布什第二任期的最后几周，金融危机的爆发加速了自2007年年末开始的经济萧条。布什及其财政部长亨利·保尔森匆忙催促国会通过了耗资7000亿美元的问题资产救助计划，以防银行业危机导致经济逐渐瘫痪。国会没有经过任何听证会或重要的议会辩论，就通过了这项前所未有的紧急救助计划。经济学家将一直争论政府是否有必要支撑银行系统以防止国家信贷发生灾难性崩溃，但布什政府的明显恐慌无疑使情况更加恶化，不仅打击了消费者的信心，而且很可能加剧了经济衰退。

布什政府的恐慌反应与里根总统应对1987年10月股市崩盘的反应形成了鲜明对比，当时股市创下了一天之内下跌22%的记录。面对类似的恐慌情形和对1929年及"大萧条"重演的担忧，里根沉着应对，美联储发表了一句话声明，向金融界保证，它将为信贷市场提供充足的流动资金。市场在几天之内就恢复了平静，经济又开始稳步增长。我们永远无从得知，如果没有问题资产救助计划对银行的紧急救助，经济会不会好转或者将如何发展。但这个计划为数月后奥巴马政府将近1万亿美元的"刺激"法案奠定了基础；可以肯定的是该法案已经延长了我们的经济困境。

从这件事的另一方面来说，布什是值得赞扬的。在任职初期，布什与国会的共和党人试图对范尼梅[1]、弗雷迪麦克[2]以及与政府有关的住房金融系统的其余部分强制执行更严密的审查。他们致力于加强监督和颁布改革举措，这些措施本可阻止或减轻房地产泡沫及随后的市场崩溃造成的危害。但国会的民主党人，尤其是众议员巴尼·弗兰克不断对此加以阻挠。

保卫美国，激怒左翼

在关于布什总统任期的历史记载中，将会一直有大篇幅描述他对"9·11"恐怖袭击所做出的回应。但我们不该忘记，在

---

〔1〕译注：美国联邦国民抵押协会（Federal National Mortgage Association）的别称（FNMA的发音拼写形式）。

〔2〕译注：美国联邦住房贷款抵押公司（Federal Home Loan Mortgage Corporation）的别称（仿 Fannie Mae）。

"9·11事件"发生前的几个月里,布什就已经采取了一些明智措施,重申美国利益在外交政策中的首要地位,彻底改变了克林顿政府软弱恭顺的多边主义。首先,布什宣布美国将不会遵守未获批准的《京都议定书》,为了对抗所谓的全球变暖,这项协议要求美国严格削减能源使用量。其次,布什告知俄罗斯,美国将退出1972年的《反弹道导弹条约》。在里根和老布什总统已经达成裁减军备的目的后,这项条约已经过时;而且在这样一个时代,朝鲜、伊朗等"流氓国家"都在研发核武器和导弹技术,《条约》中禁止导弹防御的规定也具有危险性。此后不久,布什宣布了第一项部署任务,即在阿拉斯加部署一个新的导弹防御系统,以对抗朝鲜日益增长的导弹威胁。最后,布什结束了克林顿政府对亚西尔·阿拉法特和巴勒斯坦解放组织的偏袒。所有这些举动都引起了欧洲人和美国自由派的阵阵愤怒。

不只是犯罪,是战争行为

"在'9·11事件'的混乱和屠杀之后,仅仅用法律文件来对付我们的敌人是不够的。"

——乔治·W.布什

基地组织的"9·11"恐怖袭击使美国终于醒悟,认识到对抗伊斯兰恐怖主义威胁的必要性。过去30年来,这种威胁一直在稳步扩张。与在第二次世界大战后立即面临核武器发展和苏联威胁的哈里·杜鲁门一样,布什发现处于一种新形势下的美国,需要新的理论和政策来应对新环境中的威胁。布什的第一项也是最重要的决定,是把这次袭击和未来的恐怖主义威胁视为战争,而非治安问题。他和自由派的根本分歧在事件发生后的第二天，也就是2001年9月12日开始突显。参议院多数党领袖汤姆·达施勒不敢像布什那样用"战争"一词描述我们的反应。他对布什说："战争这个词是那么可怕。"这也预示了布什继任者的态度，奥巴马政府拒绝公开承认伊斯兰恐怖主义，反而称恐怖主义行为是"人为灾难"。

"9·11事件"之后，自由派伺机攻击布什的反恐政策，这一点并不令人惊讶。阿富汗是"9·11事件"的策源地，自由派预言对阿富汗的进攻注定会失败，它将成为"另一个越南"。三周后，阿富汗被美国攻陷，布什必须对如何处理那些在战场上俘获的恐怖分子做出决定，他们并非民族国家的正规军。几乎所有国家都赞同《日内瓦公约》的战争法则，在正确意识到该法则并未涵盖这些非政府武装后，布什决定把部分敌方战斗人员遣送到美军基地在古巴关塔那摩的一个特殊机构，在那里他们将面临军事委员会的审讯。这里还有其他一些人被怀疑对第三世界国家进行恐怖主义活动，这些国家也对他们提起了法律诉讼。

从不后悔

在离任后被问及水刑时，布什说："为了拯救生命，我还是会那么做。"

布什最受争议的决定是允许对那些受过训练能顶住常规审讯手段的恐怖分子嫌疑犯实行"强化审讯"（即水刑）。只有3名被俘的恐怖分子遭受过水刑，其中包括"9·11"恐怖袭击的战术策划者哈立德·谢赫·穆罕默德。布什政府也提出通过一个侵略性的电子监视程序监督他国之间的通信。自由派对所有这些决定表示强烈不满,他们更愿意把恐怖分子当作普通罪犯来对待,让他们充分享有美国公民的权利,经过美国民事法庭的起诉。自由派想限制总统通过电子窃听预先主动调查恐怖主义威胁的权力。

没有确凿的证据?

"面对危险存在的明显事实,我们无法坐等最后的证据——可能以蘑菇云形式出现的确凿证据。"

——乔治·W. 布什

布什另一项引发争议的决定是根据众所周知的"布什主义"——也就是先发制人以对抗潜在的威胁——入侵伊拉克,推翻萨达姆·侯赛因政权。侯赛因想要发展大规模杀伤性武器的意图及其过去在这方面的所作所为已经人尽皆知,但关于他目前武器储备的情报被证明是错误的。布什及其军事策划者误判了之后叛乱的性质和规模,最终,美国的军事投入所持续的时间和花费的成本都超出了预期。布什总统的一项更大胆的决定,是在美国公众很大程度上已对伊拉克战事失去信心后,批准了2007年的"增兵"行动。

布什主义一个重要的必然结果是向中东传播民主,伊拉克就是起点。布什称之为"自由议程"。大多数中东国家都由部落和宗教派系控制,令人怀疑的是,他们是否具备这样的公民文化和政治经验,来使真正的多党制民主得以维持。事实上,布什不得不依靠国务院和国际开发署等援助机构去实现这个民主化。这些机构的代表——说得婉转一点——并不是百分之百支持布什的议程。如果结果很混乱,我们也不必吃惊。

布什与宪法

布什在宪政方面表现非常好，但也有一些重要的例外。布什总统对恐怖主义威胁的处理所引发的争论，为关于总统职权的本质和限制性的长期争论——尤其是战时总统职权——开启了一个新篇章。布什认为，他的行为完全符合对宪法中有关总统拥有全部行政权并对国家安全负有责任的理解。（在里根总统处理伊朗门丑闻的过程中，一些关于行政特权的问题产生了作用，不少同样的问题在反恐战争中再次出现。）此外，布什捍卫了"单一行政权"理论，也就是说，宪法规定行政职权专属于总统，不得与国会或司法部门共享。布什的理解完全符合建国者表达的观点，尤其是亚历山大·汉密尔顿的描述，即总统是全国政府中唯一可以开展"艰巨"事业的机构。

> **等待历史评判**
>
> "你不应该担心如何证明自己正确，因为事实上，当你做了一些大事，过一段时间才能被历史真正地理解。"
>
> ——布什总统，2009

布什利用所谓的"签署声明"来阐释其政府将如何解释和实施由国会通过并交给总统签字的法律。自詹姆斯·门罗以来，总统开始使用"签署声明"，通常是为了坚决反对对行政部门权力的侵犯，或者试图澄清在被签署的立法中存在的不明确的地方。但从来没有哪位总统对签署声明的使用像布什这样饱受争议。不管争议与否，他对签署声明的运用完全是其行使捍卫宪法之职的一种合理手段。奥巴马总统在 2008 年竞选期间曾强烈谴责布什对签署声明的运用，但他也延续了这一做法。

2003 年，布什决定签署《麦凯恩－法因戈尔德竞选筹款法》，这项法案出人意料地对竞选活动中的政治演讲施加了新的限制，布什的这项决定背离了他对宪法中规定的总统职责的坚定捍卫。布什说，尽管他认为这部法律不符合宪法，但还是签署了；他声称它的合宪性应由最高法院来决定。这个观点打破了由多数早期总统开创并维护的先例，也背离了建国者的明确意图；建国者认为总统有责任否决他认为违宪的法律。声称判定《麦凯恩－法因戈尔德竞选筹款法》违宪是最高法院的事，为宪法解释中的司法至上理论提供了支撑，与之形成对比的观点认为：政府的三个分支在履行各自职能过程中拥有对宪法的平等解释权。（随后，最高法院驳回了《麦凯恩－法因戈尔德法》中几个侵犯第一修正案中言论自由权的重要规定，但维持了其余部分。）

布什总统对最高法院的两项任命非常出色，分别是约翰·罗伯茨和塞缪尔·阿利托。2005 年威廉·伦奎斯特去世后，罗伯茨被任命为首席大法官，几个月后塞缪尔·阿利托接替桑德拉·戴·奥康纳上任。起初，布什要任命自己的白宫顾问哈里特·迈尔斯来接替奥康纳，但保守派的反对使他放弃了这项任命，换上了阿利托。迈尔斯的司法经历不明，她还声称自己（就像戴维·苏特法官）崇拜奥利弗·温德尔·霍姆斯，这两点令保守派感到担忧和震惊。迄今为止，罗伯茨和阿利托都被证明是最高法院内坚定的保守主义者。

布什的执政表现应该得到一个最高分，因为他有力地捍卫了宪法规定的总统权力——保卫国家对抗恐怖主义威胁，他对最高法院的两项任命也很出色。但遗憾的是，他在说过自己认为《麦凯恩－法因戈尔德法》违宪后又签署了它，这使他的等级降了半级而变成 B+。

第十八章　乔治·沃克·布什

第十九章
巴拉克·侯赛因·奥巴马
（任期：2009～?）

"我们若是等待别人或等待其他时机，改变永远不会降临。我们就是自己一直在等的人。"
——巴拉克·奥巴马

奥巴马总统的合宪等级： F *

巴拉克·奥巴马正是开国元勋所担心的那种会蛊惑人心的总统，利用个人魅力和亚历山大·汉密尔顿所谓的"哗众取宠的小动作"来破坏美利坚共和国的稳定。奥巴马的施政风格与建国者截然相反，而且，他还是美国历史上思想最左的总统，比富兰克林·罗

---

* 当然奥巴马总统的最终成绩报告单最早在2013年1月（最坏的情况是2017年1月）才能发布。但目前的情况是，总统在进度报告上只得到了F，并且在这学期结束之前丝毫没有提高成绩的迹象。

2009年1月20日奥巴马于华盛顿国会山宣誓就任美国第44任总统

斯福和林登·约翰逊激进了好几个等级。

你知道吗?

奥巴马是自林登·约翰逊以来第一位吸烟的总统——正如他的许多经历一样,他隐瞒了这一点。

"刺激"法案是通过提高政府开支基数而永久扩大政府规模的一种尝试。

奥巴马意欲把广岛和长崎列入其"道歉之旅",但遭到了日本政府的谢绝。

2008年秋,突如其来的经济灾难使美国陷入困境,奥巴马精明地利用了这一点,以"希望和改变"之类空洞模糊的呼吁赢得了大选;但就如何治理危机,他没有做详细说明。他对总统职位的角逐,与其说是一种竞选活动,不如说是创造了一种个人崇拜,包括其竞选口号对总统候选人而言也是前所未有的。奥巴马故意用荒谬的思想鼓吹自己的伟大,例如,在2008年接受总统候选人提名的演讲中,他告诉美国人民他的名字"巴拉克"意为"祝福"。

在展示其救世主般的形象时,奥巴马对自己上任后的作为提出了不切实际、冒险的期望。奥巴马的极端自恋使他变得狂妄自大,例如,他在获得民主党提名时说,历史将会记载"这一刻海平面的上升开始减缓,我们的星球开始愈合"——好像他真的相信自己能令巨浪停止,就像传说中克努特大帝[1]所做

---

[1] 译注:有故事流传说,克努特的一个臣下谄媚说克努特是海洋的统治者,连海洋也会听克努特大帝的命令。克努特于是下令将椅子放在海边,命令海水不准打湿椅脚,结果申斥了大臣的胡说,称上帝才是大海的统治者,国王的权力只是很小的一点点。

的那样讽刺。尽管他的个性和魅力足以使他赢得总统竞选,但他对这一类特质的依赖正在降低其总统身份并损害总统职位的庄严性。根据盖普洛民意测验,奥巴马成为实行民意调查60年来政治上两极分化最严重的总统。

曾有总统鼓励这种不切实际的希望吗?

"我认识的许多精神崇高的人(注意,不是虔诚的宗教信仰者,而是灵魂深处高尚的人)都认定奥巴马是一个光之工作者,是少见的和调人。他不仅能引导我们走向新的外交政策或卫生保健计划……而且能真正引领我们**以一种新的方式在这个星球上生存**,以新的方式连接并参与这个奇特的尘世体验。实际上是这类人帮助我们**进化**。他们是高层次的哲学家与和平缔造者,他们不仅和理性或情感沟通,而且与灵魂交流。"

——马克·莫福德　在线专栏作家,2008

★★★★★★★★★★

"我相信我们有能力让这个国家变得更加美好。"

——巴拉克·奥巴马

远大前程

"我就不用担心付不起汽油钱,也不用担心还不起按揭贷款……要是我帮了他,他也会帮我的。"

——奥巴马的一位支持者,佩吉·约瑟夫,2008年10月

奥巴马是现代总统中资历最浅、管理经验最少的当选总统,

人们有理由认为他应该被视为美国第一位平权行动总统，他能获胜很大程度上是**因为**他的种族。事实上，很多独立选民选他无疑是想证明自己不是种族主义者。自由派专栏作家琼·沃尔什写道，奥巴马让那些白人选民"因为喜欢他而自我感觉更好"。许多选民——当然还有公开支持奥巴马的主流媒体——不再关注他的激进表现及其对总统职位的无力胜任，特别是不再关注他与威廉·艾尔斯等暴力革命者以及耶利米·赖特（曾发表"上帝诅咒美国！"的言论）等反美激进分子的联系。耶利米·赖特是奥巴马的教会牧师，他公开在讲坛上宣扬马克思主义的"黑人解放神学"。

"第四次浪潮"的雄心

伍德罗·威尔逊意图把总统原本作为政府首席行政长官的角色改造为有远见的"领袖"，能够按照其"雄心壮志"带领美国走上不同的新道路，奥巴马政府应该被视为把威尔逊的规划完成到了极致。他在竞选中成功隐藏了自己强烈的激进思想，并在上台后继续掩盖其基本的社会主义目标。但从他的两本自传中我们能清楚地发现，其出身背景中也有显著迹象表明，他有野心成为现代自由改革第四次浪潮的代理人。威尔逊和进步人士代表了自由改革的第一次浪潮；富兰克林·罗斯福和新政代表了第二次；林登·约翰逊的"伟大的社会"是第三次。每一次自由改革浪潮都导致联邦政府规模和职权范围的急剧扩大，以及政府开支、调控和税收的增加。前几次自由浪潮都创造了选举改组对民主党有利的局面，奥巴马希望再次实现党派的重新组合，以使民主党在国会占持久多数席位。2008年大选中，民主党占绝对多数席位，这看似可能与 1932 年大选时的重新组合一样，但 2010 年的中期选举表明，美国人民并不支持奥巴马的议程。

> **好书推荐**
>
> *Radical-in-Chief: Barack Obama and the Untold Story of American Socialism* by Stanley Kurtz (Threshold, 2010)

　　过去的每一次自由改革浪潮都削弱了宪法，奥巴马的议程也不例外。只有权力分立的各个分支机构之间相互制衡——这是威尔逊最痛恨的宪法特征，因为它限制了像他和奥巴马这样目光远大的总统——才能限制奥巴马进一步推行其激进议程。奥巴马仍然迫使美国向左翼倾斜，并取得显著进展。他拥护第一任办公厅主任拉姆·伊曼纽尔提出的口号"我们不应该浪费每一个危机中的良机"。奥巴马利用 2008 年的银行业危机颁布了总额近 1 万亿美元的"刺激"法案，此举立足于凯恩斯经济理论（之前饱受怀疑，现在重获新生），该理论认为政府只通过支出借入资本就能治愈本国经济危机。但"刺激"法案以失败告终，从而延长了经济衰退，使美国达到前所未有的债务水平，债务形势更加严峻。奥巴马承诺，刺激法案通过把资金投入到全国范围内"准备就绪"的工程上，会把失业率限制在 8% 以内。但事实上失业率却飙升至 10% 以上，且居高不下。他后来承认，根本不存在那么多"准备就绪"的工程。大量资金被用来奖赏支持民主党的选区组织和扩大左翼偏好的政府项目，如美国能源部的"绿色能源"贷款担保计划。该计划导致索林卓公司破产，并引发了其他腐败浪费活动。

第十九章　巴拉克·侯赛因·奥巴马

奥巴马,经济天才?

"拉动经济增长的真正动力将是像索林卓这样的公司。"

——奥巴马总统,2010年5月26日

索林卓于2011年9月6日申请破产,此前曾接受了联邦政府超过5亿美元的贷款担保。

但只关注刺激法案的经济效益会遗漏它最重要的方面,即政治方面。一次性增加1万亿美元的新开支,将会逐个项目、全面地提高联邦开支的"基数"。刺激法案企图**永久扩大联邦政府规模**,一些开支项目在刺激阶段正式结束时会有所回缩,但从整体上政府和大多数开支项目的规模将远远大于奥巴马上台之前。在他之前,和平时期的联邦开支平均约占国内生产总值(GDP)的20%~22%。联邦政府的开支水平因刺激法案而提升到一个新高度,约占GDP的25%,并在奥巴马的卫生保健计划下将进一步提高。(在竞选期间,奥巴马随口承诺会实现**净支出削减**,他明显是在撒谎。)通过蓄意制造巨大的联邦赤字——和平时期最大的联邦赤字,几乎是GDP的一半——他施加了巨大的政治压力来增税。永久征收更高的税款是建立一个更大政府的必要条件,因为新项目要求增加纳税人收入和财富所占的比重。

奥巴马在2008年竞选期间表明其核心原则是平等地进行再分配,他在初选辩论中对美国广播公司的查理·吉布森问题的回答,以及在秋季竞选中对"管道工乔"问题的著名回答中,都做出了同样的表示。吉布森指出削减资本收益税率通常会**增加**国家收入,他问奥巴马为什么要增税,因为这可能会降低国家收入。奥巴马回答说,"是这样的查理,我说的是为了公平起见我会考虑提高资本收益税。"当然,**公平**对自由派而言是重新分配社会财富和向成功人士征收惩罚性税收的一个代名词,且不论其负面经济效应如何。在 2008 年 10 月的竞选游说之行中,"管道工乔"沃泽尔巴彻质问奥巴马其向"富人"征税的计划,奥巴马的即兴回答更具阐释性,他说"我认为把财富分摊对大家都好"。随着总统任期的继续,奥巴马显然不同于肯尼迪等以往的自由主义者,相比经济增长他更偏好重新分配。

激进主义的本质

对于他是一名社会主义者这一事实,奥巴马小心翼翼地维护着间谍行业所谓的"合理的推诿"。例如,他指出自己并未如保罗·克鲁格曼等左翼人士所愿,把银行部门国有化。奥巴马及其支持者正确的指出,他的计划并非狭义、严格意义上的社会主义,即政府拥有对生产资料的所有权。但事实上他的计划比这还糟:奥巴马的社会主义变体可以被认为是强化版的福利国家主义,或者甚至是法西斯主义——国家控制私有资源——如果这个词没有被那么普遍误解的话。奥巴马在 2009 年自豪地向华尔街银行家指出"挡在你们与抗议的民众之间的,就只有我的政府了。"(这未能阻止奥巴马的政治盟友利用"占领华尔街"运动来煽动支持增税。)但他本质上的社会主义倾向能从对通用汽车的紧急救助中看出来,其中包括强制威胁废除债务合同,出于政治考虑关闭汽车经销商;总统的工会盟友做了许多让公司无利可图的事情,却得到股票奖励。这是在传统社会主义形式下侵蚀法治的典型行为。

奥巴马"隐藏不深"的动机可以从他对签署全民卫生保健计划所持的态度中看出来。2003年，在一次对工会成员的讲话中，他说道：

> 我碰巧是单一支付全民卫生保健计划的支持者……我希望看到的是一个单一支付卫生保健计划，一个全民卫生保健计划。但正如你们所知，我们不可能立即实现，因为首先我们要获得白宫的同意，然后获得参议院的同意，还要获得众议院的同意。

"单一支付"全民卫生保健计划是对政府运营的完全社会化卫生保健计划的委婉说法。在2008年总统大选中，奥巴马特别批评了单一支付，但之后所谓的"奥巴马医改"似乎目的在于促进政府最终接管整个卫生保健行业。正如奥巴马是一个"鬼鬼祟祟"、隐藏自己真实观点的候选人，奥巴马医改则是对卫生保健行业的偷偷摸摸地接管。它注定会失败，而且会要求进一步扩大政府权力来进行补救。

对中产阶级的蔑视

实际上，和大多数自由派精英一样，奥巴马对中产阶级持蔑视态度。他的态度在各个方面得到了体现，其中一个微小而生动的例子是，2009年斯科特·布朗顺利接替去世的泰德·肯尼迪成为马萨诸塞州参议员时，奥巴马对这件事的反应。布朗打出这样的标语，"我是斯科特·布朗，我来自伦瑟姆（一个工人阶级城镇），我驾驶一辆货车，我需要你们的投票。"在一个即兴评论中，奥巴马嘲笑布朗说，"任何人都能买辆货车。"坎布里奇[1]和海德公园[2]开普锐斯的精英自然会鄙视这种被广大工薪阶层普遍使用的标志性运输工具，但这也表明奥巴马与大多数美国工薪阶层的真实生活相距甚远。

他像巨人一样骑跨在狭窄的世界上

"我意思是，在某种程度上奥巴马凌驾于国家之上，凌驾于世界之上。他有点像上帝。"

——《新闻周刊》杂志"记者"埃文·托马斯，2009

奥巴马对中产阶级的蔑视及其理所当然的优越感，最恶名昭彰的表现是在2008年竞选活动中他对一名旧金山观众的讲话，这番话也被偷偷录了下来。当被问及美国的工薪阶层应如何应对导致他们失去社区工作的多变经济时，奥巴马做出了如下解释：

> 你去到宾夕法尼亚州的一些小城镇，就像中西部地区的许多小城镇一样，就业机会减少已经25年了，并且没有任何改善……他们心怀怨恨，这并不奇怪，他们不肯放弃枪支、宗教、反感和他们不一样的人、反移民情绪和反贸易情绪，以此来解释他们所受到的挫折。

自由主义与美国中产阶级生活的疏远已经表现得淋漓尽致。其中隐含的假设是，美国人崇拜上帝、热衷狩猎，不是源于信

---

[1] 译注：马萨诸塞州东部城市，哈佛大学所在地。
[2] 译注：伊利诺伊州芝加哥的南部地区，芝加哥大学所在地。

仰或为了真正的享受，而纯粹是出于怨恨。

这种傲慢的精英主义直接源于奥巴马精英学术机构的教育背景和他随后"社区组织者"的职业生涯，后一点是受到其激进导师索尔·阿林斯基的影响。政治学家和总统学者马克·兰迪解释说，"奥巴马是资格完备的'新阶层'的一员，这个阶层包括法学院和商学院教授、经济学家、基金会高管、智囊团、国会工作人员和媒体专家。他们与工业、金融和政治巨头相融合，形成了我们这个时代的贵族阶级。"

世界公民

奥巴马总统在外交政策上的表现令人费解而且讽刺虚伪。在强烈批评了乔治·W.布什反恐战争的大部分政策和措施后，他又基本全盘接受了它们；在有些情况下他还积极扩大布什的政策，加强了"捕食者"无人驾驶飞机对海外恐怖分子目标的打击。在承诺关闭关押敌方战斗人员的关塔那摩湾拘押中心后，奥巴马却出尔反尔继续开放关塔那摩监狱。他还改变政策，对恐怖主义嫌犯实行民事审判，其中最引人瞩目的是对哈立德·谢赫·穆罕默德的审判。在未经主权国家允许或通知主权国家的情况下，他命令特种部队向巴基斯坦发动袭击，并在其境内击毙了奥萨马·本·拉登——如果是布什总统负责此次行动，候选人奥巴马一定会对此进行批评。

尽管一些自由组织如美国公民自由协会，抗议奥巴马用无人驾驶飞机发动袭击，尤其是袭击也门时瞄准并杀害了一位美国公民——激进的伊斯兰主义者安瓦尔·奥拉基；但曾经公开强烈抗议布什政策的自由派，都不出所料地减弱了对奥巴马类似政策的批评。来自缅因州的温和派共和党人、参议员苏珊·科林斯发表评论说:"现任政府决心废除上届政府的许多政策,却发现这些政策的制定经过了更周密的考虑。"布什司法部的法律顾问杰克·戈德史密斯说:"新一届政府沿袭了布什计划的大部分内容,只对其稍加缩减并扩大了其中一部分。奥巴马所有的改变几乎都在包装、论证、象征和修辞的层面上。"

但实际上种种迹象表明,对于美国在世界中的角色,奥巴马的设想与众不同,他希望削减美国作为世界领袖的影响力和领导力。奥巴马及其主要内阁成员,如司法部长埃里克·霍尔德和国土安全部部长珍妮特·纳波利塔诺都拒绝谈论伊斯兰恐怖主义,或用"战争"来描述我们为维护国家安全做出的努力。纳波利塔诺甚至拒绝使用"恐怖主义"一词,而偏好"人为灾难"——好像"9·11"恐怖袭击造成的后果类似地震飓风这样的自然灾害。

奥巴马的主要效忠对象到底是美国还是某种跨国世界主义,这一点令人怀疑。他是第一个在外国公开发表竞选演说的总统候选人。在其2008年的柏林演讲中,奥巴马宣称自己是"一个自豪的美国公民,也是一个世界公民"(着重号后加)。当然,公民身份是主权国家人民的一种属性,而非人类作为一个整体所拥有的属性。许多观察家都想知道,奥巴马竞选的到底是美国总统、自由世界领袖还是**整个**世界的领袖——一个后美国世界。

好书推荐

The Roots of Obama's Rage by Dinesh D'Souza(Regnery, 2010)

奥巴马上任后最先采取的行动之一就是归还从英国政府借

来的温斯顿·丘吉尔半身像——乔治·W. 布什曾把它陈列在总统办公室。英国方面也允许奥巴马继续保留丘吉尔半身像，它的归还标志着英美之间长期以来的"特殊关系"在奥巴马时期不再特殊。在任期的前几个月，奥巴马进行了所谓的"道歉之旅"，前往中东等地区发表演讲，哀叹美国过去犯下的错误。很明显，他甚至还想去访问日本的广岛和长崎，为哈里·杜鲁门用原子弹结束第二次世界大战的决定而道歉。日本外相不得不向美国驻日本大使发出强烈抗议，来阻止这种侮辱日本和美国荣誉的行为。奥巴马总统任期的前八个半月以他被授予诺贝尔和平奖而达到顶峰（他上任后不到两周就获得了提名），该奖项近年来只颁给了美国的敌人（如亚西尔·阿拉法特）或国内批评家（如吉米·卡特和阿尔·戈尔），就连奥巴马自己都觉得获得诺贝尔和平奖不合时宜令人尴尬。

对于美国在伊拉克和阿富汗的军事行动，奥巴马的决策模棱两可。在竞选中指控布什无视阿富汗的"有利"战争后，他处于一种被动的局面。军事指挥官们推断说，阿富汗战事需要增派4万名士兵才有机会获胜，而奥巴马却无法说"不"。直到经过长期拖延并发表大量声明后，他才最终批准增派3万名士兵，这些都表明他对战事胜利的承诺已经无法兑现。奥巴马宣布，**不管**阿富汗的实际战况**如何**，美国都将从2011年开始撤军。

最终，奥巴马对美国在中东最亲密的盟友以色列的敌意日渐显露。他对以色列亲美总理本杰明·内塔尼亚胡的公开无礼行为、在劳而无功的"和平进程"中向巴勒斯坦立场的倾斜，都笨拙地毁掉了本已渺茫的通过正式方式解决巴以冲突的希望。

奥巴马对利比亚内战的处理最能表现他在外交和国防问题上

的试探性态度。在批准了美军对利比亚长期独裁者穆阿迈尔·卡扎菲的轰炸袭击后,奥巴马匆忙把战争指挥权移交欧洲,这很可能违反了宪法的总司令条款,而且一定程度上还违反了《战争权力法案》中对扩大此类军事行动需要通知国会并获得批准的规定。奥巴马说,美国的参与只能是扮演"配角"并且只持续几天或几周,但美国军队最终指挥了北约在利比亚的大部分军事行动,战事已持续近六个月,耗资数十亿美元。同时,奥巴马政府的一名官员解释说,政府对于利比亚的政策无异于"幕后领导"。

一旦出现真正的外交危机,比如伊朗设法获取核武器,印巴战争的爆发,埃及、土耳其等动乱国家发生内战;奥巴马模棱两可的态度并不能给他解决问题增添信心。美国的软弱,总会让自由之敌变本加厉。

蔑视宪法

奥巴马成为继威尔逊之后第二位拥有学术背景的美国总统。和威尔逊一样,奥巴马自诩为一个宪法学者,尽管从未发表过任何学术论文或著作,但他曾在芝加哥大学教授宪法学,那是美国最好的法学院之一。进步自由主义观点认为"宪法不是静态的,而是一部活的文献,必须在变幻莫测的世界背景下解读它",奥巴马对此完全赞同。他未曾教授宪法结构方面的课程,比如权力分立或行政权的本质,他似乎在这些方面也没有天资或兴趣。相反,他教授的只是宪法学的一小部分,主要是第十四修正案中的平等保护条款——这是自由派最喜欢的条款,并且沃伦法院时代最高法院曾以此为借口做出了许多激进的裁决。(奥巴马教授的另一门宪法学课程是"种族主义和法律"。)

奥巴马认为20世纪60年代的沃伦法院不够激进，因为它没有强制实行对财富的重新分配，这一点并不奇怪。以下是奥巴马2001年在芝加哥一档全国公共广播节目中的谈话："最高法院从未涉足财富的重新分配问题，以及我们社会中更为基本的政治和经济公平方面的问题……它没有挣脱开国元勋们在宪法中设定的基本限制。"这些"限制"是对财产和个人自由的保护，意在阻止我们的政府变得专制和避免其践踏个人权利。建国者认为有必要限制中央政府的权力；和威尔逊一样，奥巴马显然认为这一观点已经过时。

奥巴马医改的核心部分是强制所有人购买医疗保险，这一点最能清晰地体现他对宪法的轻蔑态度。宪法的商业条款赋予国会监管州际商业的权利，但对该条款的合理解读不可能延伸为强制要求个人参与商业活动。如果宪法允许这种做法，那么国会就能强制个人去做任何事，这样，对政府权力的最后限制就会完全消失。

破坏总统职位？

"奥巴马的政治顾问们丝毫没有察觉到他们对他造成的破坏，因为他们对总统职位完全没有概念。他们一会儿让王子摆出总统威仪，一会儿又要他有平民气质，他们忽略的一个很明显的事实是，如果'总统制'只是一种姿态，那么将会不可避免地产生与预期相反的效果。"

——总统学者　詹姆斯·西瑟

奥巴马在2008年总统大选时说："我是一个宪法学教授，这意味着我和现任总统（布什）不同，我其实尊重宪法。"布什发表"签署声明"是为了清楚地阐释行政机构如何解释和实施国会交给他签字的法律，奥巴马在尖刻批评了布什的这种行为之后，自己却延续了这一做法。（总统候选人奥巴马在2008年承诺，"我们并不打算把签署声明作为规避国会的一个伎俩。"）建国者的宪法规划中有一点在自由派的攻击下仍旧幸存，即各个分支之间对抗性的野心将导致每个分支的成员出于自身利益来保护他们的宪法特权；奥巴马虚伪的做法正是对这一点持久性的证明。白宫顾问办公室解释说，奥巴马不想"做出任何破坏总统制的举动"。他的签署声明已经激怒了一些自由派盟友，就连《纽约时报》都注意到了总统的这种虚伪："自上任以来，奥巴马总统已经发表了多个签署声明，声称他有权避开已获通过的法案，置其中的数十条规定于不顾。"这引发了来自两党立法者不断升级的批评。国会议员巴尼·弗兰克比《纽约时报》更直接："这太过分了，简直就是布什政府的行径。"

奥巴马任职参议员时曾投票反对布什总统对最高法院的两项提名，约翰·罗伯茨和塞缪尔·阿利托，这表明，他认为参议员可以基于被提名人的意识形态而非任职资格进行确认投票。到目前为止，奥巴马已向最高法院提起两项任命：索尼娅·索托马约尔，她因宣称一个"聪明的拉丁女性"能比白人男性做出更好的判断而引起轰动；还有艾蕾娜·卡根，她是前哈佛法学院院长。毫无疑问，这两位将会加入最高法院的自由派。在2010年国情咨文讲话中，奥巴马公开批评了最高法院做出的一项决定，并且错误地表述了最高法院的判决，从而使司法部门进一步政治化。但司法礼仪不允许在任的最高法院法官对总统的演讲内容做出公开回应（阿利托大法官坐在底下前排，从他的嘴型可以看出他在低声咕哝"这不是真的"）。这是自1937年罗斯福"填塞法院计划"的言辞后，总统第一次抨击司法部门。

第十九章　巴拉克·侯赛因·奥巴马

可能奥巴马这次是故意对大法官不客气。正如他不计后果的开支和灾难性的赤字，是为了实现政府的永久扩张和征收更多再分配税；他想胁迫最高法院判定奥巴马医改符合宪法，并让最高法院总体上更支持他想实施的其他扩张联邦权力的举措。因为奥巴马激进的宪法观点和对司法部门的强制政治化，即便他捍卫了行政特权，他的合宪等级也只能是 F。

结论：要认真遵守誓言

奥巴马代表了现代总统制的最低点。从很多方面来看，他都是伍德罗·威尔逊的完美接班人——对于改变现代总统的概念及现实情况，威尔逊发挥了比其他任何现代总统更大的作用。在奥巴马之后，要修复美国和总统制并不只是挑选一个持有更好政策观点的候选人，还要为有关宪法对联邦政府的合理限制的争论注入新的活力。一个真正拥有宪法思想的总统会通过恢复建国者打算设立的对集权政府权力的限制来**捍卫**宪法，而不是通过打破仅存不多的限制来破坏宪法。

通过恢复公众对宪法的关注，以及对詹姆斯·麦迪逊等人提出的详细解释联邦政府"少而特定"权力的特殊条款的关注，奥巴马无意中为这个国家做了一个大贡献。这也是茶党运动的主要内容。

1912 年大选时两党纷争，一个短暂出现的进步党帮助伍德罗·威尔逊赢得了选举，这标志着美国政治思想和实践新篇章的开启。如果大多数美国选民认真关注建国者的智慧，那么 2012 年大选意味着这一篇章的结束，并且美国重新恢复了一个更古老、更稳健的宪法秩序。难道茶党代表了一百多年前进步党的逆袭吗？即使茶党没能变成一个像1912年的进步党那样的正式政党，我们清楚的是，这样一个民粹主义的宪法运动对两党都有影响——该运动再一次提醒我们，宪法是以"我们人民……"开始的。

第十九章 巴拉克·侯赛因·奥巴马

索 引

（条目后数字系本书英文原版页码，请按本书边码检索）

2010 midterm election, 2010 年中期选举, 274

60 Minutes,《60 分钟》, 192

A

abortion, 堕胎, 192, 198, 220~221, 226, 234, 241, 257~258

 legalization of, 合法化, 123, 158, 187

 partial-birth abortion, 怀孕后期堕胎, 241, 258

Acheson, Dean, 艾奇逊，迪安, 131

Adams, John, 亚当斯，约翰, 8, 22, 30, 239

Adams, John Quincy, 亚当斯，约翰·昆西, 54

affirmative action, 平权行动, 163, 181, 198, 226, 241, 273

Afghanistan, 阿富汗, 170, 207, 260, 266, 281

Agency for International Development (AID), 国际开发署, 267

Agnew, Spiro, 阿格纽，斯皮罗, 190, 192

Aguinaldo, Emilio, 阿吉纳尔多，埃米利奥, 243

Al Qaeda, 基地组织, 265~266

al-Awlaki, Anwar, 奥拉基，安瓦尔, 280

Albert, Carl, 艾伯特，卡尔, 190

Alinsky, Saul, 阿林斯基，索尔, 164, 279

Alito, Samuel, 阿利托，塞缪尔, 269, 284~285

Allen, Frederick Lewis, 艾伦，弗雷德里克·刘易斯, 73

American Civil Liberties Union (ACLU), 美国公民自由协会, 111, 280

American Conservative Union, 美国保守联盟, 173

American federalism, 美国联邦制, 17

American Federation of Labor (AFL), 美国劳工联合会, 86

American Heritage magazine,《美国遗产》杂志, 146

American Revolution (*see also*: Revolutionary War), 美国独立战争, 82, 117

Americans with Disabilities Act,《美国残疾人法案》, 231

Anderson, Patrick, 安德森，帕特里克, 203

Anti-Ballistic Missile (ABM) Treaty,《反弹道导弹条约》, 179, 265

Antiquities Act of 1906,《1906 年文物法》, 242

Arab League, 阿拉伯联盟, 210

Arafat, Yasser, 阿拉法特，亚西尔, 208, 265, 281

Arkansas Democrat-Gazette,《阿肯色民主党公报》, 254

Arthur, Chester, 阿瑟，切斯特, 135

Articles of Confederation,《邦联条款》, 13~14, 21

Assad, Hafez, 阿萨德，哈菲兹, 210

Atlantic Monthly,《大西洋月刊》, 62

Ayers, William, 艾尔斯，威廉, 273

B

Bagehot, Walter, 白哲特，沃尔特, 42

Baltimore Sun,《巴尔的摩太阳报》, 179

Barak, Ehud, 巴拉克，埃胡德, 252

Barber, James David, 巴伯，詹姆斯·戴维, 10

The Presidential Character,《总统的性格》, 10

Bay of Pigs, 猪湾事件, 58, 149, 152

Becerra, Xavier, 贝塞拉，泽维尔, 249

Becker, Carl, 贝克尔，卡尔, 83

Berlin Wall, 柏林墙, 149~150, 214, 233

Berlin, Isaiah, 伯林，以赛亚, 48

Bernstein, Carl, 伯恩斯坦，卡尔, 183

Biden, Joseph ("Joe"), 拜登，约瑟夫（"乔"）, 227, 253

Bill of Rights,《权利法案》,9,70,
117,215

bin Laden, Osama,本·拉登,奥萨马,265,279

Black Liberation Army,黑人解放军,251

Blackley, Ronald Henderson,布莱克利·罗纳德·亨德森,250

Blackmun, Harry,布莱克蒙,哈利,187

Blitzer, Wolf,布利策,伍尔夫,248
Territory of Lies,《领土的谎言》,248

Blum, John Morton,布卢姆,约翰·莫顿,39,53

Borel, Art,博雷尔,阿特,248

Borel, Doug,博雷尔,道格,248

Bork, Robert,伯克,罗伯特,227,234

Bourne, Peter,伯恩,彼得,203

Brandeis, Louis,布兰代斯,路易斯,56,92,105,113,123

Braswell, Almon Glenn,布拉斯韦尔,阿尔蒙·格伦,248

Brennan, William,布伦南,威廉,143~144,234

Breyer, Stephen,布雷耶,斯蒂芬,257~258

Brinkley, David,布林克利,戴维,202

Brinkley, Douglas,布林克利,道格拉斯,210

Britton, Nan,布里顿,南,73

Brown, Jerry,布朗,杰里,253

Brown, O. J.,布朗,O. J.,226

Brown, Scott,布朗,斯科特,278

Browne, Malcolm,布朗,马尔科姆,179

Buchanan, James,布坎南,詹姆斯,26,182,191
Homestead Act and,《宅地法》以及,27

Buck Island Reef,巴克岛礁,242

Buckley, William F.,巴克利,威廉·F.,162,196

Bureau of the Budget (*see also*: Office of Management and Budget),预算局,65,139

Burger, Warren,伯格,沃伦,187

Burke, Edmund,柏克,埃德蒙,42

Burns, James MacGregor,伯恩斯,詹姆斯·麦格雷戈,112

Burton, Harold,伯顿,哈罗德,133

Bush, Barbara,布什,芭芭拉,239

Bush, George H. W.,布什,乔治·H. W.,5~6,132,191,229~235

domestic policy of, 国内政策, 231

economic policy of, 经济政策, 232

as education president, 作为教育总统, 231

foreign policy of, 对外政策, 210, 232~233

as moderate Republican, 作为温和的共和党人, 229

Operation Desert Storm and, 沙漠风暴行动以及, 233

Ronald Reagan and, 罗纳德·里根以及, 230~232

Supreme Court appointments of, 最高法院任命, 233~235

taxes and, 税收以及, 229, 232

as vice president, 作为副总统, 229, 232

welfare and, 福利以及, 231

Bush, George Walker, 布什, 乔治·沃克, 259~270

2000 election and, 2000年选举以及, 16, 18, 261

Bush Doctrine, 布什主义, 261, 267

compassionate conservatism of, 富有同情心的保守主义, 261~262

Constitution and, 宪法以及, 268~270

"cowboy mannerisms" of, 牛仔风范, 259

economic policy of, 经济政策, 261~264

enhanced interrogation techniques and, 强化审讯手段以及, 266

foreign policy of, 对外政策, 265~267

freedom agenda of, 自由议程, 267

Hurricane Katrina and, 卡特里娜飓风以及, 263

Iraq war and, 伊拉克战争以及, 210

McCain-Feingold campaign finance law and, 《麦凯恩-法因戈尔德竞选筹款法》以及, 269~270

Medicare Part D and, 医疗保险处方药计划以及, 262

No Child Left Behind (NCLB) Act and, 《不让一个孩子掉队法案》以及, 262

September 11, 2001, attacks and, 2011年"9·11"袭击以及, 222

signing statements of, 签署声明, 268~269, 284

Social Security reform and, 社会保

-障改革以及, 263

strategery and, 策略以及, 57

Supreme Court appointments of, 最高法院任命, 269~270

terrorism and, 恐怖主义以及, 265~266, 269

Troubled Asset Relief Program (TARP), 问题资产救助计划, 264

Butler, Pierce, 巴特勒, 皮尔斯, 70

Byrnes, James F., 贝尔纳斯, 詹姆斯·F., 124

C

Caddell, Pat, 卡德尔, 帕特, 203

Calhoun, John C., 卡尔霍恩, 约翰·C., 25

Cali Cartel, "卡利卡特尔", 249

Califano, Joseph, 卡利法诺, 约瑟夫, 204

California Coastal Commission, 加州海岸委员会, 242

Cannon, Lou, 坎农, 卢, 192

Cardozo, Benjamin, 卡多佐, 本杰明, 105~106

Caro, Robert, 卡洛, 罗伯特, 160, 162

Carrizo Plain, 卡里索平原, 242

Carswell, G. Harrold, 卡斯韦尔, G. 哈罗德, 187

Carter, Billy, 卡特, 比利, 208

Carter, James Earl ("Jimmy"), 卡特, 詹姆斯·厄尔 ("吉米"), 190, 201~211

balanced budget and, 平衡预算以及, 203

campaign of, 竞选运动, 201~202, 204, 206

Carter doctrine, 卡特主义, 207

election cycle and, 选举周期以及, 201

energy and, 能源以及, 204

as engineer, 作为工程师, 99

foreign policy of, 对外政策, 180, 197

Gulf War and, 海湾战争以及, 209

inflation and, 通货膨胀以及, 204~206

interpersonal skills of, 人际交往技巧, 202~203

Iranian hostage crisis and, 伊朗人质危机以及, 208

Iraq War and, 伊拉克战争以及, 210

malaise speech of, 萎靡演讲, 205~

206

national health insurance plan and, 国家健康保险计划以及, 204

Nobel Peace Prize of, 诺贝尔和平奖, 211

post-president actions of, 卸任后的举动, 209~211

racism and, 种族主义以及, 202

Carter, Rosalynn, 卡特, 罗莎琳, 238

Castro, Fidel, 卡斯特罗, 菲德尔, 149~150, 156~157

Cato, 卡托, 33

Cato Institute, 卡托研究所, 3

Chamberlain, John, 张伯伦, 约翰, 96

Chambers, Whittaker, 钱伯斯, 惠特克, 108, 125

Chase, Chevy, 蔡斯, 赛维, 190

Cheney, Richard ("Dick"), 切尼, 理查德("迪克"), 195, 210

Chicago Tribune, 《芝加哥论坛报》, 202

Christmas bombing, 圣诞节轰炸, 177~178

Chomsky, Noam, 乔姆斯基, 诺姆, 251

Cisneros, Henry, 西斯内罗斯, 亨利,

250

Citadel Federal Savings Bank, 城堡联邦储蓄银行, 248

civil rights, 公民权利, 66, 92, 125, 152, 158, 161~163, 166, 171~172, 181

Civil Rights Act of 1964, 《1964年民权法案》, 162~163

Clarendon, 克拉兰敦, 252

Clark, G. N., 克拉克, G. N., 71

Clark, Ramsey, 克拉克, 拉姆齐, 133, 165, 177, 208

Clark, Thomas ("Tom"), 克拉克, 托马斯("汤姆"), 132~133

Clarke, John H., 克拉克, 约翰·H., 56

Cleveland, Grover, 克利夫兰, 格罗弗, 28

Clinton library foundation, 克林顿图书馆基金会, 252

Clinton Presidential Center, 克林顿总统中心, 255

Clinton Presidential Library and Museum, 克林顿总统图书馆和博物馆, 255

Clinton, Chelsea, 克林顿, 切尔西, 245

Clinton, Hillary, 克林顿, 希拉里,

索 引

·321·

238~239, 246, 255

as co-president, 作为联合执政的总统, 245, 248

Liberation Theology and, 解放神学以及, 245

Clinton, Roger ("Headache"), 克林顿, 罗杰("麻烦事"), 249

Clinton, William Jefferson ("Bill"), 克林顿, 威廉·杰斐逊("比尔"), 237~258

  character of, 性格, 237, 256~257

  Constitution and, 宪法以及, 242~248, 257~258

  "Don't ask, don't tell" and, "不问, 不说"以及, 241

  Fueraz Armadas de Liberacion Nacional (FALN) and, 民族解放武装力量以及, 244

  executive orders and, 行政命令以及, 239~241

  impeachment of, 弹劾, 246, 256

  Monica Lewinsky scandal and, 莫妮卡·莱温斯基丑闻以及, 237, 244~246

  monuments and, 纪念地以及, 239, 242

  presidential pardon and, 总统的赦免以及, 242~253

  Supreme Court appointments of, 最高法院任命, 257~258

  terrorism and, 恐怖主义以及, 244

  triangulation strategy of, 三角策略, 261

  two-for-one presidency of, "选一送一"的总统, 238

  welfare reform of, 福利改革, 255, 256

  womanizing of, 沉迷女色, 237

Clough, Susan, 克拉夫, 苏珊, 202

Coffelt, Leslie, 考菲尔特, 莱斯利, 244

Collazo, Oscar, 柯拉索, 奥斯卡, 244, 253

Collins, Susan, 科林斯, 苏珊, 280

Columbia University Law School, 哥伦比亚大学法学院, 92

Commager, Henry Steele, 康马杰, 亨利·斯蒂尔, 78

Connally, John, 康纳利, 约翰, 190

Constitution of the United States 合众国宪法

  Article I of, 第1条, 19, 23~24

  Article II of, 第2条, 19~20, 23, 32

  death penalty in, 死刑, 123, 143,

158, 171

interpretation of, 解释, 7, 9, 24, 45~46, 116, 143, 171, 199, 218, 225, 234, 258, 269, 284

as living document, 作为活的文献, 12, 45~46, 115~118, 123, 283

modern presidents and, 现代总统以及, 7, 29, 34

original intent of, 原初意图, 46, 199, 218, 258

Preamble of, 序言, 218

constitutional majority, 宪法规定的多数, 17~19, 260

constitutionalism, 立宪主义, 10, 29, 34, 93, 115, 214, 223, 228

Coolidge, Calvin, 柯立芝, 卡尔文, 2, 62, 74, 77~93

autobiography of, 自传, 81

Boston police strike and, 波士顿警察罢工事件以及, 86~87

business and, 商业以及, 79~80

Constitution and, 宪法以及, 77, 81~82, 86, 90~91, 92~93

Declaration of Independence and, 《独立宣言》以及, 82~83

education of, 教育, 81~82

farm relief and, 农业救济以及, 89

flood relief and, 水灾救济以及, 90

foreign policy of, 对外政策, 90

judiciary and, 司法以及, 92~93

Kellogg-Briand Pact of 1928 and, 1928年《凯洛格-白里安公约》以及, 90~91

liberal hatred of, 自由派的仇恨, 78~87, 90~92

"The Limitations of the Law", "法律的局限性", 84, 93

misquotation of, 误引, 79

as model for Ronald Reagan, 作为罗纳德·里根的榜样, 87

political career of, 政治生涯, 81, 85

"The Principles Fought for in the American Revolution," "美国独立战争所为之奋斗的信念", 82

as progressive, 作为进步主义者, 86, 88

re-election and, 连任以及, 91

as "Silent Cal," 作为"沉默的卡尔", 78~79

taxes and, 税收以及, 66

Cox, Archibald, 考克斯, 阿奇博尔德, 183

Creel, George, 克里尔, 乔治, 53

Cronkite, Walter, 克朗凯特, 沃尔

索 引

特,152

Curtis, Edwin,柯蒂斯,埃德温,86

D

Daily Mirror,《每日镜报》,178

Darwin, Charles,达尔文,查尔斯,42,45~46

Darwinism,达尔文主义,44~45

Daschle, Tom,达施勒,汤姆,266

Daugherty, Harry,多尔蒂,哈里,71~72

Davis, Jefferson,戴维斯,杰斐逊,253

Davis, John W.,戴维斯,约翰·W,132

Davis-Bacon Act,《戴维斯-培根法案》,101~2

Dean, John,迪安,约翰,59,63,65~66,70,73~74,183

death penalty,死刑,123,143,158,171,230

Debs, Eugene,德布斯,尤金,66

Declaration of Independence,《独立宣言》,15,42,48,82~83,215,222

Democrats,民主党人,11,40,67,96,121,126,128,132,141~142,151,155,163,176,178,183,191,198,225,227,231,241,254,263~264,274

détente,缓和政策,173,179~180,195~197,206

Deutch, John,多伊奇,约翰,250

Diggins, John Patrick,迪金斯,约翰·帕特里克,213

Dirksen, Everett,德克森,埃弗雷特,167

Dobrynin, Anatoly,多勃雷宁,阿纳托利,196

Dole, Bob,多尔,鲍勃,9

Douglas, Helen Gahagan,道格拉斯,海伦·加黑根,174

Douglas, William O.,道格拉斯,威廉·O.,123,198

Douglass, Frederick,道格拉斯,弗雷德里克,171

Dukakis, Michael,杜卡基斯,迈克尔,230

Duke of Wellington,威灵顿公爵,168

Duncan, Larry Lee,邓肯,拉里·李,248

Dunlop, Cyd,邓洛普,赛德,243

E

economic bill of rights,经济权利法案,219~220

Economist,《经济学人》, 178, 254

Eden, Anthony, 艾登, 安东尼, 140

Ehrlichman, John, 埃利希曼, 约翰, 184

Eisenhower, Dwight D., 艾森豪威尔, 德怀特·D., 97, 135~144
  conservatism of, 保守主义, 141
  Constitution and, 宪法以及, 143~144
  internationalism of, 国际主义, 140, 142
  interstate highway system of, 州际高速公路系统, 142
  as manager, 作为管理者, 138~141
  "mediocrity" of, 平庸, 135~136
  military background of, 军事背景, 135, 142
  popularity of, 受民众欢迎度, 136
  Suez Canal and, 苏伊士运河以及, 140
  Supreme Court appointments of, 最高法院任命, 142~44
  television appearances of, 出现在电视上, 138
  World War II and, 第二次世界大战以及, 135, 141

Electoral College 选举人团
  Al Gore and, 阿尔·戈尔以及, 18, 260
  as "anti-democratic," 作为"反民主的", 16
  deliberative majorities and, 审慎思考的多数以及, 16~19

Emanuel, Rahm, 伊曼纽尔, 拉姆, 274

Enron, 安然公司, 263

Environmental Protection Agency (EPA), 环境保护局, 181, 188

Espy, Mike, 埃斯皮, 迈克, 247, 250

Evans, Linda Sue, 埃文斯, 琳达·苏, 251

Evans, M. Stanton, 埃文斯, M. 斯坦顿, 173

Evening Telegraph,《电讯晚报》, 215

Exner, Judith Campbell, 埃克斯纳, 朱迪丝·坎贝尔, 147

F

Fall, Albert, 福尔, 艾伯特, 71

Fall, Bernard, 福尔, 伯纳德, 168~169

"The Family", "家族", 251

Fannie Mae, 范尼梅, 264

Federal Emergency Management Agency (FEMA), 联邦应急管理局, 90
Federal Register,《联邦公报》, 181
Federal Reserve Bank, 联邦储备银行, 37, 205, 220, 264
Federalist No. 45,《联邦党人文集》第 45 篇, 25
Felzenberg, Al, 费尔岑伯格, 阿尔, 135
Fifth Amendment, 第五修正案, 72, 226
 takings clause of, 征用条款, 226
Fink, Gary, 芬克, 加里, 202
First Amendment, 第一修正案, 269
Fleming, Ian, 弗莱明, 伊恩, 251
Fonda, Jane, 方达, 简, 177
Forbes, Charles, 福布斯, 查尔斯, 72
Ford, Betty, 福特, 贝蒂, 190
Ford, Gerald R., 福特, 杰拉尔德·R., 45, 189~199
 character of, 性格, 189~190
 Constitution and, 宪法以及, 197~199
 clumsiness of, 笨拙, 193
 détente and, 缓和政策以及, 180
 Eastern Europe and, 东欧以及, 195~197
 Freedom of Information Act and,《信息自由法案》以及, 198
 Nixon pardon and, 对尼克松的赦免以及, 191
 rhetorical skills of, 言辞技巧, 192
 stagflation and, 滞胀以及, 193~194
 Supreme Court appointments of, 最高法院任命, 198~199
 veto power and, 否决权以及, 197~199
 Vietnam War and, 越南战争以及, 194~197
Foreign Affairs,《外交季刊》, 207
Fortas, Abe, 福塔斯, 阿贝, 170~171
Founders (*see also*: Founding Fathers) 建国者
 branches of government and, 政府分支以及, 143
 Congress and, 国会以及, 50, 54, 138, 268
 constitutional philosophy of, 宪法哲学, 70, 199, 234, 258, 284, 286
 individual rights and, 个人权利以及, 42, 48, 117, 283
 liberty and, 自由以及, 47~49

political philosophy of, 政治哲学, 46, 214, 222~223

presidency and, 总统制以及, 1~35, 61, 137, 243, 269

tradition of, 传统, 42

Foxman, Abe, 福克斯曼, 阿贝, 170~171

Frank, Barney, 弗兰克, 巴尼, 253, 264, 284

Frankfurter, Felix, 法兰克福特, 费利克斯, 123, 143

Freddie Mac, 弗雷迪麦克, 264

Friedman, Milton, 弗里德曼, 米尔顿, 174

Fuerzas Armadas de Liberacion Nacional (FALN), 民族解放武装力量, 244

G

Galbraith, John Kenneth, 加尔布雷斯, 约翰·肯尼斯, 154

Gallup Poll, 盖洛普民意测验, 136, 272

Garner, John Nance, 加纳, 约翰·南斯, 103

Geneva Convention, 《日内瓦公约》, 266

Gerry, Elbridge, 格里, 埃尔布里奇, 14

Giancana, Sam, 詹卡纳, 萨姆, 147

Gibson, Charlie, 吉布森, 查理, 276

Gingrich, Newt, 金里奇, 纽特, 231, 256

Ginsberg, Ruth Bader, 金斯伯格, 鲁斯·巴德, 257~258

Women's Rights Law Reporter, 《女权法律报》, 257

Ginsburg, Douglas, 金斯伯格, 道格拉斯, 227

Giuliani, Rudolph, 朱利安尼, 鲁道夫, 251

global warming, 全球变暖, 265

Goldberg, Arthur, 戈德堡, 阿瑟, 158

Goldberg, Jonah, 戈德堡, 乔纳, 52

Goldfinger, 《金手指》, 251

Goldsmith, Jack, 戈德史密斯, 杰克, 280

Goldwater, Barry, 戈德华特, 巴里, 160~164, 183

Civil Rights Act and, 《民权法案》以及, 163

Gompers, Samuel, 龚帕斯, 塞缪尔, 86

Gorbachev, Mikhail, 戈尔巴乔夫, 米哈伊尔, 210, 214

Gore, Al, 戈尔, 阿尔, 4, 16, 18, 176, 260, 281

Governor's Island，总督岛，242

Grand Canyon-Parashant National Monument，大峡谷－帕拉香国家纪念地，242

Grand Staircase-Escalante National Monument，大升梯－埃斯卡兰特国家纪念地，242

Grant, Ulysses S.，格兰特，尤利塞斯·S.，11

Great Depression，大萧条，66，74，89，100，111，264

 media presidency and，总统媒体化以及，96

 New Deal and，新政以及，109

 World War II and，第二次世界大战以及，107，114

Green, Pincus "Pinky,"格林，平卡斯·"品奇"，251~253

Greenspan, Alan，格林斯潘，艾伦，193

Greenstein, Fred I.，格林斯坦，弗雷德·I.，10，136~137，174

 The Presidential Difference: Leadership Style from FDR to Clinton，《总统的魅力：从罗斯福到克林顿的领袖风格》，10

Gregory, Dick，格雷戈里，迪克，160

Guantanamo Bay detention center，关塔那摩湾拘押中心，266，279

Guardian，《卫报》，178

Gulf of Tonkin，北部湾，167

Gulf War，海湾战争，209，233

H

Hackett, David，哈克特，大卫，164

Hamby, Alonzo，汉比，阿隆佐，129

Hamilton, Alexander，汉密尔顿，亚历山大，15~16，24，42，45，82，85，93，125，224，243，254，268，271

Hand, Learned，汉德，勒尼德，124

Hardball，《硬球》，254

Harding, Florence，哈定，弗洛伦斯，73，238

Harding, Warren G.，哈定，沃伦·G.，57~75，77，87~88，96，98，139，100，215，232

 affairs and，事件以及，73~74

 child labor legislation and，童工法案以及，67

 civil rights and，公民权利以及，66

 Constitution and，宪法以及，69~70

 foreign affairs and，外交事务以及，67~69

inaugural address of, 就职演讲, 69

income tax rates and, 所得税税率以及, 66

landslide election of, 压倒性当选, 60

looks of, 评价, 57, 70, 73

Marion Star and,《马里恩星报》以及, 75

media and, 媒体以及, 63

modernization of government budget, 政府预算现代化, 65

modesty of, 谦虚, 61

nomination of, 提名, 60~61

popularity of, 受欢迎度, 57

recession and, 衰退以及, 63, 66

reputation of, 声誉, 2, 57~59

rumors and, 谣言以及, 72~73

Washington Naval Conference of 1921 and, 1921年华盛顿海军会议以及, 68

Harkin, Tom, 哈尔金, 汤姆, 253

Harlan, John Marshall, 哈伦, 约翰·马歇尔, 143

Harrison, Benjamin, 哈里森, 本杰明, 31

Hatfield, Mark, 哈特菲尔德, 马克, 97

Havel, Vaclav, 哈维尔, 瓦茨拉夫, 195

Haynsworth, Clement, 海恩斯沃斯, 克莱门特, 187

Healy, Gene, 希利, 基恩, 3~4, 71

Hearst, Patricia ("Patty"), 赫斯特, 帕特里夏("帕蒂"), 243, 250

Hegel, Georg Wilhelm Friedrich, 黑格尔, 乔治·威廉·弗里德里希, 42~45

Philosophy of History,《历史哲学》, 50

Helsinki Accords of 1975,《1975年赫尔辛基协议》, 195~196

Hepburn Act,《赫伯恩法案》, 32

Herbert, Bob, 赫伯特, 鲍勃, 253~254

Hesburgh, Theodore, 海斯伯格, 西奥多, 164

Hicks, John, 希克斯, 约翰, 79

Republican Ascendancy,《共和制的崛起》, 79

Hill, Charles, 希尔, 查尔斯, 231

Hiss, Alger, 希斯, 阿尔杰, 173~174

Ho Chi Minh, 胡志明, 168~169

Holder, Eric, 霍尔德, 埃里克, 244,

Holmes, Oliver Wendell 霍姆斯, 奥利弗·温德尔

Hoover, Herbert, 胡佛, 赫伯特, 62~63, 95~106

American Individualism, 《美国个人主义》, 97

bonus army and, 酬恤军以及, 99

Communism and, 共产主义以及, 95

Constitution and, 宪法以及, 104~106

Davis-Bacon Act and, 《戴维斯-培根法案》以及, 101~102

as engineer, 作为工程师, 99, 105

free enterprise and, 自由企业制度以及, 97

free markets and, 自由市场以及, 97

Great Depression and, 大萧条以及, 96, 100, 102, 104

media and, 媒体以及, 96, 104

as orphan, 作为孤儿, 97

as secretary of commerce, 作为商务部长, 90~91, 95, 97

Smoot-Hawley tariff bill and, 《斯穆特-霍利关税法》以及, 102

Supreme Court appointments of, 最高法院任命, 105~106

Warren G. Harding and, 沃伦·G.哈定以及, 74~75

Hoover, Ike, 胡佛, 艾克, 63

Horwitz, Steven, 霍维茨, 斯蒂芬, 100, 102

House, Edward, 豪斯, 爱德华, 39

housing bubble, 房地产泡沫, 263~264

Hubbell, Webster, 哈贝尔, 韦伯斯特, 250

Hughes, Charles Evans, 休斯, 查尔斯·埃文斯, 62, 70, 105

Hughes, Harold, 休斯, 哈罗德, 178

Human Life Review, 《人类生命回顾》, 221

Hunt, Howard, 亨特, 霍华德, 183

Hurricane Katrina, 卡特里娜飓风, 263

Hussein, Saddam, 侯赛因, 萨达姆, 209~210, 233, 267

I

independent judiciary, 司法独立, 17

Iraq, 伊拉克, 170, 233, 260, 267, 281

Israel, 以色列, 248, 282,

J

Jackson, Andrew, 杰克逊, 安德鲁, 30, 159, 185

Jackson, Jesse, 杰克逊, 杰西, 248, 256

Jackson, Robert H., 杰克逊, 罗伯特·H., 124

Jacobson, Max ("Dr. Feelgood"), 雅各布森, 马克斯 ("感觉良好博士"), 148

Jefferson, Thomas, 杰斐逊, 托马斯, 14, 21, 24, 30, 42, 45, 48~49, 82~83, 85, 116, 186, 198, 217, 224, 239

Johnson, Andrew, 约翰逊, 安德鲁, 30~31, 58, 243

Johnson, Haynes, 约翰逊, 海恩斯, 79~80

Johnson, Lyndon Baines, 约翰逊, 林登·贝恩斯, 49, 157, 159, 72, 176, 180, 183, 239, 248, 271

 civil rights and, 民权以及, 161~163, 166, 172

 Constitution and, 宪法以及, 161

 crudeness of, 粗鲁, 159, 193

 Great Society of, 伟大的社会, 162~166, 187, 274

 political skills of, 政治技巧, 159, 160~161

 Supreme Court appointments of, 最高法院任命, 170~172

 as vice president, 作为副总统, 147, 152

 Vietnam syndrome and, 越南综合症以及, 170

 Vietnam War and, 越南战争以及, 166~170

 War on Poverty and, 向贫穷开战以及, 162~166

Johnson, Paul, 约翰逊, 保罗, 58, 61, 66, 95, 98, 100, 175

Jones, Paula Corbin, 琼斯, 葆拉·科尔宾, 245~246

Jordan, Hamilton, 乔丹, 汉密尔顿, 254

Joseph, Peggy, 约瑟夫, 佩吉, 3

K

Kagan, Elena, 卡根, 艾蕾娜, 185

Kasha-Katuwe Tent Rocks, 印第安帐篷石山群, 242

Kellogg-Briand Pact of 1928, 1928年《凯洛格-白里安公约》, 90~91

Kellogg, Frank, 凯洛格, 弗兰克, 91

Kelly, Michael, 凯利, 迈克尔, 252

Kemp, Jack, 肯普, 杰克, 102, 154

Kennedy, Anthony, 肯尼迪, 安东尼, 227

Kennedy, Jackie, 肯尼迪, 杰基, 147

Kennedy, John F., 肯尼迪, 约翰·F., 145~158

    assassination of, 暗杀, 39, 145, 147, 156~157, 159, 161

    Bay of Pigs and, 猪湾事件以及, 58, 149

    Berlin Wall and, 柏林墙以及, 150

    civil rights and, 民权以及, 152, 158

    Cuban Missile Crisis and, 古巴导弹危机以及, 150~152

    economic growth and, 经济增长以及, 153~154

    foreign policy of, 对外政策, 149, 152, 157

    as icon, 作为偶像, 3, 58

    health of, 健康, 148

    management style of, 管理风格, 149

    missile gap accusation, 对导弹差距的谴责, 142

    myth surrounding, 围绕他的神话, 145~146, 150, 156

    Profiles in Courage, 《当仁不让》, 146

    Supreme Court appointments of, 最高法院任命, 158

    Vietnam War and, 越南战争以及, 152

    womanizing of, 沉迷女色, 147~148

    tax cuts of, 减税, 153~55

Kennedy, Joseph P., 肯尼迪, 约瑟夫·P., 155

Kennedy, Robert, 肯尼迪, 罗伯特, 151, 157, 163

Kennedy, Ted, 肯尼迪, 泰德, 147, 204, 227, 257, 278

Keynes, John Maynard, 凯恩斯, 约翰·梅纳德, 100, 153, 155, 193, 274

Khomeini, Rouhollah Mousavi, 霍梅尼, 鲁霍拉·穆萨维, 208

Khrushchev, Nikita, 赫鲁晓夫, 尼基塔, 149~150

King Fahd, 国王法赫德, 210

King George III, 英王乔治三世, 14~15

Kinsley, Michael, 金斯利, 迈克尔, 243

Kissinger, Henry, 基辛格, 亨利, 174~176, 189, 195~197, 206

Korean War，朝鲜战争，125，131~132，140~141，176

Krauthammer, Charles，克劳萨默，查尔斯，243，253

Krugman, Paul，克鲁格曼，保罗，50，114，276

Ku Klux Klan，三K党，39，122

Kunstler, William，肯斯特勒，威廉，251

Kyoto Protocol，《京都议定书》，265

L

La Opinion，《意见报》，178

Lafitte, Jean，拉菲特，珍，243

Landy, Marc，兰迪，马克，11，279

Lane, Rose Wilder，莱恩，罗斯·怀尔德，96

Lansing, Robert，兰辛，罗伯特，39

Lasater, Dan，拉萨特，丹，249

League of Nations，国际联盟，38，54，67~68

    Permanent Court of International Justice，常设国际法院，68

Leebaert, Derek，李波厄特，德里克，136

Lemann, Nicholas，莱曼，尼古拉斯，163

Libya，利比亚，208，251，282

Liddy, G. Gordon，利迪，G. 戈登，253

Lieberman, Joe，利伯曼，乔，151

limited government，有限政府，2，4，44，46，105，141，214，261

Lincoln, Abraham，林肯，亚伯拉罕，31，69，83，144，145，162，176，190~191，213，217，221，224，239，241，244

Lindsey, Lawrence，林赛，劳伦斯，88，155

Lloyd, Gordon，劳埃德，戈登，103

Locke, John，洛克，约翰，42，222~225

    Second Treatise on Government，《政府论（下）》，222

Longworth, Alice Roosevelt，朗沃斯，爱丽丝·罗斯福，57

Louisiana Purchase，路易斯安那购置地，224

Lowden, Frank，洛登，弗兰克，60

M

MacArthur, Douglas，麦克阿瑟，道格拉斯，125

MacMillan, Harold，麦克米伦，哈罗德，155，260

Madison, James，麦迪逊，詹姆斯，

24~25, 41~42, 45, 239, 243, 286

presidential speeches of, 总统的演讲, 30

Mansfield, Mike, 曼斯菲尔德, 迈克, 162

Marshall Plan, 马歇尔计划, 131

Marshall, Thomas, 马歇尔, 托马斯, 39

Marshall, Thurgood, 马歇尔, 瑟古德, 171, 234

Marx, Karl, 马克思, 卡尔, 43, 156

Matthews, Chris, 马修斯, 克里斯, 254

May 19 Communist Organization, 5月19日共产主义组织, 251

Mayorkas, Alejandro, 梅奥卡斯, 亚历杭德罗, 249

McCain-Feingold campaign finance law, 《麦凯恩－法因戈尔德竞选筹款法》, 269~270

McCarthy, Eugene 麦卡锡, 尤金

McCarthy, Joseph ("Joe"), 麦卡锡, 约瑟夫 ("乔"), 96, 151, 170

McCullough, David, 麦卡洛, 戴维, 127

McDonald, Forrest, 麦克唐纳, 福里斯特, 11, 14, 21~22, 255

The American Presidency: An Intellectual History, 《美国总统制：一部思想史》, 11, 255

Constitutional History of the United States, 《美国宪法史》, 14

McDougal, Susan, 麦克杜格尔, 苏珊, 250

McGovern, George, 麦戈文, 乔治, 175, 178, 184

McKinley, William, 麦金利, 威廉, 8, 11, 146, 154, 244

McNamara, Robert, 麦克纳马拉, 罗伯特, 167~168

McReynolds, James C., 麦克雷诺兹, 詹姆斯·C., 55~56

Medicare, 国家老年人医疗保险制度, 160, 256, 262

Medicare Part D., 医疗保险处方药计划, 262

Meese, Edwin, 米斯, 埃德温, 217~218

Mellon, Andrew, 梅隆, 安德鲁, 62, 100

middle class, 中产阶级, 110, 136, 278~279

Miers, Harriett, 迈尔斯, 哈里特, 269

Milken, Michael, 米尔肯, 迈克尔,

248

Milkis, Sidney, 米尔奇斯, 西德尼, 11

Presidential Greatness, 《伟大的总统》, 11

Miller, Nathan, 米勒, 内森, 57, 201

Minidoka Internment, 米尼多卡集中营, 242

Minton, Sherman, 明顿, 谢尔曼, 133

Mitford, Jessica, 米特福德, 杰西卡, 245

Mitterrand, Francois, 密特朗, 弗朗索瓦, 210

Mixner, David, 密克斯内尔, 戴维, 241

modern presidency, 现代总统制, 1, 4, 10, 12, 29~33, 35, 57, 107, 285

Mohammed, Khalid Sheikh, 穆罕默德, 哈立德·谢赫, 266, 279

Moley, Raymond, 莫利, 雷蒙德, 103, 113, 120

Mondale, Walter, 蒙代尔, 沃尔特, 206

Monroe Doctrine, 门罗主义, 261

Monroe, James, 门罗, 詹姆斯, 239, 268

Monroe, Marilyn, 梦露, 玛丽莲, 147

Moorer, Thomas, 穆勒, 托马斯, 177

Morison, Samuel Loring, 莫里森, 塞缪尔·劳瑞, 250

Morris, Kenneth, 莫里斯, 肯尼思, 202

Morrison, Toni, 莫里森, 托妮, 238

Morrow, Lance, 莫罗, 兰斯, 209~210

Morse, Anson, 莫尔斯, 安森, 82

Moynihan, Daniel Patrick ("Pat"), 莫伊尼汉, 丹尼尔·帕特里克 ("帕特"), 159, 191

Mubarak, Hosni, 穆巴拉克, 胡斯尼, 210

Mulroney, Brian, 马尔罗尼, 布莱恩, 210

Murphy, Frank, 墨菲, 弗兰克, 123

Murray, Robert K., 默里, 罗伯特·K., 65

The Harding Era, 《哈定时代》, 65

N

National Association for the Advancement of Colored People (NAACP), 全国有色人种协进会, 171

Napolitano, Janet, 纳波利塔诺, 珍妮特, 280

Nash, George H., 纳什, 乔治·

索引

· 335 ·

H., 96, 98
Nasser, Gamal, 纳赛尔, 贾迈勒, 140
National Recovery Administration (NRA), 国家复兴署, 112, 119
National Security Act, 《国家安全法案》, 223
National Security Council (NSC), 国家安全委员会, 139, 196
National Broadcasting Company (NBC), 全国广播公司, 3, 202
Netanyahu, Benjamin, 内塔尼亚胡, 本杰明, 248, 282
Neustadt, Richard E., 诺伊施塔特, 理查德·E., 10
Presidential Power and Modern Presidents,《总统权力和现代总统》, 10
Nevins, Allan, 内文斯, 艾伦, 78
New Republic,《新共和》, 254
New York Observer,《纽约观察家》, 254
Newsweek,《新闻周刊》, 197
Ngo Dinh Diem, 吴庭艳, 152
Nixon, Richard, 尼克松, 理查德, 96~97, 104, 151, 173~188
 anti-ballistic missile (ABM) treaty of 1972 and, 1972年《反弹道导弹条约》以及, 179
 character of, 性格, 174~175
 Christmas bombing and, 圣诞节轰炸以及, 177~178
 civil rights and, 民权以及, 181
 Cold War and, 冷战以及, 173, 179, 207
 détente and, 缓和政策以及, 173, 179~180
 domestic policy of, 国内政策, 173, 180~181
 Endangered Species Act and,《濒危物种法案》, 188
 Environmental Protection Agency (EPA) and, 环境保护局, 181, 188
 federal regulation and, 联邦调控以及, 181
 federal spending and, 联邦开支以及, 180
 impoundment and, 扣留以及, 184, 186
 Memoirs of Richard Nixon,《理查德·尼克松回忆录》, 185
 Occupational Safety and Health Administration (OSHA) and, 职业安全与卫生管理局, 181
 resignation of, 卸任, 183

"secret plan" of, "秘密计划",
176

Supreme Court nominations and, 对最高法院的提名以及, 9

as vice president, 作为副总统, 136

Vietnam War and, 越南战争以及, 170

War Powers Act veto, 否决《战争权力法案》, 184, 188

as wartime president, 作为战时总统, 176

Watergate scandal and, 水门事件以及, 59

No Child Left Behind (NCLB) Act, 《不让一个孩子掉队法案》, 262

North Atlantic Treaty Organization (NATO), 北大西洋公约组织, 131, 140, 149, 282

North, Oliver, 诺思, 奥利弗, 225

Novak, Michael, 诺瓦克, 迈克尔, 184, 245

Will It Liberate?, 《它能带来解放吗?》, 245

O

O'Connor, Sandra Day, 奥康纳, 桑德拉·戴, 226~227, 269

O'Neill, Jonathan, 奥尼尔, 乔纳森, 218

Obama, Barack Hussein, 奥巴马, 巴拉克·侯赛因, 271~286

academic background of, 学术背景, 279, 282

Afghanistan and, 阿富汗以及, 281

apology tour of, 道歉之旅, 127, 271, 281

charisma of, 个人魅力, 3~4, 85, 271~272

as community organizer, 作为社区组织者, 279

Constitution and, 宪法以及, 274, 282~286

defense policy of, 国防政策, 282

executive power and, 行政权以及, 7, 283

experience of, 经验, 146, 273

federal deficit and, 联邦赤字以及, 101, 275, 285

foreign policy of, 对外政策, 279~282

fourth wave ambitions of, 第四次浪潮的雄心, 273~276

"hope and change" and, "希望和改变"以及, 4, 34, 271

inauguration of, 就职, 220

Israel and, 以色列以及, 282

"Joe the Plumber" and, "管道工乔"以及, 276
Libya and, 利比亚以及, 282
as messiah figure, 作为救世主的形象, 272
meaning of name, 名字的意义, 272
middle class and, 中产阶级以及, 278～279
narcissism of, 自恋, 272
Nobel Peace Prize of, 诺贝尔和平奖, 281
Obamacare and, 奥巴马医改以及, 24, 277, 283, 285
shovel-ready projects of, 准备就绪的项目, 274～275
signing statements and, 签署声明以及, 269
socialism of, 社会主义, 276～277
stimulus bill of, 刺激法案, 264, 274～275
Supreme Court appointments of, 最高法院任命, 9, 285
taxes and, 税收以及, 153, 219, 274～275
war on terror and, 反恐战争以及, 260
Woodrow Wilson and, 伍德罗·威尔逊以及, 41, 53, 55, 273～274, 282～283, 285～286
Occupational Safety and Health Administration (OSHA), 职业安全与卫生管理局, 181, 188
Occupy Wall Street, 占领华尔街, 277
Office of Management and Budget (see also: Bureau of the Budget), 管理和预算办公室, 65
Operation Desert Storm, 沙漠风暴行动, 233
Oswald, Lee Harvey, 奥斯瓦尔德, 李·哈维, 157
Oxford Companion to the Supreme Court, 《牛津美国联邦最高法院指南》, 55

P

Palestine Liberation Organization (PLO), 巴勒斯坦解放组织, 208, 265
Palin, Sarah, 佩林, 萨拉, 111, 128
Paul, Ron, 保罗, 罗恩, 29
Paulson, Henry, 保尔森, 亨利, 264
Peltier, Leonard, 佩尔提尔, 列奥纳德, 248
People United to Save Humanity (PUSH), 拯救人类民众联合, 250
Perot, Ross, 佩罗, 罗斯, 5

Peters, Andrew, 彼得斯, 安德鲁, 86

Pham Van Dong, 范文同, 168

Philadelphia Convention of 1787, 1787 年费城制宪会议, 14～16, 19～20, 41～42

Philadelphia Record, 《费城记录报》, 99

Phillips, Carrie, 菲利普斯, 嘉莉, 73

Pierce, Franklin, 皮尔斯, 富兰克林, 26, 55

Piereson, James, 皮埃尔森, 詹姆斯, 156～157

  Camelot and the Cultural Revolution, 《卡米洛和文化革命》, 156

Pollard, Jonathan, 波拉德, 乔纳森, 248

Pompey's Pillar, 庞培神柱, 242

Powell, Lewis, 鲍威尔, 刘易斯, 187～188

presidency, office of 总统制, 职位

  as commander in chief, 作为总司令, 3, 19～20, 221, 282

  Constitution and, 宪法以及, 10～12

  executive orders and, 行政命令以及, 239～240

Founding Fathers and, 开国元勋以及, 13～35

history of, 历史, 2, 10, 121, 131

as limited office, 作为有限职位, 4, 15

modern understanding, 现代的理解, 1, 4～5, 7～10, 12, 29～33, 35, 57, 107, 285

national security and, 国家安全以及, 7, 24, 223, 268

popular election and, 普选以及, 16～18

powers of, 权力, 9, 11, 15, 24, 32, 132, 186, 239, 268

prerogative power of, 特权, 221～225, 268, 284～285

presidential pardon, 总统赦免, 242, 247～250, 257

self-government and, 自治以及, 2

unitary executive and, 单一行政权以及, 19, 268

presidential office, 总统职位, 1, 77

presidential romantics, 总统情结, 3

Progressive Era, 进步时代, 17, 30, 78

Q

Qaddafi, Muammar, 卡扎菲, 穆阿

迈尔, 208, 282

Queen's speech, 女王的演讲, 33

Quinn, Jack, 奎恩, 杰克, 252

R

Rabkin, Jeremy, 拉布金, 杰里米, 58~59, 68

Randolph, Eleanor, 伦道夫, 埃莉诺, 202

Ravenel, Charles D., 拉夫纳尔, 查尔斯·D., 249

Ray, Robert, 雷伊, 罗伯特, 246

Reagan, Nancy, 里根, 南希, 230, 238

Reagan, Ronald, 里根, 罗纳德, 213~228

    abortion and, 堕胎以及, 220~221, 226

    Abortion and the Conscience of the Nation,《堕胎与美国的良心》, 221

    air traffic controllers' strike, 空中交通管制员罢工, 87

    Berlin Wall and, 柏林墙以及, 214

    bully pulpit of, 天字第一号讲坛, 4

    Calvin Coolidge and, 卡尔文·柯立芝以及, 82, 87

    Cold War and, 冷战以及, 213

    Constitution and, 宪法以及, 214~215, 217~228

    economic bill of rights of, 经济权利法案, 219~220

    foreign policy of, 对外政策, 214, 222, 225

    Franklin D. Roosevelt and, 富兰克林·D. 罗斯福以及, 108, 114, 214, 217, 219

    as "great communicator," 作为"伟大的沟通者", 34

    Harry Truman and, 哈里·杜鲁门以及, 128, 132

    Helsinki Accords and,《赫尔辛基协议》以及, 195

    Iran-Contra scandal, 伊朗门丑闻, 221~222, 225, 243, 268

    liberalism and, 自由主义以及, 216, 218, 225

    limited government view of, 有限政府观点, 2, 181, 214

    New Deal and, 新政以及, 109

    political skill of, 政治技巧, 38

    Soviet Union and, 苏联以及, 151, 179

    Supreme Court and, 最高法院以

及，218，221，225

Supreme Court appointments of，最高法院任命，188，226~228

supply-side economics of，供给学派经济学，87，102，154

underestimation of，低估，62

Red Guerrilla Resistance，红色游击队抵抗组织，251

Reed，Stanley Forman，里德，斯坦利·福尔曼，123

Reeves，Richard，里夫斯，理查德，146

Regan，Don，里甘，唐，238

Rehnquist，William，伦奎斯特，威廉，188，226，269

Reno，Janet，雷诺，珍妮特，244

Republicans，共和党人，7，11，38. 40，109，117，121，125~126，128，133，163，183，190~191，194，231，245，156，262~264

Reston，James，赖斯顿，詹姆斯，157

Revolutionary War（see also：American Revolution），独立战争，21

Reynolds，Mel，雷诺兹，梅尔，250

Rich，Denise，里奇，丹妮丝，252

Rich，Marc，里奇，马克，252~253

Riddle，Howard Winfield，里德尔，霍华德·温菲尔德，248

Riley，Richard Wilson，赖利，理查德·威尔逊，250

Rivers，Dorothy，里弗斯，多萝西，250

Robenhalt，James David，罗本霍特，詹姆斯·戴维，57，59

Roberts，John，罗伯茨，约翰，269，284

Roberts，Owen，罗伯茨，欧文，105

Roche，John P.，洛希，约翰·P.，168~169

Rockefeller，Nelson，洛克菲勒，纳尔逊，190~192

Rodham，Hugh，罗德姆，休，248，250

Romero-Barcelo，Carlos，罗梅罗-巴尔塞洛，卡洛斯，244

Romney，George，罗姆尼，乔治，197

Roosevelt，Eleanor，罗斯福，埃莉诺，238

Roosevelt，Franklin Delano，罗斯福，富兰克林·德拉诺，107~24

Agricultural Adjustment Act（AAA）and，《农业调整法》，112

American founding and，美国的建立以及，115~116，124

"brains trust" of，"智囊团"，112

索 引

· 341 ·

bureaucracy and, 官僚主义以及, 110

character of, 性格, 122

class warfare and, 阶级斗争以及, 114

Commonwealth Club speech of, 联邦俱乐部演讲, 115, 117

Constitution and, 宪法以及, 7~8, 107, 109, 112, 115~117, 119~120, 122~124

court-packing initiative of, 填塞法院计划, 104~105, 115, 120~124, 133, 285

death of, 死亡, 126

Democratic Party and, 民主党以及, 107, 109~110, 121, 126~128

economic Bill of Rights of, 经济上的《权利法案》, 117

as elected monarch, 作为民选国王, 15~16

executive orders of, 行政命令以及, 239

four terms of, 四届任期, 23, 107

Great Depression and, 大萧条以及, 89, 107, 109, 111, 114

as great president, 作为伟大的总统, 213

Herbert Hoover and, 赫伯特·胡佛以及, 103

history and, 历史以及, 2

inconsistency of, 不一致性, 111

individual enterprise and, 私营企业以及, 110

individual property rights and, 个人财产权以及, 117

mass media and, 大众传媒以及, 104, 107

modern presidency and, 现代总统制以及, 32, 41

National Recovery Administration (NRA) and, 国家复兴署以及, 112

New Deal and, 新政以及, 55, 70, 109~110, 112~115, 118, 121, 123~124

personality of, 个性, 104, 107

pragmatism of, 实用主义, 112

public employee unions and, 公共部门工会以及, 110

religion and, 宗教以及, 111

Social Security and, 社会保障以及, 109

Supreme Court and, 最高法院以及, 92, 105

welfare state and, 福利国家以及, 116~117

Woodrow Wilson and, 伍德罗·威尔逊以及, 49

World War II and, 第二次世界大战以及, 111~112, 114, 122, 124

Roosevelt, James, 罗斯福, 詹姆斯, 141

Roosevelt, Theodore, 罗斯福, 西奥多, 5, 31~32, 41, 55, 60, 98, 107, 146, 224, 243

Rosenberg, Ethel, 罗森堡, 埃塞尔, 123

Rosenberg, Julius, 罗森堡, 朱利叶斯, 123

Rosenberg, Susan, 罗森伯格, 苏珊, 251

Rostenkowski, Dan ("Rosty"), 罗斯滕科斯基, 丹 ("罗什蒂"), 247

Roth, Melissa, 罗斯, 梅利莎, 255~256

Rudman, Warren, 鲁德曼, 沃伦, 234

Rumsfeld, Donald, 拉姆斯菲尔德, 唐纳德, 195

Russell, Francis, 罗素, 弗朗西斯, 60~61

Rutledge, Wiley, 拉特里奇, 威利, 124

S

Safire, William, 萨菲尔, 威廉, 192

Sanford, Edward T., 桑福德, 爱德华·T., 70

Sarandon, Susan, 萨兰登, 苏珊, 248

Sarbanes-Oxley law, 《萨班斯-奥克斯利法案》, 262

Scalia, Antonin, 斯卡利亚, 安东宁, 227

Schaffer, Archie, 谢弗, 阿奇尔, 248

Schlesinger, Arthur, 施莱辛格, 阿瑟, 11, 87, 203

The Age of Roosevelt, 《罗斯福时代》, 87

The Imperial Presidency, 《帝王总统》, 11

Schneider, William, 施耐德, 威廉, 230

Schumer, Charles, 舒曼, 查尔斯, 251, 253

Seaborn, Blair, 希伯恩, 布莱尔, 168

Second Amendment, 第二修正案, 258

Senate, 参议院, 17, 20, 38, 54, 58, 67~68, 72~73, 86, 92, 120~121, 146, 151, 159~162, 167, 174, 183,

187, 220, 222, 225, 227, 249, 253, 262, 277~278

September 11 terrorist attacks, "9·11"恐怖袭击, 222, 259~261, 265

Shaw, Ben, 肖, 本, 215

Sherrill, Robert, 谢里尔, 罗伯特, 160

Shields, Mark, 希尔兹, 马克, 79, 82

Shriver, Sargent, 施莱弗, 萨金特, 164, 184

Shultz, George, 舒尔茨, 乔治, 231

Silver, Thomas B., 西尔弗, 托马斯·B., 84

Simon, William, 西蒙, 威廉, 193

Sister Souljah, 修女索尔加, 256

Smith, William French, 史密斯, 威廉·弗伦奇, 227

Smoot-Hawley tariff bill, 《斯穆特-霍利关税法》, 102

Sobel, Robert, 索贝尔, 罗伯特, 90

Social Security, 社会保障（制度）, 55, 106, 109, 141, 180, 256~257, 263

Solyndra, 索林卓, 275

Solzhenitsyn, Aleksandr, 索尔仁尼琴, 亚历山大, 195~196

The Gulag Archipelago, 《古拉格群岛》, 196

Sonoran Desert, 索诺兰沙漠, 242

Sotomayor, Sonia, 索托马约尔, 索尼娅, 285

Souter, David, 苏特, 戴维, 234~235, 269

South Vietnam, 南越, 152, 169, 177, 179, 194~195

Staats, Elmer, 斯塔茨, 埃尔默, 164

Stalin, Joseph, 斯大林, 约瑟夫, 112, 242, 245

Starr Report, 《斯塔尔报告》, 246

Starr, John Robert, 斯塔尔, 约翰·罗伯特, 254

state of the union speech, 国情咨文演讲, 32~33, 53, 219

Statue of Liberty, 自由女神像, 242

Stein, Herbert, 斯坦, 赫伯特, 180

Stephanopoulous, George, 斯特凡诺普洛斯, 乔治, 238

Stevens, John Paul, 斯蒂文斯, 约翰·保罗, 198~199

Stewart, Potter, 斯图尔特, 波特, 143, 226

Stone, Harlan Fiske, 斯通, 哈伦·菲斯克, 92, 133

Sullivan, Andrew, 苏利文, 安德鲁,

Sununu, John, 苏努努, 约翰, 234

supply-side economics, 供给学派经济学, 87, 102, 154~155, 229

Supreme Court, 最高法院, 9~10, 34~35

 Bowers v. Hardwick, 鲍尔斯诉哈德威克案, 158

 Brown v. Board of Education, 布朗诉教育局案, 171

 Bush v. Gore, 布什诉戈尔案, 198

 Chevron v. NRDC, 雪佛龙诉自然资源保护委员会案, 198

 Communication Workers v. Beck, 通讯工人诉贝克案, 241

 Cooper v. Aaron, 库伯诉亚伦案, 143

 Dred Scott v. Sandford, 德雷德·斯科特诉桑福德案, 187, 221

 Gitlow v. New York, 吉特洛诉纽约州案, 70

 Griswold v. Connecticut, 格里斯沃尔德诉康涅狄格州案, 123

 Kelo v. City of New London, 凯洛诉新伦敦市案, 226

 Korematsu v. United States, 弗雷德·是松诉美国案, 122

 revolution of 1937 and, 1937年革命以及, 105, 122

 Roe v. Wade, 罗伊诉韦德案, 123, 158, 187, 220~221, 226, 257

 University of California v. Bakke, 加利福尼亚大学诉巴基案, 188

 Wickard v. Filburn, 威卡德诉费尔本案, 124

 Warren Court, 沃伦法院, 187, 283

Sutherland, George, 萨瑟兰, 乔治, 70

Symbionese Liberation Army, 共生解放军, 243

T

Taft, Robert, 塔夫脱, 罗伯特, 140

Taft, William Howard, 塔夫脱, 威廉·霍华德, 70, 105

Tea Party, 茶党, 29, 53, 220, 286

Tenth Amendment, 第十修正案, 9

Thatcher, Margaret, 撒切尔, 玛格丽特, 210, 213

Thomas, Clarence, 托马斯, 克拉伦斯, 234~235, 255

Thomas, Norman, 托马斯, 诺曼, 60

Thomasson, Patsy, 托马森, 帕齐, 249

Thurmond, Strom, 瑟蒙德, 斯特罗姆, 17

Time magazine,《时代》杂志,197,
209

Torresola, Griselio, 托里索拉, 杰斯
里奥, 244

Treuhaft, Robert, 特罗伊哈夫特,
罗伯特, 245

Troubled Asset Relief Program (TARP),
问题资产救助计划, 264

Truman Doctrine, 杜鲁门主义, 132,
261

Truman, Bess, 杜鲁门, 贝丝, 244

Truman, Harry, 杜鲁门, 哈里, 5,
58, 124, 125~133, 260

  assassination attempt against, 对……
的暗杀行动, 244, 253

  atomic bomb and, 原子弹以及, 127,
281

  Cold War and, 冷战以及, 130,
131~132, 151

  Communism and, 共产主义以及,
130~131

  Constitution and, 宪法以及, 132~
133

  diplomatic recognition of the Vatican
and, 对梵蒂冈的外交承认以及,
130~131

  Dwight D. Eisenhower and, 德怀
特·D. 艾森豪威尔以及, 141

  education of, 教育, 129~131

  executive power and, 行政权以及,
125, 132~133

  foreign policy and, 对外政策以及,
131~132

  interest in history of, 对历史的爱
好, 129

  Korean War and, 朝鲜战争以及,
125, 131~132

  National Security Council (NSC)
and, 国家安全委员会以及, 139

  re-election of, 连任, 6

  religious sentiment of, 宗教情绪,
129~130

  Soviet Union and, 苏联以及, 126~
128, 265

  Supreme Court appointments and,
最高法院任命以及, 132~133,
142

  Winston Churchill and, 温斯顿·
丘吉尔以及, 125~126

Tucker, Robert, 塔克, 罗伯特, 208

Tugwell, Rexford, 特格韦尔, 雷克
斯福德, 103, 112, 115

Tulis, Jeffrey, 图里斯, 杰弗里, 31

Tutu, Desmond, 图图, 德斯蒙德,
248

Twenty-second Amendment, 第二十

二修正案, 23

tyranny of the majority, 多数人暴政, 14, 16~17

Tyson Foods, 泰森食品, 248

U

U. S. Congress, 美国国会, 13~16, 19,

 Barack Obama and, 巴拉克·奥巴马以及, 283~284

 Bill Clinton and, 比尔·克林顿以及, 239, 256

 budget and, 预算以及, 25~27

 Constitution and, 宪法以及, 11

 foreign policy and, 对外政策以及, 225

 Founders and, 建国者以及, 50, 138

 Franklin D. Roosevelt and, 富兰克林·D. 罗斯福以及, 119~120

 Gerald Ford and, 杰拉尔德·福特以及, 190~191, 194, 197, 199

 George W. Bush and, 乔治·W. 布什以及, 263~264, 268

 as most important branch of government, 作为最重要的政府分支, 2

 power to declare war of, 宣战权, 20

 president and, 总统以及, 23, 31~33, 34

 Richard Nixon and, 理查德·尼克松以及, 185~186

 Ronald Reagan and, 罗纳德·里根以及, 217, 219~220, 222~223

 War Powers Act and,《战争权力法案》以及, 184

 Warren Harding and, 沃伦·哈定以及, 74

 Woodrow Wilson and, 伍德罗·威尔逊以及, 38, 45, 49, 53~54

UN Security Council, 联合国安全理事会, 210

Upper Missouri Breaks, 密苏里河上游断层, 242

V

Versailles Treaty,《凡尔赛和约》, 68

Vietnam War, 越南战争, 243

 antiwar movement and, 反战运动以及, 176

 "carpet bombing" of, "地毯式轰炸", 178

Gerald Ford and, 杰拉尔德·福特以及, 194, 197
Lyndon B. Johnson and, 林登·B. 约翰逊以及, 162, 166~170
Richard Nixon and, 理查德·尼克松以及, 177
"Rolling Thunder" and, "滚雷"行动以及, 168
strategy of, 战略, 152
Tet Offensive, 春节攻势, 169~170
Vignali, Carlos Anibal, 维尼亚利, 卡洛斯·阿尼巴尔, 249~250
Vignali, Horacio, 维尼亚利, 奥拉西奥, 249~250
Villaraigosa, Antonio, 维拉莱戈萨, 安东尼奥, 250
Vinson, Frederick, 文森, 弗雷德里克, 133
Virgin Islands Coral Reef, 维尔京群岛珊瑚礁, 242
Volcker, Paul, 沃尔克, 保罗, 205

W

Wallace, George, 华莱士, 乔治, 17, 161
Wallace, Henry, 华莱士, 亨利, 126
Walsh, Joan, 沃尔什, 琼, 273

Walthall, Denton, 沃尔索尔, 丹顿, 5
War of 1812, 1812年战争, 261
war on terror, 反恐战争, 7, 260, 268
War Powers Act, 《战争权力法案》, 184, 188, 282
Ward, Peter, 沃德, 彼得, 179
Warmath, Billy Wayne, 沃玛斯, 比利·韦恩, 248
Warren, Earl, 沃伦, 厄尔, 143~144, 171
Washington Post, 《华盛顿邮报》, 79, 178, 183, 224
Washington, George, 华盛顿, 乔治, 7, 129, 243
  character of, 性格, 19~24
  executive orders of, 行政命令, 239
  Farewell Address of, 告别演说, 67
  first inaugural address of, 第一次就职演讲, 8
  as first president, 作为第一位总统, 20
  national bank and, 国家银行以及, 24
  speeches of, 演讲, 30
  veto power and, 否决权以及, 23
waterboarding, 水刑, 266

Watergate, 水门事件, 59, 173~174, 179, 182~187, 190, 192, 196, 199, 201, 225, 247, 253

 Standard Heroic Account of, 史诗般的权威描述, 182~183

Wattenberg, Ben, 瓦滕伯格, 本, 239

weapons of mass destruction (WMD), 大规模杀伤性武器, 267

Weather Underground, 气象地下组织, 251

Weinberger, Caspar, 温伯格, 卡斯帕, 243

Weinig, Harvey, 魏尼格, 哈维, 249

Weyrich, Paul, 韦里奇, 保罗, 230

Whiskey Rebellion, 威士忌酒叛乱, 243

White, Byron, 怀特, 拜伦, 158, 221

White, Theodore, 怀特, 西奥多, 160, 175

Whittaker, Charles, 惠特克, 查尔斯, 143

whiz kids, 精明小子, 167~168

Wicker, Tom, 威克, 汤姆, 178

Wildavsky, Aaron, 威尔达夫斯基, 阿隆, 230

Wilentz, Sean, 威伦茨, 肖恩, 213

Wills, Gary, 威尔斯, 加里, 136

Wilson, Edith, 威尔逊, 伊迪丝, 39, 238

Wilson, Woodrow, 威尔逊, 伍德罗, 37~56

 academic background of, 学术背景, 42, 282

 arrogance of, 傲慢, 53~56

 Barack Obama and, 巴拉克·奥巴马以及, 274, 283, 285

 Birth of a Nation and, 《一个国家的诞生》以及, 39

 bureaucracy and, 官僚主义以及, 51~53

 Congressional Government, 《国会政体》, 42, 44

 as conservative, 作为保守主义者, 39~41

 Constitution and, 宪法以及, 7~8, 30, 69, 77, 214, 239

 Declaration of Independence, 《独立宣言》, 42, 48

 direct election of senators and, 直接选举参议员以及, 37

 elitism of, 精英主义, 51~52

 Federal Reserve Bank and, 联邦储备银行以及, 37

 Federal Trade Commission and, 联邦贸易委员会以及, 37

 foreign policy of, 对外政策, 54

Founders and, 建国者以及, 42, 45~50, 54, 58, 61

friends of, 朋友以及, 39

history and, 历史以及, 2

individual freedom and, 个人自由以及, 43, 47~48

"Leaders of Men" and, 《人类领袖》以及, 50

League of Nations and, 国际联盟以及, 38, 54, 67~68

liberal reform and, 自由改革以及, 273, 286

media and, 媒体以及, 63

modern presidency and, 现代总统制以及, 32, 61, 107

The New Freedom, 《新自由》, 43, 47

philosophical ideas of, 哲学思想, 41~46, 48, 53, 55~56

racism of, 种族主义, 67

state of the union address and, 国情咨文演讲以及, 32~33, 53

The State, 《国家》, 42

statolatry and, 中央集权至上论以及, 52

Supreme Court and, 最高法院以及, 54~56

Versailles Treaty and, 《凡尔赛和约》以及, 54, 68

Wilsonianism, 威尔逊主义, 38

World War I and, 第一次世界大战以及, 37~38, 40, 53~54, 65~66

writing of, 著作, 42, 44, 50, 52

Women's Rights Project, 女权项目, 257

Wood, Leonard, 伍德, 伦纳德, 60

Woodward, Bob, 伍德沃德, 鲍勃, 183

World War I, 第一次世界大战, 37~38, 40, 53~54, 65~66, 88~90, 95~97, 99, 102, 127, 141

World War II, 第二次世界大战, 107, 111~112, 114, 122, 124, 127, 131, 135, 141, 149~150, 158, 160, 182, 229, 265, 281

Wright, Jeremiah, 赖特, 耶利米, 273

Wurzelbacher, Joseph (Joe the Plumber), 沃泽尔巴彻, 约瑟夫（管道工乔）, 276

声　明　　1. 版权所有，侵权必究。

　　　　　2. 如有缺页、倒装问题，由出版社负责退换。

图书在版编目（CIP）数据

总统记：从威尔逊到奥巴马／（美）海沃德著；方鲁娜，张文倩译．—北京：中国政法大学出版社，2014.1

ISBN 978-7-5620-5031-5

Ⅰ.①总… Ⅱ.①海…②方…③张… Ⅲ.①总统－人物研究－美国－现代　Ⅳ.①K837.127=5

中国版本图书馆CIP数据核字(2013)第310757号

出 版 者	中国政法大学出版社
地　　址	北京市海淀区西土城路25号
邮寄地址	北京100088 信箱8034分箱　邮编100088
网　　址	http://www.cuplpress.com（网络实名：中国政法大学出版社）
电　　话	010-58908524(编辑部) 58908334(邮购部)
承　　印	固安华明印业有限公司
开　　本	880mm×1230mm　1/32
印　　张	11.25
字　　数	245千字
版　　次	2014年1月第1版
印　　次	2015年3月第2次印刷
定　　价	32.00元